Jane … een welge-
steld … e, dominee
Geo … n gezin van
vijf … te werk was
waa… ring en een
deel daarvan verwerkte zij later in haar belangrijkste romans. Jane Austen schreef over het provinciale leven zoals zij dat kende (in Londen is zij nooit geweest); haar belangrijkste personages zijn noch simpele boeren, noch adellijke personen. De dwaasheden die Jane Austen tegenkwam in de gevoelige, Duitse romans die zij al jong las, werkten op haar gevoel voor humor en met haar scherpe geest wist zij personen en situaties ironisch en vermakelijk te schetsen; nauwgezet legde zij burgerlijk moralisme en huichelarij bloot in een ingehouden stijl, die een verademing is na de overdrijving van velen van haar tijdgenoten.

Jane Austen begon aan *Northanger Abbey* in 1798, maar de roman werd pas na haar dood in 1818 gepubliceerd. Heldin van het verhaal is de onervaren zeventienjarige Catherine Morland die een romantische kijk op de wereld heeft, sterk beïnvloed door de romans die ze leest. Haar fantasieën en bijna kinderlijke eerlijkheid brengen haar in lastige situaties. *Northanger Abbey* is meer dan een parodie op de in de 18e eeuw zo populaire griezelromans. Jane Austen spot in deze roman met de stijltechnieken van dit genre en past ze zelf als vorm van ironie toe. Van Catherine Morland heeft ze een verfrissend ongekunstelde hoofdpersoon gemaakt, die door haar observaties en indringende vragen het snobisme van haar omgeving aan de kaak stelt.

Eveneens verschenen van Jane Austen:

Verstand en gevoel *(Sense and Sensibility)*
Overtuiging *(Persuasion)*
Trots en vooroordeel *(Pride and Prejudice)*
Emma *(Emma)*

Jane Austen

Catherine

vertaald door Sophie Brinkman
en Maarten Spierdijk

BoekWerk
Groningen – Antwerpen

Afbeelding omslag:
Aan het strand, 1883
(detail)
Pierre-Auguste Renoir

Oorspronkelijke titel: Northanger Abbey

vertaling: Sophie Brinkman, Maarten Spierdijk
redactie en productie: TextCase, Groningen
omslagontwerp: Studio De Kleurdoos
zetwerk, lay-out: Michèle Thurnim, TextCase
druk: Bariet, Ruinen

Boekwerk
Emmastraat 31-2
9722 EW Groningen

ISBN 90 5402 155 1

Hoofdstuk I

Niemand die Catherine Morland in haar kinderjaren had gezien, zou vermoed hebben dat ze in de wieg was gelegd om een heldin te worden. Haar maatschappelijke positie, de goede naam van haar vader en moeder, haar eigen voorkomen en aard waren alle in gelijke mate tegen haar. Haar vader was predikant, onbeduidend noch arm en een zeer achtenswaardig man, hoewel zijn naam Richard luidde en hij nooit knap was geweest. Naast twee lucratieve functies had hij een aanzienlijk eigen vermogen en niet de minste neiging zijn dochters voortdurend op te sluiten. Haar moeder was een praktische en nuchtere vrouw, met een opgewekte aard en, wat opmerkelijker is, een sterk gestel. Ze kreeg drie zoons voordat Catherine werd geboren en in plaats van te sterven toen ze haar ter wereld bracht, zoals men mocht verwachten, bleef ze toch leven – bleef ze verder leven om zelfs nog zes kinderen te krijgen, die rond haar te zien opgroeien en zelf een uitstekende gezondheid te genieten. Een gezin van tien kinderen zal, als het maar genoeg hoofden, armen en benen telt voor dat aantal, altijd een prachtgezin worden genoemd, maar de Morlands hadden verder weinig recht op die benaming want ze waren in het algemeen heel gewoontjes en Catherine was gedurende vele jaren van haar leven net zo gewoontjes als de rest. Ze had een mager en slungelig figuur, een vale, kleurloze huid, donker sluik haar en krachtige gelaatstrekken; haar uiterlijk was dus al niet veel bijzonders – en haar geest leek niet minder ongeschikt voor een heldenrol. Ze was gek op alle jongensspelletjes en gaf de voorkeur aan cricket, niet alleen boven poppen, maar ook boven de heroïscher geneugten van de kindertijd, zoals een relmuis verzorgen, een kanarie voeren of een rozenstruik water geven. Ze had echt geen enkel gevoel voor tuinieren en als ze al bloemen verzamelde, was dat vooral uit ondeugendheid – of in elk geval werd dat vermoed omdat ze een duidelijke voorkeur had voor bloemen die ze niet mocht plukken. Dit waren haar neigingen; haar vaardigheden waren al net zo buitengewoon. Het lukte haar nooit iets te leren of te begrijpen voor het haar werd onderwezen en soms dan zelfs niet, want ze was dikwijls onoplettend en af en toe dom. Het kostte haar moeder alleen al drie maanden om haar het bedelaarsrijmpje te leren opzeggen en uiteindelijk kon haar zuster Sally, die na haar kwam, het beter dan zij. Niet dat Catherine altijd dom was, dat was absoluut niet het geval; ze leerde de fabel van 'De haas en vele vrienden' net zo snel als elk ander meisje in Engeland. Haar moeder wilde dat ze muziek zou studeren en Catherine was er zeker van dat ze daarvan zou houden want ze pingelde heel graag op de toetsen van het oude, troosteloze spinet, dus begon ze toen ze acht jaar was. Ze kreeg een jaar les en vond het een beproeving en mevrouw Morland, die er niet op stond dat haar dochters zich ondanks hun onvermogen of tegenzin zouden ontwikkelen, gaf haar toestemming ermee op te houden. De dag waarop de muziekleraar werd weggestuurd, was een van de gelukkigste van Catherines leven. Haar gevoel voor tekenen was niet bijzonder, hoewel ze, wanneer ze ook maar een achterkant van een brief van haar moeder te pakken kon krijgen, of een ander stukje papier, deed wat ze kon door huizen en bomen, kippen en kuikens te tekenen, die allemaal sterk op elkaar leken. Schrijven en rekenen werden haar door haar vader onderwezen, Frans door haar moeder. Haar vaardigheid in beide was niet opmerkelijk en ze onttrok zich aan haar lessen wanneer ze maar kon. Wat een vreemd, onberekenbaar karakter, want ondanks al deze symptomen van losbandigheid op de leeftijd van tien jaar had ze geen slecht hart en geen slecht humeur, was ze zelden koppig of ruziezoekerig en bijzonder lief voor de kleintjes, met heel af en toe momenten van tiranniek gedrag; naast dit alles was ze lawaaiig en wild, haatte beperkingen en netheid en vond niets ter wereld heerlijker dan van de groene helling achter het huis af te rollen.

Zo was Catherine Morland op tienjarige leeftijd. Op haar vijftiende trad er verbetering in; ze begon haar haar te krullen en naar bals te verlangen, haar teint ging vooruit, haar gezicht werd zachter en ronder, met meer kleur, haar blik levendiger en haar figuur voller. Haar liefde voor modder maakte plaats voor een voorkeur voor mooie kleding en ze zag er steeds verzorgder en daarmee schoner uit. Ze smaakte nu het genoegen haar vader en moeder af en toe een opmerking te horen maken over haar persoonlijke vooruitgang. "Catherine begint er steeds beter uit te zien – ze is bijna mooi nu", waren woorden die ze af en toe opving en hoe welkom waren deze geluiden! Voor een meisje dat er de eerste vijftien jaar van haar leven gewoontjes uit heeft gezien, geeft bíjna mooi zijn een groter gevoel van verrukking dan iemand die vanaf de wieg een schoonheid is ooit kan krijgen.

Mevrouw Morland was een bijzonder goede vrouw, die haar kinderen alles toewenste waar ze recht op hadden, maar haar tijd werd zo in beslag genomen door het kraambed en de zorg voor de kleintjes dat het onvermijdelijk was dat haar oudste dochters zichzelf moesten redden. Het was dus niet verwonderlijk dat Catherine, die van nature niets heroïsch over zich had, zich op de leeftijd van veertien jaar liever bezighield met cricket, honkbal, paardrijden en buiten rondrennen dan met boeken, of in elk geval informatieve boeken, want op voorwaarde dat er niet zoiets als nuttige kennis uit kon worden opgedaan, op voorwaarde dat ze een en al verhaal en niet beschouwend waren, had ze nooit enig bezwaar tegen boeken gehad. Maar van haar vijftiende tot haar zeventiende was ze in opleiding voor de rol van heldin; ze las al die werken die heldinnen moeten lezen om hun geheugen te voorzien van die citaten die zo nuttig en zo geruststellend zijn in hun wisselvallige, veelbewogen leven.

Van Pope leerde ze diegenen af te keuren die

'een karikatuur maken van smart.'

Van Gray dat:

'Menig bloem wordt geboren om ongezien in bloei te zijn,

En haar geur te verspillen aan de lucht van de woestijn.'

Van Thompson:

– 'Het is een heerlijke taak,
het jonge idee te leren hoe te ontspruiten.'

En van Shakespeare leerde ze veel – onder meer het volgende:

– 'Kleinigheden zonder gewicht,
zijn voor de afgunstigen bevestiging, zo sterk,
als argumenten uit de Heilige Schrift.'

en dat:

'De nietige kever die we vertrappen,
een lichamelijke pijn ervaart zo groot
als die van een stervende reus.'

en dat een jonge verliefde vrouw er altijd zo uitziet:

– 'als Geduld in een beeldhouwwerk
glimlachend tegen Smart.'

Tot zover was haar vooruitgang voldoende; en in vele andere opzichten ontwikkelde ze zich heel goed, want hoewel ze geen sonnetten kon schrijven, bracht ze zichzelf ertoe ze te lezen en hoewel de kans klein was dat ze een heel gezelschap in vervoering zou brengen met een zelf gecomponeerde prelude op de piano, kon ze zonder zich al te zeer te hoeven inspannen naar de uitvoering van anderen luisteren. Haar grootste tekortkoming lag in het potlood; ze kon absoluut niet tekenen, zelfs niet goed genoeg voor een poging het profiel van haar geliefde zo te schetsen dat iemand kon ontdekken wie ze bedoelde. Daar schoot ze schromelijk tekort voor het ware heroïsche. Op dit moment kende ze haar eigen gebrek nog niet, want ze had geen geliefde om te portretteren. Ze had de leeftijd van zeventien jaar bereikt zonder ook maar één beminnelijke jongeman te hebben ontmoet die gevoelens in haar losmaakte zonder echte hartstocht te hebben opgewekt en zonder aanleiding te hebben gegeven tot meer dan bescheiden en vluchtige bewondering. Dit was werkelijk vreemd! Maar vreemde zaken kunnen meestal wel verklaard worden als goed naar hun oorzaak wordt gezocht. Er was geen enkele heer in de omgeving, nee, zelfs geen baronet. Er was geen enkele familie in hun kennissenkring die een jongen had grootgebracht en onderhouden die ze toevallig op de stoep hadden gevonden, geen enkele jongeman wiens oorsprong onbekend was. Haar vader had geen beschermeling en de plaatselijke landjonker geen kinderen.

Maar als een jongedame een heldin moet worden, kan de tegenwerking van veertig omringende families haar niet stoppen. Er moet en zal iets gebeuren om een held op haar weg te brengen.

Meneer Allen, de bezitter van het grootste deel van het gebied rond Fullerton, het dorp in Wiltshire waar de Morlands woonden, werd wegens zijn aanleg voor jicht naar Bath gestuurd, en zijn vrouw, een opgeruimde dame, gesteld op juffrouw Morland, die waarschijnlijk begreep dat als een jongedame in haar eigen dorp geen avonturen overkomen ze deze verder weg moet zoeken, nodigde haar uit met hen mee te gaan. Meneer en mevrouw Morland waren een en al toegeeflijkheid en Catherine was dolgelukkig.

Hoofdstuk II

Naast wat al gezegd is over Catherine Morlands lichamelijke en geestelijke gaven dient, op het moment waarop ze zich in alle moeilijkheden en gevaren stort van een zes weken durend verblijf in Bath, gesteld te worden –voor een duidelijker informatie van de lezer, omdat de volgende bladzijden er anders geen idee van zouden geven hoe haar personage bedoeld is– dat ze een aanhankelijk hart had, een vriendelijke en open natuur zonder een zweem van verwaandheid of aanstellerigheid, manieren die net de fase waren gepasseerd van het onhandige en bedeesde van een jong meisje, een aantrekkelijk en, op haar goede dagen, mooi uiterlijk en een geest zo onwetend en onkundig als de vrouwelijke geest van zeventien doorgaans is.

Men zou natuurlijk een grote moederlijke bezorgdheid bij mevrouw Morland mogen vermoeden ten tijde van het vertrek. Duizend alarmerende voorgevoelens van het kwaad dat haar beminde Catherine door deze vreselijke scheiding zou kunnen overkomen, moeten gedurende de laatste paar dagen van hun samenzijn haar hart wel met droefheid overstelpen en haar tot tranen toe beroeren, en goede raad van de gewichtigste en meest praktische aard moet natuurlijk van haar wijze lippen vloeien tijdens hun laatste gesprek in haar kabinet. Waarschuwingen tegen de gewelddadigheid van het soort edelman of baronet dat er genoegen in schept jongedames te dwingen mee te gaan naar een afgelegen boerenhuis moeten haar bedrukte hart op zo'n moment verlichten. Wie zou dat niet verwachten? Maar mevrouw Morland kende zo weinig heren en baronets dat ze geen enkel idee had van hun ondeugende aard en zich volkomen onbewust was van het gevaar van hun intriges voor haar dochter. Haar waarschuwingen beperkten zich tot de volgende punten: "Beloof me, Catherine, dat je jezelf altijd warm inpakt rond je hals wanneer je 's avonds de zalen verlaat en ik zou graag willen dat je een beetje probeert bij te houden hoeveel geld je uitgeeft; daarvoor geef ik je dit boekje."

Sally, of liever Sarah (want welke jongedame van enige stand bereikt de leeftijd van zestien jaar zonder haar naam zo veel mogelijk te veranderen?), moet onder deze omstandigheden wel de intiemste vriendin en vertrouwelinge van haar zuster zijn. Opmerkelijk is echter dat ze er niet op aandrong dat Catherine haar dagelijks zou schrijven, noch haar de belofte probeerde te ontlokken om het karakter van elke nieuwe kennis te beschrijven of elke interessante conversatie die Bath zou kunnen produceren omstandig weer te geven. Alle voorbereidingen voor deze belangrijke reis werden van de kant van de Morlands inderdaad uitgevoerd met een gematigdheid en kalmte die meer leken te passen bij de gewone gevoelens van het gewone leven dan bij de fijnbesnaardheden, de delicate emoties die de eerste scheiding tussen een heldin en haar familie altijd behoort op te wekken. In plaats van haar een ongelimiteerde toegang tot zijn bankrekening te geven of haar een biljet van honderd pond in de handen te drukken, gaf haar vader haar slechts tien guineas en beloofde haar meer wanneer ze het nodig zou hebben.

Onder deze weinig belovende voortekenen vond het afscheid plaats en begon de reis. Deze voltrok zich in passende rust en saaie veiligheid. Rovers noch stormen kwamen op hun pad, noch was er sprake van een gelukkig ongeval waarbij de held zijn intrede had kunnen doen. Er deed zich niets schokkenders voor dan de vrees van de kant van mevrouw Allen dat ze haar overschoenen in een herberg had achtergelaten, een vrees die gelukkig ongegrond bleek te zijn.

Ze kwamen in Bath aan. Catherine was een en al gretige verrukking; haar ogen waren hier, daar en overal terwijl ze de mooie en indrukwekkende omgeving naderden en daarna door de straten reden die hen naar het hotel voerden. Ze was gekomen om gelukkig te worden en voelde zich al gelukkig.

Ze hadden zich al snel geïnstalleerd in comfortabele kamers in Pulteney Street.

Dit is het juiste moment voor een niet al te uitgebreide beschrijving van mevrouw Allen, zodat de lezer kan beoordelen op welke wijze haar daden hierna het smartelijk verloop van dit werk zullen bevorderen en hoe ze er waarschijnlijk toe bij zal dragen de arme Catherine tot zulk een staat van ellende en wanhoop te brengen als in een laatste hoofdstuk maar mogelijk is – of dit nu veroorzaakt wordt door haar onvoorzichtigheid, vulgariteit of jaloezie, door het onderscheppen van haar brieven, het besmeuren van haar reputatie of door haar op straat te zetten.

Mevrouw Allen behoorde tot dat ruim vertegenwoordigde soort vrouwen die in hun kringen geen andere emotie weten op te wekken dan verbazing over het feit dat er een man in de wereld is die hen aardig genoeg vindt om mee te trouwen. Ze beschikte over schoonheid, talent, vaardigheden noch stijl. Haar beschaafde houding, haar rustige, passieve goede humeur en haar weinig zwaartillende aard waren de enige verklaring voor het feit dat ze de keuze was geweest van een verstandige, intelligente man als meneer Allen. In één opzicht was ze uitstekend geschikt om een jongedame in het openbaar te introduceren; ze was namelijk net zo dol op uitgaan en alles met eigen ogen zien als een jongedame maar kan zijn. Kleding was haar passie. Ze had een onschuldig plezier in er mooi uitzien en het debuut van onze heldin kon pas plaatsvinden nadat er drie of vier dagen waren doorgebracht met nagaan wat het meest gedragen werd en haar chaperonne voorzien was van een jurk in de laatste mode. Ook Catherine zelf deed enkele aankopen en toen al deze zaken geregeld waren, kwam de belangrijke avond die haar naar de Bovenzalen moest brengen. Haar werd geknipt en opgemaakt door het beste kamermeisje, ze werd met zorg gekleed en zowel mevrouw Allen als haar dienstmeisje verklaarden dat ze er helemaal uitzag zoals het hoorde. Door een dergelijke aanmoediging hoopte Catherine zich op zijn minst onder de menigte te kunnen begeven zonder kritiek uit te lokken. Wat bewondering betreft, die was altijd welkom, maar ze was er niet van afhankelijk.

Het kostte mevrouw Allen zo veel tijd om zich te kleden, dat ze de danszaal pas laat betraden. Het was hoogseizoen, de zaal was vol en de twee dames persten zich zo goed mogelijk naar binnen. Wat meneer Allen betreft, hij begaf zich onmiddellijk naar de kaartkamer en liet hen alleen om van de menigte te genieten. Met meer zorg voor de veiligheid van haar nieuwe gewaad dan voor het comfort van haar beschermelinge zocht mevrouw Allen zich, zo snel als de noodzakelijke voorzichtigheid maar toestond, een weg door de groep mannen bij de deur. Catherine wist echter dicht naast haar te blijven en haakte haar arm te stevig door die van haar vriendin om door de gemeenschappelijke inspanning van een worstelend gezelschap uiteen getrokken te kunnen worden. Tot haar grote verbazing merkte ze echter dat zich verplaatsen door de zaal niet de manier was om zich los te maken van de menigte; deze leek eerder toe te nemen naarmate ze verder kwamen, terwijl ze had verwacht dat ze, eenmaal binnen, gemakkelijk een zitplaats zouden vinden en op een uiterst comfortabele manier naar de dansen zouden kunnen kijken. Dat was echter in het geheel niet het geval en hoewel ze met onvermoeibare ijver zelfs boven in de zaal wisten te komen, was hun situatie nog precies dezelfde; ze zagen niets van de dansers behalve de lange veren van enkele van de dames. Toch liepen ze verder – er kwam nog iets beters in zicht en door een voortgezette krachtsinspanning en enig vernuft bevonden ze zich ten slotte in de doorgang achter de hoogste bank. Hier was de menigte iets minder dicht dan beneden, waardoor juffrouw Morland een uitgebreid beeld kreeg van het hele gezelschap dat zich onder haar bevond en van alle gevaren van haar recente doortocht. Het was een prachtig gezicht en ze begon voor het eerst die avond het gevoel te krijgen dat ze zich in een balzaal bevond: ze wilde graag dansen, maar er was niemand die ze kende in de zaal. Mevrouw Allen deed alles wat ze onder de omstandigheden kon doen door zo nu en dan op onverstoorbare toon te zeggen: "Ik wilde dat je kon dansen, kind, ik wilde dat je een partner kon krijgen." Gedurende enige tijd was haar jonge vriendin haar wel dankbaar voor deze wensen, maar ze werden zo dikwijls herhaald en bleken zo weinig effect te hebben dat Catherine het ten slotte moe werd en haar niet meer bedankte.

Ze mochten echter niet lang genieten van de rust van de uitstekende plaats die ze met zo veel moeite hadden veroverd. Al snel was iedereen in beweging voor de thee en moesten ze zich net als de rest naar buiten dringen. Catherine begon iets van teleurstelling te voelen; ze was het moe om voortdurend tegen mensen aangedrukt te worden van wie de gezichten door hun algemeenheid niets interessants hadden en met wie ze zo volkomen onbekend was dat ze het hinderlijke van de insluiting niet kon verlichten door ook maar een woord met een van haar medegevangenen te wisselen en toen ze ten slotte in de theezaal kwam, voelde ze nog sterker hoe vervelend het was dat er geen gezelschap was om zich bij aan te sluiten, geen kennis om een beroep op te doen, geen heer om hen te helpen. Meneer Allen was nergens te zien en nadat ze vergeefs hadden gezocht naar een geschiktere plaats, konden ze niet anders doen dan aan het uiteinde van een tafel gaan zitten waaraan zich al een groot gezelschap had neergezet, zonder daar ook maar iets te doen te hebben of iemand anders om mee te praten dan elkaar.

Zodra ze zaten, feliciteerde mevrouw Allen zichzelf met het feit dat ze beschadiging aan haar jurk had weten te voorkomen. "Wat zou het vreselijk zijn geweest als er een scheur in was gekomen," zei ze, "vind je niet? Het is zo'n tere mousseline. Wat mij betreft heb ik in de hele zaal niets gezien wat ik even mooi vind, neem dat maar van mij aan."

"Wat is het toch vervelend," fluisterde Catherine, "dat hier niemand is die we kennen!"

"Ja, lieve kind," antwoordde mevrouw Allen met volmaakte kalmte, "dat is inderdaad erg vervelend."

"Wat zullen we doen? De heren en dames aan deze tafel kijken alsof ze zich afvragen wat we hier te zoeken hebben. We lijken ons aan hun gezelschap op te dringen."

"Ja, daar lijkt het wel op. Dat is zeer onaangenaam. Ik wilde dat we hier veel kennissen hadden."

"Al hadden we er maar één; dan zouden we die op kunnen zoeken."

"Dat is waar, lieve kind, en als we iemand kenden, zouden we ons onmiddellijk bij deze persoon aansluiten. Vorig jaar waren de Skinners hier; ik wilde dat ze hier nu waren."

"Zouden we onder deze omstandigheden niet beter weg kunnen gaan? Hier is geen thee voor ons, ziet u."

"Inderdaad, er is niets meer. Wat een ergernis! Maar ik denk dat we beter even kunnen blijven zitten, want je wordt zo heen en weer geduwd in zo'n menigte! Hoe ziet mijn hoofd eruit, lieve kind? Iemand gaf me een duw waardoor ik mij verwond heb, ben ik bang."

"Nee, integendeel, het ziet er goed uit, maar, lieve mevrouw Allen, weet u zeker dat er in deze mensenmassa niemand is die u kent? U moet toch íemand kennen, denk ik."

"Niemand, geloof me. Was het maar zo. Ik wens met heel mijn hart dat ik hier een groot aantal kennissen had, dan zou ik zorgen dat je een partner kreeg. Ik zou zo blij zijn als je kon dansen. Daar loopt een vrouw die er vreemd uitziet! Wat een rare jurk heeft ze aan! Hoe ouderwets! Moet je die rug zien!"

Even later werd hun thee aangeboden door een van hun buren. Die werd dankbaar geaccepteerd en leidde tot een lichte conversatie met de heer die hem had aangeboden, het enige moment van de avond waarop iemand met hen sprak, tot meneer Allen hen vond en zich bij hen voegde toen de dans afgelopen was.

"Zo, juffrouw Morland," zei hij meteen, "ik hoop dat u een prettige dansavond hebt gehad."

"Ja, heel prettig", antwoordde ze, terwijl ze tevergeefs een grote geeuw probeerde te verbergen.

"Ik wilde dat ze had kunnen dansen", zei zijn vrouw. "Ik wilde dat we een partner voor haar hadden kunnen vinden. Ik heb al gezegd hoe blij ik zou zijn als de Skinners hier deze winter waren in plaats van de vorige, of als de familie Parry was gekomen, zoals ze eens zeiden, dan had ze met George Parry kunnen dansen. Het spijt me zo dat ze geen partner heeft gevonden."

"De volgende keer gaat het vast beter", zei meneer Allen troostend.

Nadat de dans afgelopen was, begon het gezelschap

zich te verspreiden – voldoende om het de achterblijvers mogelijk te maken enigszins comfortabel rond te lopen. Dit was het moment voor een heldin die nog geen erg opvallende rol had gespeeld in de gebeurtenissen van de avond om opgemerkt en bewonderd te worden. Doordat de menigte elke vijf minuten verder uitdunde, kregen haar charmes steeds meer kansen. Ze werd nu gezien door vele jongemannen die nog niet in haar buurt waren geweest. Er was er echter niet één die bij haar aanblik in hartstochtelijke bewondering raakte, er ging geen fluistering van gretige navraag door de zaal, noch was er ook maar iemand die haar een goddelijk wezen noemde. Toch zag Catherine er uitstekend uit en als het gezelschap haar slechts drie jaar daarvoor had gezien, zou ze nu bijzonder knap zijn gevonden.

Er werd echter wel naar haar gekeken en met enige bewondering, want ze hoorde zelf hoe twee heren haar een mooi meisje noemden. Deze woorden hadden het gewenste effect. Ze vond de avond onmiddellijk veel plezieriger dan tevoren – haar bescheiden ijdelheid was bevredigd. Ze was de twee jongemannen voor deze eenvoudige loftuiting dankbaarder dan een ware heldin zou zijn geweest voor vijftien sonnetten waarin haar charmes bezongen werden, en vriendelijk gestemd jegens de hele wereld en volkomen tevreden met haar deel van de publieke aandacht ging ze naar haar zitplaats.

Hoofdstuk III

Elke ochtend bracht nu zijn vaste verplichtingen. Er moesten winkels worden bezocht, een nieuw deel van de stad worden bekeken en er moest een bezoek worden gebracht aan de Koerzaal, waar ze een uur lang op en neer paradeerden, naar iedereen keken en met niemand spraken. De wens om in Bath een grote kennissenkring te hebben, speelde nog steeds een grote rol voor mevrouw Allen en ze herhaalde deze na elk nieuw bewijs, dat elke ochtend bracht, dat ze werkelijk niemand kende.

Ze verschenen in de Benedenzalen en hier was het lot onze heldin beter gezind. De ceremoniemeester stelde een zeer beschaafde jongeman aan haar voor als danspartner. Zijn naam was Tilney. Hij leek ongeveer vier- of vijfentwintig jaar oud, was vrij lang, had aangename gelaatstrekken, een bijzonder intelligente en levendige blik en was weliswaar niet echt knap, maar kwam dicht in de buurt. Zijn conversatie was goed en Catherine prees zich bijzonder gelukkig. Terwijl ze dansten, was er weinig gelegenheid om te praten, maar toen ze aan de thee zaten, bleek hij net zo aangenaam als ze al verwacht had. Hij sprak vlot en geestig en had een ondeugende en grappige manier van doen die intrigeerde, maar nauwelijks door haar begrepen werd. Na wat gepraat over zaken waartoe hun omgeving op een natuurlijke manier aanleiding gaf, zei hij plotseling tegen haar: "Wat de passende belangstelling voor een partner betreft, mevrouw, ben ik tot nu toe ernstig in gebreke gebleven. Ik heb u nog niet eens gevraagd hoe lang u al in Bath bent, of u hier ooit eerder bent geweest, of u naar de Bovenzalen, naar het theater en naar het concert bent geweest en wat u in het algemeen van de plaats vindt. Ik ben bijzonder onachtzaam geweest, maar bent u nu in de gelegenheid mij ten aanzien van deze punten tevreden te stellen? Als u dat bent, zal ik onmiddellijk beginnen."

"U hoeft die moeite niet te nemen, meneer."

"Het is geen moeite, dat verzeker ik u, mevrouw." Toen, terwijl hij zijn gezicht in een namaakglimlach plooide en aanstellerig zijn stem liet zakken, hernam hij met een dwaze grijns: "Bent u al lang in Bath, mevrouw?"

"Ongeveer een week, meneer", antwoordde Catherine, terwijl ze haar best deed niet te lachen.

"Werkelijk!" met gespeelde verbazing.

"Waarom zou u verbaasd zijn, meneer?"

"Inderdaad, waarom!" zei hij op zijn gewone toon, "Maar het moet lijken alsof uw antwoord aanleiding geeft tot enige emotie en verbazing is gemakkelijker voor te wenden en niet minder aanvaardbaar dan een andere. Maar laten we verder gaan. Bent u hier ooit eerder geweest, mevrouw?"

"Nooit, meneer."

"Juist! Hebt u de Bovenzalen al met een bezoek vereerd?"

"Ja, meneer, ik ben daar maandag geweest."

"Bent u naar het theater geweest?"

"Ja, meneer, ik ben dinsdag naar de voorstelling geweest."

"Naar het concert?"

"Ja, meneer, op woensdag."

"En bent u al met al tevreden over Bath?"

"Ja, ik vind het hier heel plezierig."

"Nu moet ik een gemaakt lachje laten zien en daarna kunnen we weer gewoon doen."

Catherine wendde haar hoofd af, niet wetend of ze het zou wagen te lachen.

"Ik zie wat u van mij denkt", zei hij somber. "Ik zal morgen in uw dagboek een slechte indruk maken."

"Mijn dagboek?"

"Ja, ik weet precies wat u zult schrijven: 'Vrijdag naar de Benedenzalen geweest. Droeg mijn jurk van gebloemde mousseline met blauwe garnering, effen zwarte schoenen, zag er bijzonder goed uit, maar werd op een vreemde manier lastig gevallen door een rare, zonderlinge man, die erop stond met mij te dansen en mij in verlegenheid bracht met zijn onzin."

"Werkelijk, zoiets zou ik niet schrijven."

"Zal ik u zeggen wat u behoort te schrijven?"

"Als u wilt."

"Ik heb met een bijzonder aardige jongeman gedanst, geïntroduceerd door meneer King. Heb veel met hem gepraat. Lijkt een uiterst geniaal man. Hoop hem beter te leren kennen. Dàt, mevrouw, is wat ik graag wil dat u schrijft."

"Maar misschien houd ik helemaal geen dagboek bij."

"Misschien zit u helemaal niet in deze zaal en zit ik niet bij u. Dat zijn zaken waaraan net zozeer kan worden getwijfeld. Geen dagboek! Hoe kunnen uw afwezige nichtjes het verloop van uw verblijf in Bath begrijpen als u geen dagboek bijhoudt? Hoe kunnen de beleefdheden en complimenten van elke dag naar behoren worden verteld als ze niet elke avond in een dagboek worden opgetekend? Hoe kunnen uw verschillende japonnen voor de vergetelheid worden behoed en de specifieke staat van uw teint en de krul van uw haar in al hun verscheidenheid beschreven worden als u niet voortdurend uw toevlucht kunt nemen tot een dagboek? Mijn lieve mevrouw, ik ben minder onwetend ten aanzien van de gewoonten van jongedames dan u wenst te geloven. Het is dat verrukkelijke gebruik van het schrijven in een dagboek dat zo sterk bijdraagt aan de ontwikkeling van die ongedwongen schrijfstijl waarvoor dames in het algemeen worden geprezen. Iedereen erkent dat het talent voor het schrijven van plezierige brieven typisch vrouwelijk is. De natuur mag daar een rol in spelen, maar ik ben ervan overtuigd dat ze daarbij wezenlijk geholpen wordt door de gewoonte een dagboek bij te houden."

"Ik heb mij wel eens afgevraagd", zei Catherine aarzelend, "of dames zoveel betere brieven schrijven dan heren! Dat wil zeggen, ik denk niet dat de superioriteit altijd aan onze kant heeft gelegen."

"In zoverre ik in de gelegenheid ben geweest om dit te beoordelen, lijkt mij dat de gebruikelijke stijl van het schrijven van brieven onder vrouwen volmaakt is, behalve op drie punten."

"En welke zijn dat?"

"Een algemeen gebrek aan onderwerp, een totale

verwaarlozing van de punt en een regelmatig ontbreken van grammaticale kennis."

"Werkelijk! Ik had niet bang hoeven zijn om het compliment af te wijzen. U hebt in dat opzicht geen al te hoge dunk van ons."

"Als regel zou ik net zo min moeten stellen dat vrouwen betere brieven schrijven dan mannen als dat ze beter duetten zouden zingen of beter landschappen zouden tekenen. Op elk gebied waarvan smaak de basis vormt, is uitmuntendheid vrij eerlijk verdeeld over de seksen."

Ze werden onderbroken door mevrouw Allen: "Lieve Catherine," zei ze, "wil je die speld uit mijn mouw halen? Ik ben bang dat hij al een gat heeft gemaakt. Ik zou dat heel jammer vinden, want dit is een favoriete japon, hoewel de stof slechts negen shilling per meter heeft gekost."

"Dat is precies wat ik geschat zou hebben, mevrouw", zei meneer Tilney, terwijl hij naar de mousseline keek.

"Hebt u verstand van stoffen, meneer?"

"Jazeker, ik koop altijd mijn eigen halsdoeken en word als een echte kenner beschouwd; en mijn zuster heeft voor de keuze van een japon vaak op mijn oordeel vertrouwd. Ik heb er pas nog een voor haar gekocht en deze werd als een buitengewoon koopje beschouwd door elke dame die hem zag. Ik heb er slechts vijf shilling per meter voor gegeven en het was echte Indiase mousseline."

Mevrouw Allen was behoorlijk onder de indruk van zijn talent. "Mannen hebben over het algemeen zo weinig aandacht voor die dingen", zei ze. "Meneer Allen kan mijn japonnen nooit uit elkaar houden. U moet wel een grote steun voor uw zuster zijn, meneer."

"Dat hoop ik, mevrouw."

"En als ik u mag vragen, meneer, wat vindt u van de japon van juffrouw Morland?"

"Die is bijzonder mooi, mevrouw," zei hij, terwijl hij er een ernstige blik aan wijdde, "maar ik denk niet dat hij goed te wassen is. Ik ben bang dat de stof zal rafelen."

"Hoe kunt u...", zei Catherine lachend, "zo...", ze had bijna gezegd 'vreemd zijn'.

"Ik ben het geheel met u eens, meneer," antwoordde mevrouw Allen, "en ik heb het juffrouw Morland ook gezegd toen ze hem kocht."

"Maar u weet ook, mevrouw, dat mousseline altijd wel ergens goed voor is. Juffrouw Morland zal er genoeg van overhouden voor een zakdoek, een hoofddoek of een cape. Mousseline is nooit verspild. Ik heb dat mijn zuster wel veertig keer horen zeggen wanneer ze meer had gekocht dan ze nodig had of onzorgvuldig was geweest bij het knippen."

"Bath is een alleraardigste plaats, meneer, er zijn zo veel goede winkels hier. We zijn slecht af in de provincie. Niet dat we in Salisbury geen goede winkels hebben, maar dat is zo ver weg. Acht mijl is een hele afstand. Meneer Allen zegt dat het negen is, precies negen, maar ik weet zeker dat het niet meer dan acht kan zijn, en het is zo uitputtend, ik kom altijd doodmoe terug. Hier kun je de deur uitgaan en in vijf minuten iets gekocht hebben."

Meneer Tilney was beleefd genoeg om belangstelling te tonen voor wat ze zei en ze hield hem bij het onderwerp mousselines tot de dans weer begon. Luisterend naar hun gesprek, vreesde Catherine dat hij misschien wat al te veel meeging in de zwakheden van anderen. "Waar denkt u zo ernstig over na?" zei hij, terwijl ze terugliepen naar de danszaal. "Toch niet over uw partner, hoop ik, want aan het schudden van uw hoofd te zien, zijn uw overpeinzingen niet bevredigend."

Catherine bloosde en zei: "Ik dacht nergens aan."

"Beslist een ingenieus en diepgaand antwoord, maar ik hoor liever meteen dat u het mij niet wilt vertellen."

"Goed, dat wil ik niet."

"Dank u, want nu zullen we elkaar spoedig leren kennen doordat ik u nu elke keer wanneer we elkaar ontmoeten met dit onderwerp kan plagen en niets ter wereld is zo bevorderlijk voor vertrouwelijkheid."

Ze gingen weer dansen en namen, toen men ging sluiten, afscheid met, in elk geval wat de dame betrof, een sterke wens de kennismaking voort te zetten. Of ze zo veel aan hem dacht, terwijl ze haar warme wijn met water dronk en zich klaar maakte om naar bed te gaan en daar van hem te dromen, kan niet worden vastgesteld, maar ik hoop dat het niet meer was dan in een lichte sluimering of op zijn hoogst in een ochtenddoezeling, want als het waar is, zoals een vooraanstaand schrijver heeft beweerd, dat het voor een jongedame niet gerechtvaardigd is verliefd te worden voordat de jongeman zijn liefde heeft verklaard, zou het wel zeer ongepast zijn dat een jongedame van een jongeman zou dromen voordat bekend is dat de jongeman van haar heeft gedroomd. Hoe geschikt meneer Tilney als dromer of minnaar zou zijn, was misschien niet iets waar meneer Allen al over had nagedacht, maar dat er geen bezwaar tegen hem was als gewone kennis voor zijn jonge pupil, daarover was hij na het winnen van inlichtingen tevredengesteld. Vroeg in de avond had hij de moeite genomen na te gaan wie haar partner was en hem was verzekerd dat meneer Tilney een geestelijke was en afkomstig uit een zeer achtenswaardige familie in Gloucestershire.

HOOFDSTUK IV

Met meer dan gewone gretigheid haastte Catherine zich de volgende dag naar de Koerzaal, ervan overtuigd dat ze meneer Tilney daar zou zien voor de ochtend voorbij was en klaar hem met een glimlach tegemoet te treden, maar er werd geen glimlach gevraagd - meneer Tilney verscheen niet. Elk schepsel in Bath, behalve hij, was op verschillende tijden van de populaire uren in de zaal te zien, massa's mensen liepen elk moment naar binnen en buiten, de trappen op en af, mensen die niemand interesseerden en die niemand wilde zien en de enige die ontbrak was hij. "Wat is Bath toch een heerlijke plaats," zei mevrouw Allen, terwijl ze dicht bij de grote klok gingen zitten nadat ze door de zaal geflaneerd hadden tot ze moe waren, "en wat zou het plezierig zijn als we hier iemand kenden."

Deze wens was nu al zo vaak tevergeefs geuit, dat mevrouw Allen geen speciale reden had om er nu meer effect van te verwachten, maar 'wanhoop nooit het doel te bereiken' want 'onvermoeibare vlijt doet bergen bezwijken' wordt ons verteld en de 'onvermoeibare vlijt' waarmee zij dagelijks hetzelfde had gewenst, zou ten slotte zijn terechte beloning krijgen, want ze had nauwelijks tien minuten gezeten toen een dame van haar eigen leeftijd, die vlakbij zat en al enkele minuten aandachtig naar haar had gekeken, haar op zeer voorkomende wijze aansprak met de volgende woorden: "Ik denk, mevrouw, dat ik mij niet vergis. Het is lang geleden dat ik het genoegen had u te zien, maar is uw naam niet Allen?" Nadat deze vraag snel was beantwoord, verklaarde de vreemdelinge dat de hare Thorpe was en mevrouw Allen herkende onmiddellijk de trekken van een oude en goede schoolvriendin, die ze sinds hun respectievelijke huwelijken slechts één keer had gezien en dat vele jaren geleden. Hun vreugde over deze ontmoeting was groot, en terecht, aangezien ze volmaakt gelukkig waren geweest de laatste vijftien jaar niets van elkaar horen. Ze wisselden complimentjes uit over hun verschijning en nadat ze opgemerkt hadden hoe de tijd voorbij was gegleden sinds ze elkaar voor het laatst hadden gezien, hoe weinig ze verwacht hadden elkaar in Bath te ontmoeten en welk een genoegen het was een oude vriendin tegen te komen, vervolgden ze met het stellen van vragen en het geven van inlichtingen over hun gezin, zusters, neven en nichten, waarbij ze tegelijk aan het woord waren en veel meer geneigd informatie te geven dan te ontvangen, waardoor beiden weinig hoorden van wat de ander zei. Mevrouw Thorpe had echter, met een gezin met kinderen, als praatster één groot voordeel op mevrouw Allen, en toen ze uitweidde over de talenten van haar zoons en de schoonheid van haar dochters, toen ze vertelde over hun verschillende omstandigheden en vooruitzichten –dat John in Oxford studeerde, Edward naar Merchant-Taylors' ging en William op zee zat– en dat ze alledrie op hun diverse posities geliefder waren en meer gewaardeerd werden dan wie ook, had mevrouw Allen geen soortgelijke informatie te geven, geen soortgelijke triomfen op te dringen aan het onwillige en ongelovige oor van haar vriendin en was ze gedwongen te zitten en te doen alsof ze luisterde naar al deze moederlijke ontboezemingen, maar ze troostte zichzelf met de ontdekking, die haar scherpe blik al snel had gedaan, dat het kantwerk van de mantel van mevrouw Thorpe niet half zo mooi was als dat van haar.

"Daar komen mijn lieve meisjes", riep mevrouw Thorpe, wijzend naar drie goedgeklede jongedames die arm in arm in haar richting kwamen. "Mijn lieve mevrouw Allen, ik wil hen zo graag voorstellen; ze zullen verheugd zijn u te zien: de langste is Isabella, mijn oudste; is ze geen mooie jonge vrouw? Ook de anderen worden zeer bewonderd, maar ik vind dat Isabella de knapste is."

De jongedames Thorpe werden voorgesteld en juffrouw Morland, die gedurende korte tijd vergeten was, werd eveneens voorgesteld. Haar naam leek hun te verrassen en nadat ze zeer hartelijk tegen haar had gesproken, zei de oudste jongedame hardop tegen de anderen: "Wat lijkt juffrouw Morland toch sprekend op haar broer!"

"Zijn evenbeeld, inderdaad!" riep de moeder, en: "Ik zou haar overal als zijn zuster herkennen!" werd twee of drie keer door hen allen herhaald. Catherine was een ogenblik verbaasd, maar mevrouw Thorpe en haar dochters waren nauwelijks begonnen met het verhaal over hun kennismaking met de heer James Morland toen ze zich herinnerde dat haar oudste broer recentelijk bevriend was geraakt met een jongeman van zijn eigen college die de naam Thorpe droeg en dat hij de laatste week van de kerstvakantie bij diens familie had doorgebracht, in de buurt van Londen.

Nu alles duidelijk was, werden door de jongedames Thorpe vele hoffelijke dingen gezegd over hun wens haar beter te leren kennen, over het feit dat ze al als vrienden konden worden beschouwd door de vriendschap tussen hun broers, etc., die Catherine met plezier aanhoorde en beantwoordde in de aardigste bewoordingen waarover zij beschikte en als eerste bewijs van vriendschap werd ze al snel uitgenodigd een arm te accepteren van de oudste juffrouw Thorpe en een rondje door de zaal te lopen. Catherine was verrukt over deze uitbreiding van haar kennissenkring in Bath en terwijl ze met juffrouw Thorpe sprak, vergat ze meneer Tilney bijna. Vriendschap is beslist de beste balsem voor de kwellingen van een teleurstellende liefde.

Hun conversatie ging over op die onderwerpen waarover een vrije discussie in het algemeen veel bijdraagt aan de verdieping van een plotselinge vertrouwelijkheid tussen twee jongedames, zoals jurken, bals, hofmakerijen en curieuze personen. Juffrouw Thorpe, die vier jaar ouder was dan juffrouw Morland en op zijn minst ook vier jaar meer ervaring had, was bij het bespreken van dergelijke zaken echter sterk in het voordeel. Ze kon de bals van Bath met die van Tunbridge vergelijken, de mode met de mode van Londen; ze kon de ideeën van haar nieuwe vriendin rechtzetten op het gebied van smaakvolle kleding, een hofmakerij ontdekken tussen elke heer en dame die slechts naar elkaar glimlachten en uit een hele menigte de curieuze personen pikken. Deze bekwaamheden ontvingen de gepaste bewondering van Catherine, voor wie ze geheel nieuw waren, en het respect dat ze van nature afdwongen had te groot kunnen zijn voor vertrouwelijkheid als de ongedwongen, vrolijke manieren van juffrouw Thorpe en haar talrijke uitingen van blijdschap over hun kennismaking niet elk gevoel van ontzag hadden verzacht en niets dan innige genegenheid hadden overgelaten. Hun groeiende gehechtheid had niet voldoende aan een half dozijn rondjes door de Koerzaal, maar vereiste, nadat ze deze met z'n allen hadden verlaten, dat juffrouw Thorpe juffrouw Morland helemaal tot aan de deur van meneer Allens huis zou begeleiden en dat ze daar met de hartelijkste en langste handdruk afscheid zouden nemen, na tot hun wederzijdse opluchting vernomen te hebben dat ze elkaar 's avond in het theater zouden zien en de volgende ochtend in dezelfde kapel hun gebeden zouden zeggen. Catherine rende direct de trap op en keek vanuit het raam van de salon hoe juffrouw Thorpe de straat uitliep. Ze bewonderde haar sierlijke gang, haar modieuze gestalte en jurk, en voelde zich dankbaar, en terecht, voor het toeval dat haar zo'n vriendin had geschonken.

Mevrouw Thorpe was weduwe en niet erg rijk. Ze was een goedgehumeurde, goedbedoelende vrouw en een zeer toegeeflijke moeder. Haar oudste dochter beschikte over een grote persoonlijke schoonheid en de jongeren deden het uitstekend door te doen alsof ze net zo knap waren als hun zuster, haar houding te imiteren en zich in dezelfde stijl te kleden.

Deze korte beschrijving van de familie is bedoeld

om de noodzaak te voorkomen van een lange en gedetailleerde beschrijving van mevrouw Thorpe zelf, van de goede en pijnlijke dingen uit haar leven, die anders naar verwachting de drie of vier volgende hoofdstukken in beslag zou nemen en waarin het verachtelijk gedrag van heren en advocaten uiteen zou worden gezet en conversaties van twintig jaar geleden tot in detail zouden worden herhaald.

Hoofdstuk V

Catherine werd die avond in het theater niet zozeer in beslag genomen door het beantwoorden van de knikjes en glimlachjes van juffrouw Thorpe, hoewel ze zeker veel van haar tijd opeisten, dat ze vergat om elke loge die binnen haar gezichtsveld lag te onderzoeken op de aanwezigheid van meneer Tilney, maar ze zocht tevergeefs. Meneer Tilney hield niet meer van toneel dan van de Koerzaal. Ze hoopte de volgende dag meer geluk te hebben en toen haar wens dat het mooi weer zou zijn, beantwoord werd door een prachtige ochtend, twijfelde ze hier nauwelijks aan, want een mooie zondag in Bath leegt elk huis van zijn bewoners en iedereen lijkt bij een dergelijke gelegenheid buiten te wandelen en zijn kennissen te vertellen wat een heerlijke dag het is.

Zodra de kerkdienst voorbij was, voegden de Thorpes en Allens zich gretig bij elkaar en na voldoende tijd in de Koerzaal te hebben doorgebracht om te ontdekken dat de menigte ondraaglijk en er niemand van stand te zien was, een ontdekking die iedereen elke zondag gedurende het hele seizoen doet, haastten ze zich naar de Crescent om de frisse lucht van beter gezelschap in te ademen. Catherine en Isabella smaakten hier, arm in arm, opnieuw de genoegens van de vriendschap in een openhartige conversatie. Ze praatten veel en met veel plezier, maar opnieuw werd Catherine teleurgesteld in haar hoop haar partner terug te zien. Hij was nergens te vinden; elke zoektocht naar hem had even weinig succes, in ontbijtzalen of avondgelegenheden, in de Boven- of Benedenzalen, op galabals of informele bals, hij was nergens te zien, ook niet onder de wandelaars, de ruiters of de rijtuigbestuurders van die ochtend. Zijn naam stond niet in het Koerzaalboek en meer was er met nieuwsgierigheid niet uit te halen. Hij moest Bath verlaten hebben, maar hij had niet vermeld dat zijn verblijf zo kort zou zijn! Dit soort geheimzinnigheid, dat altijd zo aantrekkelijk is in een held, verleende een nieuwe charme aan Catherines fantasieën rond zijn persoon en gedrag en versterkte haar verlangen meer van hem te weten. De Thorpes konden haar niets vertellen, want ze hadden slechts twee dagen in Bath doorgebracht toen ze mevrouw Allen ontmoetten. Het was echter een onderwerp waarin ze zich dikwijls uitleefde met haar knappe vriendin, van wie ze alle mogelijke aanmoediging kreeg om aan hem te blijven denken, waardoor de indruk die hij op haar had gemaakt niet het gevaar liep te verzwakken. Isabella was ervan overtuigd dat hij een charmante jongeman moest zijn en er net zozeer van overtuigd dat hij verrukt moest zijn van haar lieve Catherine en daarom spoedig terug zou keren. Ze mocht hem nog meer omdat hij een geestelijke was, 'want ze moest zelf een grote voorkeur bekennen voor dat beroep' en terwijl ze dit zei, ontsnapte haar zoiets als een zucht. Misschien was het verkeerd van Catherine dat ze niet vroeg naar de oorzaak van die milde emotie, maar ze was niet ervaren genoeg in de fijne kneepjes van de liefde of de plichten van de vriendschap om te weten wanneer een subtiele plagerij op zijn plaats is of vertrouwelijkheid zou moeten worden afgedwongen.

Mevrouw Allen was nu geheel gelukkig, geheel tevreden over Bath. Ze had wat kennissen gevonden, had het geluk gehad dezen te vinden in de vorm van een zeer achtenswaardige oude vriendin en haar familie en had, om haar geluk te vervolmaken, gemerkt dat deze vriendinnen bij lange na niet zo kostbaar gekleed gingen als zijzelf. Haar dagelijkse uitroepen waren niet langer: 'Ik wilde dat we wat kennissen hadden in Bath!' Ze waren veranderd in: 'Wat ben ik blij dat we mevrouw Thorpe hebben ontmoet!' en ze was net zo'n voorstandster van de omgang tussen de twee families als haar jonge pupil en Isabella maar konden zijn. Ze was niet tevreden over de dag tenzij ze een groot deel ervan aan de zijde van mevrouw Thorpe had doorgebracht, met wat zij conversatie noemden, maar waarin nauwelijks sprake was van een uitwisseling van gedachten en zelden enige overeenkomst in onderwerp, want mevrouw Thorpe praatte vooral over haar kinderen en mevrouw Allen over haar kleding.

De vriendschap tussen Catherine en Isabella verliep even snel als het begin ervan hartelijk was geweest en ze gingen zo haastig door elk stadium van toenemende genegenheid heen dat er al spoedig geen nieuw bewijs meer van gegeven kon worden aan hun vrienden of henzelf. Ze noemden elkaar bij de voornaam, gingen tijdens het lopen altijd arm in arm, speldden elkaars sleep op voor de dans en waren in het openbaar onafscheidelijk en wanneer een regenachtige ochtend hen beroofde van andere genoegens waren ze, ondanks nattigheid en modder, nog steeds vastbesloten elkaar te ontmoeten en zich af te zonderen om samen romans te lezen. Jazeker, romans, want ik ben niet van plan die harde en ondoordachte gewoonte over te nemen die zo in gebruik is onder schrijvers van romans, die door hun minachtende kritiek juist de prestaties omlaag halen die ze zelf in aantal doen toenemen, dit door zich aan te sluiten bij hun grootste vijanden, die aan deze werken slechts de negatiefste benamingen wijden en vrijwel nooit toe te staan dat ze gelezen worden door hun eigen heldin, die, als ze al per ongeluk een roman ter hand neemt, de banale bladzijden ongetwijfeld met walging zal omslaan. Ach! Als de heldin van de ene roman niet gesteund wordt door de heldin van een andere, van wie kan ze dan nog bescherming en achting verwachten? Ik kan dit niet goedkeuren. We kunnen het aan de recensenten overlaten om dergelijke ontboezemingen van de fantasie op hun gemak te beschimpen en over elke nieuwe roman te praten in de afgezaagde bewoordingen van de rommel waaronder de pers nu zucht. Laten we elkaar steunen; we zijn een gewonde groep. Ofschoon onze producten een groter en oprechter plezier hebben verschaft dan die van elk ander literair genootschap ter wereld, wordt op geen enkel genre zo afgegeven. We hebben bijna net zo veel vijanden als lezers, of dit nu uit trots, onwetendheid of mode voortkomt. En terwijl de bekwaamheden van de negenhonderdste samenvatter van de geschiedenis van Engeland of die van de man die een tiental regels van Milton, Pope en Prior verzamelt en publiceert, met een artikel uit de *Spectator* en een hoofdstuk van Sterne, door duizend pennen worden verheerlijkt, lijkt er een vrijwel algemene wens te bestaan tot het afgeven op de capaciteiten en het onderwaarderen van het werk van de romanschrijver en het geringschatten van prestaties die als aanbeveling slechts beschikken over genialiteit, geest en smaak.

'Ik ben geen romanlezer. Ik werp zelden een blik in romans. Denk niet dat ìk vaak een roman lees. Voor een roman is het echt heel goed.' Dat is het bekende liedje. 'En wat bent u aan het lezen, juffrouw?' 'O, het is maar een roman!' antwoordt de jongedame, terwijl ze haar boek met gemaakte onverschilligheid of kortstondige gène weglegt. 'Het is alleen maar Cecilia of Camilla of Belinda', kortom, alleen maar een of ander werk waarin de grootste krachten van de geest worden gedemonstreerd, waarin de diepgaandste kennis van de menselijke natuur, de gelukkigste schets van haar variëteiten, de levendigste uitingen van geestigheid en humor in de best gekozen bewoordingen aan de wereld worden overgebracht. Stel dat diezelfde jongedame verdiept was geweest in een deel van de *Spectator*, in plaats van in een dergelijk werk, hoe trots had ze het boek dan niet getoond en de naam ervan vermeld, hoewel er weinig kans is dat ze zich bezig zou houden met enig deel van die volumineuze uitgave, waarvan de stijl of de inhoud niet de weerzin zou opwekken van een jonge persoon met smaak: de strekking van de artikelen bestaat zo vaak uit het poneren van onwaarschijnlijke omstandigheden, onnatuurlijke personages en gespreksonderwerpen die voor geen levende ziel nog interessant zijn en ook het taalgebruik is regelmatig zo grof, dat het een weinig gunstige indruk geeft van het tijdperk dat dit kon tolereren.

Hoofdstuk VI

Het volgende gesprek, dat de twee vriendinnen op een ochtend in de Koerzaal voerden toen ze elkaar acht of negen dagen kenden, wordt gegeven als voorbeeld van hun warme genegenheid en de fijngevoeligheid, discretie, originele gedachten en literaire smaak die tekenend waren voor de terechte aard van die genegenheid.

Ze ontmoetten elkaar op afspraak en omdat Isabella bijna vijf minuten eerder dan haar vriendin was gearriveerd, was haar eerste opmerking natuurlijk: "Mijn liefste vriendin, waarom ben je zo laat? Ik heb hier minstens een eeuw op je gewacht!"

"Werkelijk? Dat spijt me heel erg, maar ik dacht echt dat ik op tijd was. Het is nog maar net één uur. Ik hoop dat je hier nog niet zo lang bent!"

"O, minstens tien eeuwen. Ik ben hier beslist al een half uur. Maar laten we nu aan de andere kant van de zaal gaan zitten en plezier hebben. Ik heb je wel honderd dingen te vertellen. In de eerste plaats was ik zo bang dat het zou gaan regenen, net toen ik wilde gaan; het zag er zeer regenachtig uit en dat was een ware kwelling geweest! Weet je dat ik zojuist de schattigste hoed heb gezien die je maar kunt voorstellen, in een etalage in Milsom Street. Hij lijkt veel op die van jou, alleen met oranjerode linten in plaats van groene. Ik wilde hem dolgraag hebben. Maar, mijn liefste Catherine, wat heb jij deze ochtend allemaal gedaan? Ben je verder gegaan in *Udolpho?*"

"Ja, ik heb erin gelezen vanaf het moment dat ik wakker werd en ik ben tot de zwarte sluier gekomen."

"Is dat zo? Wat heerlijk! O, ik zou je voor geen goud vertellen wat er achter de zwarte sluier zit! Ben je daar niet razend nieuwsgierig naar?"

"O ja! Zeker! Wat zou het zijn? Maar vertel me niets. Ik wil het absoluut niet horen. Ik weet dat het een geraamte moet zijn. Ik weet zeker dat het het geraamte van Laurentina is. O! Ik ben verrukt van het boek! Ik zou het mijn hele leven kunnen lezen. Eerlijk, als ik geen afspraak met jou had gehad, had ik het voor niets ter wereld kunnen wegleggen."

"Lieve kind! Ik ben je zo veel dank verschuldigd en als je klaar bent met *Udolpho* gaan we samen de Italiaan lezen en ik heb een lijst voor je opgesteld van nog tien of twaalf van dat soort boeken."

"Heb je dat gedaan? Wat fijn! Welke zijn het?"

"Ik zal je onmiddellijk de namen voorlezen. Ik heb ze hier, in mijn notitieboekje. *Het kasteel van Wolfenbach, Clermont, Raadselachtige waarschuwingen, De zwarte magiër van het Zwarte Woud, Het gelui om middernacht, De wees van de Rijn* en *Gruwelijke geheimen.* Daar zijn we wel even mee bezig."

"Ja, dat denk ik ook, maar zijn ze allemaal gruwelijk, weet je zeker dat ze allemaal gruwelijk zijn?"

"Ja, daar ben ik vrij zeker van, want een goede vriendin van mij, een juffrouw Andrews, een schattig meisje, een van de schattigste mensen die ik ken, heeft ze allemaal gelezen. Ik wilde dat je juffrouw Andrews kende, je zou verrukt van haar zijn. Ze haakt de schattigste schoudermantel voor zichzelf die je maar kunt voorstellen. Ik vind haar zo mooi als een engel en ik erger me zo aan de mannen omdat ze haar niet bewonderen! Daarvoor geef ik ze allemaal een ongelooflijke uitbrander."

"Een uitbrander? Je geeft ze een uitbrander omdat ze haar niet bewonderen?"

"Jazeker. Voor de mensen die mijn echte vrienden zijn, heb ik alles over. Ik kan niet half van mensen houden, dat ligt niet in mijn aard. Mijn genegenheid is altijd zó sterk. Van de winter, tijdens een van onze bijeenkomsten, heb ik tegen kapitein Hunt gezegd dat ik niet met hem zou dansen als hij mij de hele avond bleef plagen, tenzij hij zou verklaren dat juffrouw Andrews zo mooi is als een engel. Mannen denken dat wij niet in staat zijn tot echte vriendschap, zie je, en ik ben vastbesloten hun te laten zien dat ze ongelijk hebben. Stel dat ik iemand geringschattend over jou hoorde praten, dan zou ik onmiddellijk boos worden, maar dat is absoluut niet waarschijnlijk want jíj bent nu juist het type meisje dat geweldig favoriet is bij de mannen."

"Lieve hemel!" riep Catherine blozend uit. "Hoe kun je dat zeggen?"

"Ik ken je heel goed. Je bent zo levendig en dat is precies wat juffrouw Andrews mist, want ik moet toegeven dat ze iets ongelooflijk slooms over zich heeft. O, dat moet ik je nog vertellen! Net nadat we gisteren afscheid hadden genomen, zag ik een jongeman zo ernstig naar je kijken; ik weet zeker dat hij verliefd op je is." Catherine kreeg een kleur en wilde er weer niets van horen. "Het is echt waar, op mijn erewoord, maar ik weet wel wat het is: je bent niet geïnteresseerd in de bewondering van anderen, maar slechts in die van één heer, die naamloos zal blijven. Ach, ik kan het je niet kwalijk nemen" (op ernstiger toon); "je gevoelens zijn gemakkelijk te begrijpen. Ik weet heel goed hoe onbetekenend de aandacht van anderen is wanneer het hart echt geraakt is. Alles wat geen verband houdt met het voorwerp van onze liefde is zó saai, zó oninteressant! Ik kan je gevoelens uitstekend begrijpen."

"Maar jij zou me niet moeten aanmoedigen om zo dikwijls aan meneer Tilney te denken, want ik zie hem misschien nooit meer."

"Hem niet meer zien? Mijn liefste vriendin, dat moet je niet zeggen. Ik weet zeker dat je je diep ongelukkig zou voelen als je dat zou denken."

"Nee, je hebt gelijk, dat moet ik niet doen. Ik wil niet doen alsof ik hem niet bijzonder aardig vond, maar ik denk dat niemand mij diep ongelukkig kan maken zolang ik *Udolpho* kan lezen. O, die vreselijke zwarte sluier! Mijn lieve Isabella, ik weet zeker dat Laurentina's geraamte zich daarachter bevindt."

"Ik vind het zo vreemd dat je *Udolpho* nooit gelezen hebt, maar ik veronderstel dat mevrouw Morland bezwaren heeft tegen romans."

"Nee, dat is niet zo. Ze leest zelf vaak *Sir Charles Grandison*, maar nieuwe boeken bereiken ons niet."

"*Sir Charles Grandison*! Dat is een ongelooflijk eng boek, is het niet? Ik herinner me dat juffrouw Andrews niet door het eerste deel heen kon komen."

"Het lijkt helemaal niet op *Udolpho*, maar ik vind het heel onderhoudend."

"Is dat zo? Je verbaast me. Ik dacht dat het onleesbaar was. Maar, mijn liefste Catherine, weet je al wat je vanavond op je hoofd wilt dragen? Ik ben vastbesloten in ieder geval precies zo gekleed te gaan als jij. Dàt is iets wat de mannen soms opvalt, weet je."

"Maar dat maakt toch niet uit", zei Catherine heel onschuldig.

"Maakt niet uit? Lieve hemel! Ik trek me in principe nooit iets aan van wat ze zeggen. Ze zijn dikwijls ongelooflijk brutaal als je niet resoluut tegen hen optreedt en hen op afstand houdt."

"Is dat zo? Dat heb ik nooit gemerkt. Ze gedragen zich altijd keurig naar mij."

"O, ze zijn vaak zo arrogant! Ze zijn de meest zelfingenomen wezens ter wereld; ze vinden zichzelf zo belangrijk! Overigens, hoewel ik er wel honderd keer aan heb gedacht, heb ik steeds vergeten je te vragen welke gelaatskleur je het liefst ziet bij een man. Houd je van mannen met een donkere of met een lichte huid?"

"Dat weet ik eigenlijk niet. Daar heb ik nooit zo over nagedacht. Iets ertussenin, denk ik. Bruin, niet licht en niet heel donker."

"Heel goed, Catherine. Dat is hem precies. Ik ben je beschrijving van meneer Tilney niet vergeten: 'een bruine huid, met donkere ogen en vrij donker haar'. Ik heb een andere smaak. Ik heb een voorkeur voor lichte ogen en wat de gelaatskleur betreft, vind ik bleek mooier dan elke andere. Je mag me niet verraden als je in jouw kennissenkring ooit iemand tegenkomt die aan die beschrijving voldoet."

"Je verraden? Wat bedoel je?"

"Nee, breng me niet in verlegenheid. Ik denk dat ik al te veel heb gezegd. Laten we er niet meer over praten."

Catherine legde zich daar wat beduusd bij neer en stond, na enkele minuten gezwegen te hebben, op het punt terug te komen op wat haar op dat ogenblik meer interesseerde dan welk ander onderwerp ook, namelijk het geraamte van Laurentina, toen haar vriendin dit voorkwam met de opmerking: "Laten we in 's hemelsnaam naar de andere kant van de zaal gaan. Heb je gemerkt dat er twee afschuwelijke jongemannen zijn die al een halfuur naar mij zitten te staren? Ze hebben me echt uit mijn evenwicht gebracht. Laten we gaan kijken wie de nieuwkomers zijn. Daarheen zullen ze ons niet volgen."

Ze begaven zich naar het gastenboek en terwijl Isabella de namen bekeek, was het de taak van Catherine om op de handelingen van de twee verontrustende jongemannen te letten.

"Ze komen toch niet deze kant op? Ik hoop dat ze niet zo brutaal zijn om ons te volgen. Laat het me alsjeblieft weten als ze komen. Ik heb me voorgenomen niet op te kijken."

Enkele minuten later verzekerde Catherine haar met oprecht plezier dat ze zich niet langer ongemakkelijk hoefde te voelen omdat de heren de Koerzaal net verlaten hadden.

"Welke kant zijn ze opgegaan?" vroeg Isabella, terwijl ze zich haastig omdraaide. "Een van hen was een bijzonder goed uitziende jongeman."

"Ze gingen in de richting van het kerkhof."

"Nou, ik ben ongelooflijk blij dat ik ze kwijt ben! En nu, wat vind je ervan om met mij naar Edgar's Buildings te gaan om naar mijn nieuwe hoed te kijken? Je zei dat je hem graag wilde zien."

Catherine stemde daar onmiddellijk in toe. "Maar", voegde ze eraan toe, "misschien halen we de twee jongemannen wel in."

"O, dat geeft niet! Als we ons haasten, zullen we ze snel passeren en ik wil je zo graag mijn nieuwe hoed laten zien."

"Maar als we een paar minuten wachten, hoeven we ze helemaal niet te zien."

"Die eer gun ik ze niet, dat kan ik je wel vertellen. Ik ben niet van plan mannen met zo veel respect te behandelen. Dat is dè manier om ze te verwennen."

Tegen deze redenering had Catherine niets in te brengen en daarom, om de onafhankelijkheid van juffrouw Thorpe te demonstreren en haar voornemen het andere geslacht op zijn nummer te zetten, gingen ze onmiddellijk op weg en liepen zo snel ze konden achter de twee jongemannen aan.

HOOFDSTUK VII

In een halve minuut waren ze via het Koerplein bij de poort tegenover de Union Passage gekomen, maar daar werden ze opgehouden. Iedereen die Bath kent, herinnert zich misschien de moeilijkheden bij het oversteken van Cheap Street op dat punt. Het is inderdaad een straat van een zo impertinente aard, zo ongelukkig verbonden met de grote wegen naar Londen en Oxford en het belangrijkste logement van de stad, dat er geen dag voorbij gaat zonder dat groepen dames, hoe belangrijk hun zaken ook zijn, of ze nu op zoek zijn naar gebak, hoeden of (zoals in dit geval) jongemannen, aan een van beide kanten worden opgehouden door rijtuigen, ruiters of karren. Sinds haar verblijf in Bath was dit kwaad door Isabella al minstens drie keer per dag gevoeld en betreurd en ze was nu gedoemd het nogmaals te voelen en betreuren, want precies op het moment waarop ze tegenover de Union Passage stonden en de twee jongemannen zagen die zich door de menigte bewogen en zich een weg zochten langs de goten van dat interessante straatje, werd hun oversteek verhinderd door de nadering van een sjees, die door de koetsier over slecht plaveisel werd gereden met een air alsof hij er heel wat van kon en alle woestheid die nodig leek om de levens van hemzelf, zijn gezelschap en zijn paard zo goed mogelijk in de waagschaal te stellen.

"O, die afschuwelijke sjezen!" zei Isabella opkijkend. "Wat heb ik daar toch een hekel aan." Dit gevoel was weliswaar zeer gerechtvaardigd, maar van korte duur, want ze keek nog eens en riep toen uit: "O, heerlijk! Meneer Morland en mijn broer!"

"Lieve hemel, het is James!" werd op hetzelfde moment geuit door Catherine en toen de jongemannen hen in het oog kregen, werd het paard onmiddellijk met zo veel geweld ingehouden dat het bijna onderuit ging, en nu een bediende naderbij was gesneld, sprongen de twee heren uit het rijtuig, dat aan zijn zorg werd overgelaten.

Catherine, voor wie deze ontmoeting volledig onverwacht was, begroette haar broer allerhartelijkst en aangezien hij een bijzonder vriendelijk karakter had en een oprechte genegenheid voor haar koesterde, gaf hij van zijn kant blijk van een gelijke mate van voldoening, waar hij nauwelijks tijd voor had terwijl de stralende ogen van juffrouw Thorpe voortdurend zijn aandacht opeisten en hij had haar al snel de verschuldigde eer bewezen, met een mengeling van vreugde en verlegenheid die Catherine, als ze meer inzicht had gehad in de ontwikkeling van gevoelens van anderen en minder in beslag zou zijn genomen door die van haarzelf, duidelijk had gemaakt dat haar broer haar vriendin net zo mooi vond als zijzelf.

John Thorpe, die intussen instructies had gegeven voor de verzorging van de paarden, voegde zich al spoedig bij hen en van hem ontving ze de genoegdoening die haar toekwam, want terwijl hij de hand van Isabella slechts licht en achteloos beroerde, eerde hij haar met een halve korte buiging en een volledig strijken van de voet. Hij was een stevige jongeman van gemiddelde lengte, die, met een onopvallend gezicht en plompe gestalte, bang leek te knap te zijn tenzij hij gekleed ging als een stalknecht, te veel een heer te lijken tenzij hij ongedwongen deed waar hij beleefd moest zijn en vrijpostig waar hij ongedwongen had kunnen zijn. Hij haalde zijn horloge te voorschijn en zei: "Hoe lang denkt u dat we erover gedaan hebben vanaf Tetbury, juffrouw Morland?"

"Ik weet niet hoe ver dat is." Haar broer vertelde haar dat het drieëntwintig mijl was.

"Drieëntwintig!" riep Thorpe uit. "Vijfentwintig op de centimeter." Morland protesteerde, voerde het gezag aan van wegenkaarten, herbergiers en mijlstenen, maar zijn vriend negeerde ze allemaal; hij had een betrouwbaardere meetmethode. "Ik weet dat het vijfentwintig moet zijn", zei hij, "door de tijd die we erover gedaan hebben. Het is nu half twee. We zijn bij de herberg in Tetbury vertrokken toen de kerkklok elf uur sloeg en ik daag elke man in Engeland uit mijn paard in het tuig minder te laten lopen dan tien mijl per uur en dat maakt het precies vijfentwintig."

"Je zit er een uur naast," zei Morland, "het was nog maar tien uur toen we uit Tetbury vertrokken."

"Tien uur? Het was elf uur, ik zweer het! Ik heb elke slag geteld. Die broer van u maakt me nog gek, juffrouw Morland, maar kijk eens naar mijn paard. Hebt u ooit van uw leven een dier gezien dat zo geschapen was voor snelheid?" (De bediende was juist in het rijtuig gestapt en reed weg.) "Wat een rasdraver! Drieëneenhalf uur voor slechts drieëntwintig mijl! Kijk naar het dier en stelt u zich dat voor als u kunt."

"Hij ziet er wel erg verhit uit."

"Verhit! Hij was nog helemaal fris toen we bij Walcot Church kwamen, maar kijk naar zijn voorhand, kijk naar zijn lendenen, let alleen maar op zijn bewegingen, dat paard kàn niet langzamer gaan dan tien mijl per uur; bind zijn benen bij elkaar en hij loopt nog door. Wat vindt u van mijn sjees, juffrouw Morland? Een fraaie, nietwaar? Goede ophanging, in de stad gebouwd, ik heb hem nog geen maand. Hij is gebouwd voor een kerel van Christ Church, een vriend van mij, een heel aardige vent. Hij heeft er een paar weken mee gereden, tot het hem, denk ik, goed uitkwam om hem weg te doen. Toevallig was ik toen net op zoek naar zo'n licht dingetje, hoewel ik eigenlijk mijn zinnen had gezet op een tweewielig rijtuig, maar het laatste trimester kwam ik hem bij toeval tegen op de Magdalenabrug, toen hij Oxford binnenreed. "Hé, Thorpe," zegt hij, "heb je soms belangstelling voor zo'n karretje als dit? In zijn soort een eersteklas ding, maar ik heb er schoon genoeg van." "O, verd...," zei ik, "ik ben je man, wat vraag je?" En hoeveel denkt u dat hij vroeg, juffrouw Morland?"

"Ik ben bang dat ik geen idee heb."

"Tweewielige ophanging, begrijpt u; zitting, bagageruimte, zwaardkast, spatscherm, lampen, zilveren lijstwerk, alles compleet, het ijzerwerk zo goed als nieuw, of beter. Hij vroeg vijftig guineas; ik heb de koop meteen gesloten, gooide het geld neer en het rijtuig was van mij."

"En ik ben bang", zei Catherine, "dat ik zo weinig

van zulke dingen weet dat ik geen idee heb of het goedkoop of duur was."

"Het een nog het ander; ik had hem waarschijnlijk voor minder kunnen krijgen, maar ik heb een hekel aan afdingen en die arme Freeman had geld nodig."

"Dat was bijzonder vriendelijk van u", zei Catherine goedkeurend.

"O, verd..., als ik de middelen heb om een vriend een plezier te doen, heb ik er een hekel aan om een krentenweger te zijn."

Er werd nu geïnformeerd naar de plannen van de jongedames en toen de heren hoorden waar ze heen gingen, besloten ze dat ze hen zouden vergezellen naar Edgar's Buildings en hun opwachting zouden maken bij mevrouw Thorpe. James en Isabella liepen voorop en de laatste was zo tevreden met haar lot, nam met zo veel genoegen de taak op zich om een plezierige wandeling te verzorgen voor degene die met de dubbele aanbeveling kwam de vriend van haar broer en de broer van haar vriendin te zijn en was zo vol van zuivere gevoelens en wars van koketterie, dat ze, toen ze de twee aanstootgevende jongemannen in Milsom Street passeerden, er zo weinig op uit was hun aandacht te trekken dat ze slechts drie keer naar hen omkeek.

John Thorpe liep natuurlijk aan de zijde van Catherine en hernieuwde, na enkele minuten stilte, de conversatie over zijn sjees: "U zult echter merken, juffrouw Morland, dat sommige mensen hem goedkoop zouden vinden, want ik had hem de volgende dag al voor tien guineas meer kunnen verkopen. Jackson, van Oriel, bood me onmiddellijk zestig; Morland was erbij toen het gebeurde."

"Ja," zei Morland, die dit hoorde, "maar je vergeet dat je paard erbij inbegrepen was."

"Mijn paard! O, verd...! Ik zou mijn paard nog niet voor honderd verkopen. Houdt u van een open rijtuig, juffrouw Morland?"

"O ja, zeker. Ik ben zelden in de gelegenheid geweest om erin te zitten, maar ik ben er heel dol op."

"Dat doet me genoegen. Ik zal u elke dag meenemen voor een ritje."

"Dank u", zei Catherine, enigszins in verlegenheid gebracht. Ze wist niet of het accepteren van zo'n aanbod wel gepast was.

"Morgen rijd ik u naar Lansdown Hill."

"Dank u, maar heeft uw paard geen rust nodig?"

"Rust? Hij heeft vandaag maar drieëntwintig mijl gelopen. Onzin. Niets is zo slecht voor een paard als rust. Nergens raken ze zo snel van uit conditie. O nee, terwijl ik hier ben zal ik dat paard van mij elke dag vier uur laten lopen."

"Bent u dat echt van plan?" vroeg Catherine bezorgd. "Dat betekent veertig mijl per dag."

"Veertig? Ah, vijftig, wat mij betreft. Goed, dan breng ik u morgen naar Lansdown; die afspraak staat dus."

"Wat zal dat heerlijk zijn", riep Isabella, die zich omdraaide. "Lieve Catherine, ik benijd je wel, maar ik vrees, broertje, dat er geen ruimte is voor een derde persoon."

"Een derde? O nee! Ik ben niet naar Bath gekomen om mijn zusters rond te rijden. Dat zou een mooie grap zijn, werkelijk! Morland zal voor jou moeten zorgen."

Dit bracht een uitwisseling van beleefdheden tussen de andere twee op gang, maar aan Catherine gingen zowel de bijzonderheden als het resultaat voorbij. Het betoog van haar metgezel, dat tot nu toe levendig was geweest, daalde af tot niets meer dan een korte, maar gedecideerde lofprijzing of veroordeling van het gezicht van elke vrouw die ze tegenkwamen en Catherine, die, zolang ze het volhield, bleef luisteren en instemmen, met alle beleefdheid en meegaandheid van de jonge vrouwelijke geest die het moeilijk vindt een eigen mening te geven die tegen die van een zelfverzekerde man in gaat, vooral wanneer het de schoonheid van haar eigen geslacht betreft, waagde het ten slotte om het onderwerp te veranderen door een vraag te stellen die haar al enige tijd hevig bezighield. Ze zei: "Hebt u ooit *Udolpho* gelezen, meneer Thorpe?"

"*Udolpho*? O god, nee! Ik niet. Ik lees nooit romans. Ik heb andere dingen te doen."

Beschaamd en op haar nummer gezet wilde Catherine zich al verontschuldigen voor de vraag toen hij dit voorkwam door te zeggen: "Romans zitten zo vol met larie en apekool. Sinds Tom Jones is er niet een verschenen die ook maar enigszins de moeite waard is, behalve *De Monnik.* Die heb ik laatst gelezen, maar al die andere, het zijn de stomste dingen die er maar zijn."

"Ik denk dat *Udolpho* u wel zou bevallen, als u het zou lezen. Het is zo interessant."

"Mij niet, echt niet! Als ik al een roman lees, zal het er een van mevrouw Radcliff zijn. Haar romans zijn amusant genoeg; díe zijn de moeite waard om te lezen, want ze bevatten wat natuurlijke en grappige dingen."

"*Udolpho* is geschreven door mevrouw Radcliff", zei Catherine met enige aarzeling, uit angst hem te krenken.

"Nee toch, is dat zo? Ach, nu weet ik het weer. Dat is ook zo. Ik dacht aan dat andere vreselijk stomme boek, dat geschreven is door die vrouw waar zo veel heisa om is, die met die Franse emigrant is getrouwd."

"Ik neem aan dat u *Camilla* bedoelt?"

"Ja, dat is het boek. Zo onnatuurlijk! Een oude man die op een wip zit! "Ik heb ooit het eerste deel ingekeken, maar ik kwam al snel tot de conclusie dat het niets was. Eigenlijk wist ik al wat het was voor ik het zag: zodra ik hoorde dat ze met een emigrant was getrouwd, wist ik zeker dat ik er nooit doorheen zou komen."

"Ik heb het niet gelezen."

"Dan hebt u niets gemist, dat kan ik u verzekeren. Het is de afgrijselijkste onzin die u zich maar kunt voorstellen. Het gaat alleen maar over een oude man die op een wip zit en Latijn leert, ik zweer het."

Deze kritiek, waarvan de juistheid helaas niet besteed was aan de arme Catherine, bracht hen bij de deur van mevrouw Thorpes logement en de gevoelens van de scherpzinnige en onbevooroordeelde lezer van *Camilla* maakten plaats voor de gevoelens van de plichtgetrouwe en liefhebbende zoon toen ze mevrouw Thorpe ontmoetten, die hen al van boven had opgemerkt.

"Ah, moeder, hoe gaat het?" zei hij, terwijl hij haar joviaal de hand schudde. "Waar hebt u die rare hoed gevonden? U ziet eruit als een oude heks. Morland en ik komen een paar dagen logeren, dus kijk maar uit naar een paar goede bedden in de buurt." Deze begroeting scheen de diepste wensen van het moederhart te vervullen, want ze ontving hem met de verruktste en vreugdevolste genegenheid. Vervolgens schonk hij zijn twee zusters een gelijke portie van zijn broederlijke fijngevoeligheid, want hij vroeg beiden hoe het met hen ging en merkte op dat ze er allebei foeilelijk uitzagen.

Deze manieren bevielen Catherine niet, maar hij was de vriend van James en de broer van Isabella en haar oordeel werd verder ontkracht door de verzekering van Isabella, toen ze zich terugtrokken om naar de nieuwe hoed te gaan kijken, dat John haar het charmantste meisje van de wereld vond en doordat John haar voor ze wegging liet beloven dat ze die avond met hem zou dansen. Als ze ouder of verwaander was geweest, zouden dergelijke aanvallen weinig effect hebben gehad, maar waar jeugd en verlegenheid samengaan, is een buitengewone standvastigheid vereist om bestand te zijn tegen de bekoring het charmantste meisje ter wereld te worden genoemd en zo snel besproken te worden als danspartner. Het gevolg was dat Catherine, toen de twee Morlands, na een uur bij de Thorpes te hebben gezeten, op weg gingen naar het huis van meneer Allen en James, nadat de deur achter hen dicht was gegaan, zei: "Nou, Catherine, wat vind je van mijn vriend Thorpe?" in plaats van te antwoorden: 'Ik mag hem absoluut niet', zoals ze waarschijnlijk had gedaan als er geen vriendschap en vleierij in het spel waren geweest direct zei: "Ik mag hem heel graag; hij lijkt me heel aardig."

"Hij is de goedaardigste kerel die er maar kan zijn, een beetje een kletsmajoor, maar dat is voor jouw sekse alleen maar een aanbeveling, geloof ik. En hoe bevalt de rest van de familie je?"

"O, heel goed, vooral Isabella."

"Ik ben heel blij dat te horen. Ze is precies het soort jonge vrouw met wie ik je graag zie omgaan. Ze is zo verstandig en zo ongekunsteld en vriendelijk; ik wilde al langer dat je haar zou leren kennen en ze lijkt zeer op je gesteld te zijn. Ze heeft in de lovendste bewoordingen over je gesproken en de lof van een meisje als juffrouw Thorpe is iets waar zelfs jij, Catherine," hij pakte haar hand met genegenheid, "trots op kunt zijn."

"Dat ben ik ook", antwoordde ze. "Ik mag haar bijzonder graag en vind het heerlijk om te ontdekken dat het ook voor jou geldt. Je hebt haar nauwelijks genoemd toen je me schreef na je bezoek aan de familie."

"Omdat ik dacht dat ik je spoedig zelf zou ontmoeten. Ik hoop dat jullie veel tijd samen zullen doorbrengen terwijl je in Bath bent. Ze is een bijzonder beminnelijk meisje, met zo'n scherp verstand! De hele familie is dol op haar. Ze is duidelijk de favoriet van iedereen en in een plaats als deze moet ze wel zeer bewonderd worden, is het niet?"

"O ja, zeer, denk ik. Meneer Allen vindt haar het mooiste meisje van Bath."

"Dat wil ik wel geloven en ik ken geen man die schoonheid beter kan beoordelen dan meneer Allen.

Ik hoef je niet te vragen of je hier gelukkig bent, mijn lieve Catherine; met zo'n metgezel en vriendin als Isabella Thorpe is het onmogelijk dat je dat niet bent en ik ben ervan overtuigd dat de Allens heel aardig voor je zijn."

"Ja, heel aardig. Ik ben nog nooit zo gelukkig geweest en nu jij gekomen bent, zal het nog heerlijker zijn dan het was. Wat aardig van je om zo'n reis te maken om míj te zien."

James aanvaardde dit blijk van dankbaarheid en suste zijn geweten voor het ook aanvaarden ervan door volkomen oprecht op te merken: "Inderdaad, Catherine, ik mag je heel graag."

Ze hielden zich bezig met vragen en opmerkingen over broers en zusters, over de maatschappelijke positie van sommigen, over de groei van de rest en over andere familiezaken en, met slechts een kleine afdwaling van de kant van James, die lovende woorden sprak over juffrouw Thorpe, gingen hiermee door tot ze Pulteney Street bereikten, waar hij bijzonder vriendelijk werd verwelkomd door meneer en mevrouw Allen, door de eerste werd uitgenodigd om bij hen te dineren en door de tweede werd aangespoord om de prijs en verdienste te schatten van een nieuwe mof en schoudermantel. Een eerder gemaakte afspraak in Edgar's Buildings belette hem de uitnodiging aan te nemen van de één en noopte hem tot een haastig vertrek nadat hij had voldaan aan de eisen van de ander. Nadat het tijdstip waarop de twee gezelschappen elkaar in de Achthoekige Zaal zouden ontmoeten goed was vastgesteld, kon Catherine zich overgeven aan de luxe van een opgejaagde, rusteloze en angstige fantasie bij het lezen van *Udolpho*, waardoor ze verlost was van alle wereldse zorgen over kleding en diner, niet in staat was mevrouw Allens ongerustheid te verlichten over het niet verschijnen van een verwachte naaister en slechts één minuut in de zestig tijd had om na te denken over het gelukkige feit dat ze voor die avond al een afspraak had.

Hoofdstuk VIII

Ondanks *Udolpho* en de naaister wist het gezelschap uit Pulteney Street de Bovenzalen echter mooi op tijd te bereiken. De Thorpes en James Morland waren slechts twee minuten voor hen gearriveerd en nadat Isabella de gebruikelijke ceremonie had doorlopen van het prompt begroeten van haar vriendin met een allerhartelijkste glimlach, de snit van haar jurk had bewonderd en haar had benijd om de krul van haar kapsel, volgden ze hun begeleiders arm in arm naar de danszaal, waarbij ze met elkaar fluisterden wanneer een gedachte bij hen opkwam en veel ideeën alleen aangaven met een kneepje in de hand of een glimlach van genegenheid.

Het dansen begon binnen enkele minuten nadat ze waren gaan zitten en James, die al net zo lang een afspraak had als zijn zuster, drong er bij Isabella sterk op aan om op te staan, maar John was naar de kaartzaal gegaan om met een vriend te spreken en niets, zo verklaarde zij, kon haar ertoe bewegen zich bij de dansers aan te sluiten zolang haar lieve Catherine dit niet ook kon doen. “Ik verzeker je,” zei ze, “dat ik voor niets ter wereld zonder jouw lieve zuster opsta, want als ik dat doe, zullen we beslist de hele avond gescheiden zijn.” Dit blijk van vriendelijkheid werd door Catherine dankbaar aanvaard en nadat ze nog drie minuten doorgegaan waren als tevoren, wendde Isabella, die met James had zitten praten, die aan haar andere zijde zat, zich weer tot zijn zuster en fluisterde: "Mijn lieve vriendin, ik vrees dat ik je nu moet verlaten; je broer kan niet meer wachten om te beginnen. Ik weet dat je het niet erg vindt als ik wegga en John kan natuurlijk elk moment terug zijn en dan vind je me zo weer." Hoewel Catherine enigszins teleurgesteld was, was ze te goedaardig om hiertegen te protesteren en terwijl de anderen opstonden, had Isabella slechts tijd om haar vriendin de hand te drukken en te zeggen: "Dag, lieve kind", voor ze zich weghaastten. Omdat de jongere dames Thorpe zich ook op de dansvloer bevonden, was Catherine overgelaten aan de goede zorgen van mevrouw Thorpe en mevrouw Allen, tussen wie ze nu achterbleef. Ze kon het niet helpen, maar ze ergerde zich aan het wegblijven van meneer Thorpe, niet alleen omdat ze graag wilde dansen, maar ook omdat ze zich ervan bewust was dat ze, aangezien haar omstandigheden niet naar waarde geschat konden worden, met de vele andere jongedames die nog aan de kant zaten de schande moest delen van het ontberen van een partner. Om in de ogen van de wereld zo'n gezichtsverlies te lijden, de schijn van ontluistering te moeten dragen terwijl haar hart een en al zuiverheid is, haar daden een al onschuld en het wangedrag van een ander de ware oorzaak van haar vernedering is, dat is een van die omstandigheden die typisch thuishoren in het leven van een heldin, en de kracht waarmee ze dit alles draagt, is wat haar karakter bij uitstek waardigheid verleent. Catherine beschikte over deze kracht; ze leed, maar er kwam geen fluistering over haar lippen.

Na tien minuten in deze vernederende situatie te

hebben verkeerd, werden plezieriger gevoelens in haar opgewekt doordat ze niet meneer Thorpe maar meneer Tilney zag, op nog geen drie meter van de plaats waar zij zaten. Hij leek hun kant op te komen, maar zag haar niet, waardoor de glimlach en de blos, die zijn plotselinge verschijning bij Catherine opwekte, verdwenen zonder haar betekenis als heldin aan te tasten. Hij zag er net zo knap en levendig uit als tevoren en was in een druk gesprek verwikkeld met een modieus en charmant uitziende jongedame, die op zijn arm leunde en in wie Catherine onmiddellijk zijn zuster zag, daarmee zonder erbij na te denken de redelijke mogelijkheid overboord gooiend dat hij getrouwd was waardoor hij voor altijd voor haar verloren zou zijn. Alleen geleid door wat logisch en waarschijnlijk was, was het nooit in haar opgekomen dat meneer Tilney getrouwd kon zijn. Hij had zich niet gedragen en had niet gesproken als de getrouwde mannen aan wie ze gewend was; hij had nooit een vrouw genoemd, maar wel het bestaan van een zuster erkend. Hieruit concludeerde ze onmiddellijk dat hij nu in het gezelschap van zijn zuster was en daardoor overviel Catherine geen dodelijke bleekheid en viel ze niet in zwijm tegen de boezem van mevrouw Allen, maar ging ze rechtop zitten, volledig bij haar verstand, met wangen die maar iets roder waren dan gewoonlijk.

Meneer Tilney en zijn gezellin, die, weliswaar langzaam, steeds dichterbij kwamen, werden voorafgegaan door een dame, een kennis van mevrouw Thorpe en toen deze dame stilstond om met haar te spreken, stopten ook zij, alsof ze bij haar hoorden en kreeg Catherine, die meneer Tilney's blik opving, onmiddellijk een glimlach van hem als blijk van herkenning. Ze beantwoordde deze met plezier en nadat hij nog dichterbij was gekomen, sprak hij met haar en met mevrouw Allen, door wie hij bijzonder beleefd werd begroet. "Het doet mij een groot genoegen u terug te zien, meneer. Ik vreesde al dat u Bath had verlaten." Hij bedankte haar voor haar bezorgdheid en zei dat hij inderdaad een week was weggeweest en de stad had verlaten op de ochtend nadat hij het genoegen had gehad haar te ontmoeten.

"Wel, meneer, het zou me niet verbazen als u het niet betreurt hier terug te zijn, want dit is precies de plaats voor jonge mensen – en zelfs voor alle anderen. Ik vertel meneer Allen altijd, wanneer hij zegt dat hij er genoeg van heeft, dat hij naar mijn mening niet zou moeten klagen want het is zo'n aangename plaats dat het in deze saaie tijd van het jaar veel beter is om hier te zijn dan thuis. Ik vertel hem dat hij zich gelukkig mag prijzen dat hij hier voor zijn gezondheid heen wordt gestuurd."

"En ik hoop, mevrouw, dat meneer Allen niet anders kan dan van deze plaats houden omdat ze goed voor hem is."

"Dank u, meneer. Ik twijfel er niet aan dat het geval zal zijn. Een buurman van ons, dr. Skinner, is hier vorige winter voor zijn gezondheid geweest en was hier flink aangekomen."

"Die omstandigheid moet een grote aanmoediging zijn."

"Ja, meneer, en dr. Skinner en zijn familie zijn hier

drie maanden geweest, dus vertel ik meneer Allen dat hij niet zo'n haast moet hebben om weer weg te gaan."

Hier werden ze onderbroken door het verzoek van mevrouw Thorpe aan mevrouw Allen om iets op te schuiven en zodoende plaats te maken voor mevrouw Hughes en juffrouw Tilney omdat zij erin hadden toegestemd zich bij hun gezelschap te voegen. Nadat aan dit verzoek gehoor was gegeven, stond meneer Tilney nog steeds voor hen en na een paar minuten van overweging, vroeg hij Catherine ten dans. Dit compliment, hoe heerlijk het ook was, bracht de dame in ernstige verlegenheid en toen ze haar afwijzing verwoordde, drukte ze haar droefenis daarover zozeer uit, dat Thorpe, die zich onmiddellijk daarna bij hen voegde, als hij een halve minuut eerder was geweest, haar uitingen van spijt wel eens als iets te nadrukkelijk had kunnen beschouwen. De erg gemakkelijke manier waarop hij haar vervolgens mededeelde dat hij haar had laten wachten, verzoende haar absoluut niet méér met haar lot en ook de bijzonderheden waarover hij begon terwijl ze opstonden, over de paarden en de honden van de vriend die hij zojuist verlaten had, en over een voorgenomen uitwisseling van terriërs tussen hen, konden haar niet zozeer boeien dat dit haar verhinderde om heel vaak naar dat deel van de zaal te kijken waar ze meneer Tilney had achtergelaten. Van haar lieve Isabella, die ze dolgraag op deze heer wilde wijzen, zag ze geen spoor. Ze bevonden zich in verschillende groepen. Ze was gescheiden van haar gezelschap en haar kennissen; de ene ergernis volgde op de andere en uit dit alles leerde ze een nuttige les, namelijk dat het bezoeken van een bal met een vooraf gemaakte afspraak niet noodzakelijkerwijs de waardigheid of het plezier van een jongedame verhoogt. Van zulke stichtelijke gedachten als deze werd ze plotseling verlost door een tikje op haar schouder. Toen ze zich omdraaide zag ze mevrouw Hughes direct achter zich staan, in gezelschap van juffrouw Tilney en een heer. "Neemt u mij niet kwalijk, juffrouw Morland," zei ze, "dat ik me deze vrijheid veroorloof, maar het lukt me niet bij juffrouw Thorpe te komen en mevrouw Thorpe zei er zeker van te zijn dat u er niet het minste bezwaar tegen zou hebben om deze jongedame onder uw hoede te nemen." Mevrouw Hughes had dit verzoek aan niemand in de zaal kunnen stellen die hier met meer plezier op zou zijn ingegaan dan Catherine. De jongedames werden aan elkaar voorgesteld, waarna juffrouw Tilney de gepaste waardering voor een dergelijke goedheid uitdrukte, juffrouw Morland met de fijngevoeligheid van een grootmoedige geest verklaarde zich juist graag van deze verplichting te kwijten en mevrouw Hughes, tevreden over de manier waarop ze haar jonge pupil had ondergebracht, terugkeerde naar haar gezelschap.

Juffrouw Tilney had een goed figuur, een mooi gezicht en een zeer aangenaam voorkomen en haar houding had weliswaar niet alle uitgesproken allure, het resoluut stijlvolle van die van juffrouw Thorpe, maar toonde een meer aangeboren elegantie. Haar manieren getuigden van gezond verstand en een goede opvoeding; ze waren timide, noch gemaakt open en ze leek jong en aantrekkelijk te kunnen zijn zonder, op een bal, de aandacht van elke man te willen trekken en zonder overdreven gevoelens van extatische verrukking of onvoorstelbare ergernis over elke triviale gebeurtenis. Catherine, die onmiddellijk geïnteresseerd was, door haar verschijning en haar verwantschap met meneer Tilney, wilde niets liever dan haar leren kennen; ze praatte daarom maar wat graag zodra ze ook maar iets kon bedenken om te zeggen en daartoe de moed en de gelegenheid had. Maar door een regelmatig ontbreken van een of meer van deze vereisten, wat een belemmering was voor een zeer snelle vertrouwelijkheid, werden ze verhinderd verder te komen dan een eerste ruwe kennismaking, door elkaar te vragen hoe plezierig de ander Bath vond, hoezeer ze de gebouwen en omgeving bewonderde, of ze tekende, speelde of zong en of ze van paardrijden hield.

De twee dansen waren nauwelijks afgelopen of Catherine voelde hoe haar arm zachtjes werd beetgepakt door haar trouwe Isabella, die vrolijk uitriep: "Eindelijk heb ik je gevonden. Lieve kind, ik ben al een uur naar je op zoek. Wat bracht je ertoe naar deze groep te gaan terwijl je wist dat ik me in de andere bevond? Ik heb me diep ongelukkig gevoeld zonder jou."

"Mijn lieve Isabella, hoe had ik bij je moeten komen? Ik kon niet eens zien waar je was."

"Dat heb ik ook steeds tegen je broer gezegd, maar hij wilde me niet geloven. 'Wilt u haar alstublieft gaan zoeken, meneer Morland', vroeg ik, maar tevergeefs, hij wilde geen stap verzetten. Is dat niet waar, meneer Morland? Maar jullie mannen zijn ook zo buitensporig lui! Ik heb hem zo'n uitbrander gegeven, mijn lieve Catherine, dat je verbaasd zou staan. Je weet dat ik bij zulke mensen geen blad voor de mond neem."

"Zie je die jongedame daar met de witte kralen rond haar hoofd?" fluisterde Catherine, terwijl ze haar vriendin scheidde van James. "Dat is de zuster van meneer Tilney."

"O, lieve hemel! Is dat zo? Laat me onmiddellijk naar haar kijken. Wat een beeldschoon meisje! Zo'n schoonheid heb ik nog nooit gezien! Maar waar is haar veroveraar van een broer? Is hij in de zaal? Als dat zo is, moet je hem nu aanwijzen. Ik móet hem zien. Meneer Morland, u mag niet luisteren. We praten niet over u."

"Maar waar gaat al dat gefluister over? Wat is er aan de hand?"

"Zie je wel, ik wist dat het zo zou zijn. Jullie mannen hebben zo'n onbedwingbare nieuwsgierigheid! En maar praten over de nieuwsgierigheid van vrouwen! Die is niets hierbij vergeleken. Maar u kunt tevreden zijn, want u zult over deze zaak niets te weten komen."

"En u denkt dat mij dat tevreden zal stellen?"

"Ik moet zeggen dat ik nooit iemand heb gekend als u. Wat kan het u schelen waar wij het over hebben? Misschien praten we wel over u en moet ik u daarom aanraden niet te luisteren, want het zou kunnen zijn dat u iets minder aangenaams hoort."

Tijdens dit voorspelbaar gebabbel, dat enige tijd voortging, leek het oorspronkelijke onderwerp volledig vergeten en hoewel het Catherine uitstekend beviel om het een poosje met rust te laten, kon ze niet voorkomen dat ze het totaal verdwijnen van Isabella's ongeduldig verlangen meneer Tilney te zien wat verdacht vond. Toen het orkest een nieuwe dans inzette, wilde

James zijn knappe partner weer naar de dansvloer leiden, maar zij verzette zich. "Ik zeg u, meneer Morland," riep ze uit, "dat zou ik werkelijk voor niets ter wereld doen. Hoe kunt u mij zo plagen? Stel je toch voor, lieve Catherine, wat je broer van mij verlangt. Hij wil dat ik wéér met hem ga dansen, hoewel ik hem vertel dat dit bijzonder ongepast is en geheel tegen de regels. Iedereen zou het over ons hebben als we niet van partners zouden wisselen."

"Op mijn woord," zei James, "in dit soort publieke bijeenkomsten, gebeurt dit net zo dikwijls wel als niet."

"Onzin, hoe kunt u dat zeggen? Maar ja, als jullie mannen iets willen doordrijven, doen jullie maar wat in je opkomt. Lieve Catherine, steun me alsjeblieft; overtuig je broer ervan dat dit onmogelijk is. Vertel hem dat je het nogal schokkend zou vinden als je mij zoiets zou zien doen, dat is toch zo?"

"Nee, in het geheel niet, maar als jij vindt dat het verkeerd is, kun je beter wisselen."

"Ziet u," riep Isabella uit, "u hoort wat uw zuster zegt en toch wilt u zich daar niets van aan trekken. Als u maar goed bedenkt dat het niet mijn schuld is als alle oude dames in Bath er schande van spreken. Kom alsjeblieft mee, mijn lieve Catherine en blijf bij me." En daar vertrokken ze om hun voormalige plaats weer in te nemen. John Thorpe was intussen weggelopen en Catherine, die niets liever wilde dan meneer Tilney de gelegenheid geven om het aangename verzoek waarmee hij haar al één keer had geëerd te herhalen, begaf zich zo snel mogelijk naar mevrouw Allen en mevrouw Thorpe in de hoop hem daar nog aan te treffen, een hoop die ze als bijzonder ijdel ervoer toen deze vergeefs bleek te zijn. "Zo, lieve kind," zei mevrouw Thorpe, ongeduldig wachtend op prijzende woorden over haar zoon, "ik hoop dat je een aangename partner hebt gehad."

"Zeer aangenaam, mevrouw."

"Dat doet mij genoegen. John is zo levendig en charmant, nietwaar?"

"Lieve kind, heb je meneer Tilney nog ontmoet?" vroeg mevrouw Allen.

"Nee, waar is hij?"

"Hij was zojuist nog bij ons en zei dat hij er zo genoeg van had rond te hangen dat hij vastbesloten was te gaan dansen, dus dacht ik dat hij je misschien zou vragen als hij je zou ontmoeten."

"Waar kan hij zijn?" zei Catherine, terwijl ze rondkeek. Ze zag al snel hoe hij een jongedame naar de dansvloer leidde.

"Ach, hij heeft een partner. Ik wilde dat hij jóu had gevraagd", zei mevrouw Allen, en na een korte stilte voegde ze eraan toe: "Hij is zo'n innemende jongeman."

"Inderdaad, dat is hij, mevrouw Allen", zei mevrouw Thorpe met een zelfgenoegzame glimlach. "Ik ben zijn moeder, maar ik moet zeggen dat er op de hele wereld geen innemender jongeman te vinden is."

Dit weinig toepasselijke antwoord zou het begrip van velen waarschijnlijk te boven zijn gegaan, maar vormde geen probleem voor mevrouw Allen, want na even te hebben nagedacht, zei ze: "Ik denk dat ze dacht dat wij het over haar zoon hadden."

Catherine was teleurgesteld en geërgerd. Ze leek het doel waarop ze haar zinnen had gezet op een haar na gemist te hebben en door deze gedachte was ze niet geneigd tot een erg vriendelijk antwoord toen John Thorpe kort daarna naar haar toe kwam en zei: "Zo, juffrouw Morland, ik neem aan dat u en ik op moeten staan en weer een rondje moeten gaan hossen."

"O nee. Ik dank u vriendelijk voor het aanbod; maar onze twee dansen zijn voorbij en bovendien ben ik moe en niet meer van plan te dansen."

"Is dat zo? Laten we dan wat rondlopen en mensen uitlachen. Als u met mij meegaat, zal ik u de vier meest curieuze personen in de zaal laten zien: mijn twee jongere zusters en hun partners. Ik heb al een halfuur om ze staan lachen."

Catherine verontschuldigde zich opnieuw en uiteindelijk liep hij weg om zijn zusters in zijn eentje te gaan uitlachen. De rest van de avond vond ze heel saai. Meneer Tilney moest hun gezelschap tijdens de thee verlaten om zich bij dat van zijn partner te zetten; juffrouw Tilney, die er wel toe behoorde, zat niet bij haar in de buurt en James en Isabella waren zo druk met elkaar in gesprek dat de laatste geen tijd had om haar vriendin meer te schenken dan één glimlach, één kneepje en één 'liefste Catherine'.

HOOFDSTUK IX

De ontwikkeling van Catherines ongelukkige gevoel over de gebeurtenissen van die avond was als volgt. Het drukte zich eerst uit in een algemene ontevredenheid over iedereen in haar omgeving terwijl ze in de zalen verbleef en dit bracht al snel een aanzienlijke vermoeidheid en een hevig verlangen met zich mee om naar huis te gaan. Nadat ze in Pulteney Street gearriveerd was, ging dit over in een buitengewone honger en nadat deze gestild was, veranderde het in een oprecht verlangen naar bed; zozeer was ze uit haar doen; want eenmaal daar viel ze onmiddellijk in een diepe slaap die negen uur duurde en waaruit ze volledig herboren ontwaakte, in een opgewekt humeur en met nieuwe hoop en nieuwe plannen. Haar eerste hartenwens was juffrouw Tilney beter te leren kennen en bijna haar eerste voornemen was om haar met dat doel die middag in de Koerzaal te gaan opzoeken. Iemand die zo recentelijk in Bath is gearriveerd, moet ontmoet worden in de Koerzaal en ze had al gemerkt dat dit gebouw zo geschikt was voor de ontdekking van de vrouwelijke kwaliteiten, de verdieping van de vrouwelijke intimiteit, zo bewonderenswaardig geschikt voor heimelijke gesprekken en onbeperkte vertrouwelijkheden dat ze in alle redelijkheid mocht verwachten nog een vriendin binnen die muren te vinden. Toen ze een plan voor de ochtend had gemaakt, ging ze na het ontbijt rustig lezen en nam zich voor op dezelfde plaats te blijven en dezelfde bezigheid voort te zetten tot één uur. Doordat ze eraan gewend was geraakt, ondervond ze weinig hinder van de opmerkingen en uitroepen van mevrouw Allen, wier leegte van geest en onvermogen tot denken zodanig waren dat ze, net zoals ze nooit veel praatte, ook nooit helemaal stil kon zijn en daardoor, terwijl ze met haar werkjes bezig was, hardop commentaar moest geven wanneer ze haar naald kwijtraakte of haar draad brak, wanneer ze een rijtuig in de straat hoorde of een vlekje op haar japon ontwaarde, of er nu iemand in de gelegenheid was haar te antwoorden of niet. Om ongeveer half één werd ze door een opmerkelijk luid geklop naar het raam gelokt en had nauwelijks tijd om Catherine te informeren dat er twee open rijtuigen voor de deur stonden, in het eerste alleen een bediende en in het tweede haar broer die juffrouw Thorpe reed, voordat John Thorpe de trap op kwam rennen en uitriep: "Zo, juffrouw Morland, hier ben ik. Hebt u lang zitten wachten? We konden niet eerder komen. Die oude oplichter van een koetsenmaker had een eeuwigheid nodig om iets te vinden wat geschikt was om mee te rijden en nu is het maar tienduizend tegen één dat ze het begeven voor we de straat uit zijn. Hoe gaat het met u, mevrouw Allen? Een fantastisch bal gisteravond, vindt u niet? Kom, juffrouw Morland, een beetje snel, want de anderen zijn in een drommelse haast om op weg te gaan. Ze willen het gehobbel achter de rug hebben."

"Wat bedoelt u?" zei Catherine. "Waar gaan jullie heen?"

"Waar we heen gaan? Wat nu, u hebt onze afspraak

toch niet vergeten! Waren wij het er niet over eens dat we vanmorgen een ritje zouden maken? Wat een hoofd als een vergiet! We gaan naar de heuvel van Claverton."

"Er is wel iets over gezegd, dat herinner ik me," zei Catherine, terwijl ze mevrouw Allen vragend aankeek, "maar ik had u echt niet verwacht."

"Mij niet verwacht? Dat is een goeie! En wat een stennis zou u geschopt hebben als ik niet was gekomen."

Intussen was Catherines zwijgende beroep op haar vriendin absoluut verspild, want mevrouw Allen, die in het geheel niet gewoon was zichzelf uit te drukken door middel van een blik, was zich er niet van bewust dat dit ooit de bedoeling kon zijn van iemand anders en Catherine, die haar wens om juffrouw Tilney te ontmoeten op dat ogenblik wel even kon uitstellen ten gunste van een ritje en dacht dat het niet ongepast kon zijn om met meneer Thorpe mee te gaan, daar Isabella en James ook mee zouden gaan, was daardoor verplicht zich iets duidelijker uit te drukken. "Wel, mevrouw, wat vindt u ervan? Kunt u mij een uurtje of twee missen? Zal ik gaan?"

"Je moet doen waar je zin in hebt, lieve kind", antwoordde mevrouw Allen, met de grootste onverschilligheid. Catherine volgde dit advies op en rende weg om zich klaar te maken. Na enkele minuten verscheen ze weer, waardoor de twee anderen nauwelijks de tijd hadden gekregen om een paar korte zinnen te uiten om haar lof te zingen, nadat Thorpe er eerst voor had gezorgd dat mevrouw Allen zijn sjees had bewonderd.

Toen haar vriendin hun veel plezier had gewenst, haastten beiden zich de trap af. “Mijn lieve vriendin,” riep Isabella uit, naar wie de plicht van de vriendschap haar onmiddellijk riep, voor ze in het rijtuig kon stappen, “je hebt minstens drie uur nodig gehad om je klaar te maken. Ik was bang dat je ziek was. Wat hebben we gisteravond een verrukkelijk bal gehad. Ik heb je wel duizend dingen te vertellen, maar haast je en stap in, want ik wil graag op weg gaan.”

Catherine volgde haar instructies en draaide zich om, maar niet zo snel dat ze haar vriendin niet luidkeels tegen James hoorde verklaren: “Wat een allerliefst meisje is ze. Ik ben werkelijk dol op haar.”

“Schrik niet, juffrouw Morland,” zei Thorpe, terwijl hij haar hielp instappen, “als mijn paard wat springerig is wanneer we beginnen te rijden. Hij zal waarschijnlijk eerst een paar keer bokken en een minuutje nodig hebben om op gang te komen, maar hij zal snel weten wie zijn meester is. Hij is bijzonder levendig en speels, maar er schuilt geen kwaad in hem.”

Catherine vond dit portret niet bepaald uitnodigend, maar het was te laat voor haar om zich terug te trekken en ze was te jong om toe te geven dat ze bang was. Dus legde ze zich neer bij haar lot, ging, vertrouwend op de kennis van het dier waarover de eigenaar zo had opgeschept, rustig zitten en zag hoe Thorpe naast haar plaatsnam. Toen alles in gereedheid was gebracht, werd de bediende, die bij het hoofd van het paard stond op gewichtige toon gevraagd ‘hem te laten gaan’ en daar gingen ze, op de rustigste manier die maar denkbaar is, zonder bokkensprongen of gesteiger of ook maar iets wat daarop leek. Catherine was verrukt over deze gelukkige ontsnapping en sprak haar genoegen daarover met dankbare verrassing uit en haar metgezel vereenvoudigde de zaak onmiddellijk door haar te verzekeren dat dit volledig te danken was aan de oordeelkundige manier waarop hij op dat moment de teugels had gehouden en de bijzondere scherpzinnigheid en behendigheid waarmee hij zijn zweep had gehanteerd. Hoewel Catherine zich afvroeg waarom hij, als hij zijn paard zo volkomen onder controle had, het nodig had gevonden om haar te verontrusten met een relaas over zijn nukken, feliciteerde ze zichzelf oprecht met het feit dat ze onder de hoede was van een uitstekend koetsier. En toen ze merkte dat het dier zich op dezelfde rustige manier bleef voortbewegen, zonder ook maar de geringste neiging te vertonen tot enige onplezierige levendigheid of (ervan uitgaande dat zijn onvermijdelijke snelheid tien mijl per uur was) een alarmerend tempo, gaf Catherine zich op die mooie, milde dag in februari met een gevoel van veiligheid over aan alle geneugten van frisse lucht en beweging van de meest stimulerende aard. Op hun eerste korte dialoog volgde een stilte van enkele minuten, die zeer abrupt verbroken werd door Thorpes opmerking: "Die ouwe Allen is zo rijk als een jood, is het niet?" Catherine begreep hem niet en hij herhaalde zijn vraag en voegde er ter verduidelijking aan toe: "Die ouwe Allen, de man bij wie u logeert."

"O! Meneer Allen, bedoelt u. Ja, ik geloof dat hij heel rijk is."

"En geen kinderen?"

"Nee, niet één."

"Dat is prachtig voor zijn erfgenamen. Hij is uw peetvader, nietwaar?"

"Mijn peetvader? Nee."

"Maar u brengt veel tijd met hen door."

"Ja, heel veel."

"Precies, dat bedoel ik maar. Hij lijkt best een aardige ouwe kerel en heeft er volgens mij goed van geleefd; hij heeft niet voor niets jicht. Drinkt hij zijn dagelijkse fles?"

"Zijn dagelijkse fles? Nee. Waarom denkt u dat? Hij is bijzonder gematigd in zijn gewoonten en u meent toch niet dat hij gisteravond aangeschoten was?"

"Lieve hemel nog aan toe! Vrouwen denken altijd dat mannen dronken zijn. Wat? U denkt toch niet dat een man van één fles overstag gaat? Wat ik heel zeker weet is dit: als iedereen zijn dagelijkse fles zou drinken, zouden er heel wat minder kwalen zijn dan nu. Het zou alleen maar goed voor ons zijn."

"Dat kan ik niet geloven."

"God nog aan toe, het zou de redding zijn voor duizenden. In dit land wordt nog niet een honderdste van de wijn gedronken die gedronken zou moeten worden. Dat is nodig in ons mistige klimaat."

"Maar ik heb gehoord dat er in Oxford heel wat wijn wordt gedronken."

"In Oxford? In Oxford wordt tegenwoordig niet gedronken, dat verzeker ik u. Daar drinkt niemand. U zult er geen man tegenkomen die meer dan zijn maximale vier pinten drinkt. Ik kan u bijvoorbeeld vertellen dat het als opmerkelijk werd beschouwd dat er tijdens het laatste feest in mijn kamers gemiddeld vijf glazen per persoon werd gedronken. Dat werd als iets zeer ongebruikelijks gezien. Nu had ik uitstekend spul, dat is zeker. Zoiets kom je in Oxford niet gauw tegen en dat kan de verklaring zijn. Maar dit geeft u een idee van de mate waarin daar gedronken wordt."

"Ja, het geeft een idee," zei Catherine gepikeerd, "en dat is dat jullie allemaal heel wat meer wijn drinken dan ik dacht. Ik ben er echter van overtuigd dat James niet zo veel drinkt."

Deze verklaring leidde tot een luid en overweldigend antwoord, waarvan geen enkel onderdeel bijzonder duidelijk was, behalve de massa uitroepen, die verwensingen benaderden, waarmee het gelardeerd werd, en toen het beëindigd was, was Catherine er alleen maar meer van overtuigd dat er in Oxford heel wat wijn werd gedronken en had ze nog hetzelfde gelukzalige geloof in de relatieve matigheid van haar broer.

Thorpes ideeën keerden toen allemaal terug naar de verdiensten van zijn eigen equipage en er werd een beroep op haar gedaan om haar bewondering uit te spreken over de kracht en vrijheid waarmee zijn paard bewoog en de soepelheid die door zijn gang en de uitstekende veren aan de beweging van het rijtuig werd gegeven. Ze volgde hem zo goed ze kon in zijn bewondering. Het was niet mogelijk om hem voor te zijn of te overtreffen. Zijn kennis van het onderwerp en haar onwetendheid, de snelheid waarmee hij zich uitdrukte en haar schroom maakten dit onmogelijk; zij kon niets nieuws ter aanbeveling zeggen, maar ze was graag bereid al zijn beweringen te herhalen en ze waren het er uiteindelijk zonder problemen over eens dat zijn equipage al met al het beste in zijn soort van Engeland was, dat zijn rijtuig het elegantste, zijn paard de beste loper en hij de beste koetsier was. "U denkt toch niet echt, meneer Thorpe," zei Catherine, die het na enige tijd waagde te geloven dat de zaak duidelijk was en besloot enige variatie op het onderwerp aan te bieden, "dat de sjees van James het zal begeven?"

"Begeven? God nog aan toe! Hebt u ooit van uw leven zo'n wiebelig ding gezien? Er zit geen betrouwbaar stuk ijzer aan. De wielen moeten minstens de afgelopen tien jaar al behoorlijk versleten zijn geweest en de carrosserie, werkelijk, je hoeft er maar naar te wijzen of de hele zaak valt uit elkaar! Het is het onbetrouwbaarste en gammelste geval dat ik ooit onder ogen heb gehad! God zij dank is die van ons beter! Ik zou er nog geen twee mijl in willen rijden, al kreeg ik er vijftigduizend pond voor."

"Lieve help!" riep Catherine geschrokken uit. "Laten we dan alstublieft terugkeren. Als we verder gaan, zullen ze zeker een ongeluk krijgen. Laten we teruggaan, meneer Thorpe. Wilt u alstublieft stoppen en met mijn broer praten en hem vertellen hoe onveilig het is?"

"Onveilig? Goeie God! Nou èn? Ze zullen hoogstens een buiteling maken als het ding het begeeft en er ligt genoeg grond; ze zullen zacht terechtkomen. Vervloekt nog aan toe! Het rijtuig is veilig genoeg als een man weet hoe hij het moet rijden. Als zo'n ding in goede handen is, kan het nog meer dan twintig jaar mee nadat het al behoorlijk versleten is. Maakt u zich geen zorgen! Ik zou het voor vijf pond naar York en terug rijden zonder een nagel te verliezen."

Catherine luisterde met verbazing; ze wist niet hoe ze twee zo sterk verschillende verslagen van hetzelfde met elkaar in overeenstemming moest brengen, want ze was niet grootgebracht om de hebbelijkheden van een snoever te begrijpen of te weten tot hoeveel loze beweringen en schaamteloze onwaarheden een overmaat aan ijdelheid kan leiden. Haar eigen familie bestond uit gewone, nuchtere mensen die zelden gericht waren op geestigheid van welke aard ook; haar vader bezigde hoogstens een woordspeling en haar moeder een gezegde. Ze hadden dus niet de gewoonte om zich door middel van leugens belangrijker voor te doen of op het ene moment iets te beweren wat ze het volgende zouden tegenspreken. Ze dacht enige tijd verbijsterd over de zaak na en stond meer dan eens op het punt meneer Thorpe om een helderder mening over het onderwerp te vragen, maar hield zich in omdat het haar toescheen dat hij niet uitmuntte in het geven van helderder meningen, in het verduidelijken van die dingen die hij tevoren dubbelzinnig had gemaakt. In combinatie met de overweging dat hij zijn zuster en zijn vriend niet echt zou blootstellen aan een gevaar waarvoor hij hun gemakkelijk kon behoeden, kwam ze ten slotte tot de conclusie dat hij wel moest weten dat het rijtuig volkomen veilig was en dat zij zich niet langer ongerust hoefde te maken. De hele zaak leek door hem al vergeten te zijn en de rest van zijn conversatie, of liever gebabbel, begon en eindigde met hemzelf en zijn eigen aangelegenheden. Hij vertelde haar over paarden die hij voor een schijntje had gekocht en voor ongelooflijke bedragen verkocht, over paardenrennen waarbij hij feilloos de winnaar had voorspeld, over jachtpartijen waarbij hij (zonder ook maar één goed schot te lossen) meer vogels had gedood dan het hele gezelschap bij elkaar en hij beschreef haar een of ander gedenkwaardig dagje jagen, met honden, waar hij door zijn vooruitziendheid en vaardigheid in het leiden van de honden de fouten van de ervarenste jager had hersteld en waarbij hij zo gewaagd had gereden dat, hoewel zijn eigen leven geen moment in gevaar was geweest, anderen, die hem wilden volgen, voortdurend in moeilijkheden waren gekomen, waardoor, zo concludeerde hij kalm, er heel wat waren geweest die hun nek hadden gebroken.

Hoe weinig Catherine ook de gewoonte had voor zichzelf te oordelen en hoe onzeker haar ideeën ook waren over hoe mannen behoorden te zijn, ze kon, terwijl ze de ontboezemingen van zijn eindeloze eigenwaan geduldig verdroeg, enige twijfel aan zijn aangename karakter niet geheel onderdrukken. Het was een gewaagde veronderstelling, want hij was Isabella's broer en James had haar verzekerd dat zijn manieren hem bij haar hele sekse tot aanbeveling zouden strekken, maar desondanks leidde de overweldigende tegenzin tegen zijn gezelschap, die haar bekroop voor ze een uur onderweg waren en bleef toenemen tot ze weer in Pulteney Street waren teruggekeerd, ertoe dat ze zich in lichte mate tegen die hoge aanbevelingen verzette en twijfelde aan zijn vermogen om alom vreugde te brengen.

Toen ze bij de deur van mevrouw Allen arriveerden, was Isabella zo verbaasd toen ze merkte dat het te laat op de dag was om nog met haar vriendin mee naar huis te gaan dat dit nauwelijks weer te geven is: "Is het al drie uur geweest?" Dat was onvoorstelbaar, ongelooflijk, onmogelijk! Ze wilde haar eigen horloge niet geloven, noch dat van haar broer, noch dat van de bediende. Ze wilde geen enkel argument geloven dat gebaseerd was op verstand of werkelijkheid, tot Morland zijn horloge te voorschijn haalde en het feit bevestigde; enige twijfel daarna zou net zo onvoorstelbaar, ongelooflijk en onmogelijk zijn geweest en ze kon alleen maar steeds opnieuw protesteren dat tweeëneenhalf uur nog nooit zo snel voorbij was gegaan, terwijl ze een beroep deed op Catherine om dit te bevestigen. Catherine kon geen leugen vertellen, zelfs niet om Isabella een plezier te doen, maar de laatste werd de kwelling van haar vriendins afwijkende mening bespaard doordat ze niet op haar antwoord wachtte. Haar eigen gevoelens namen haar geheel in beslag; ze voelde zich diep ongelukkig toen ze merkte dat ze niet anders kon doen dan rechtstreeks naar huis gaan – het was eeuwen geleden dat ze een moment had kunnen praten met haar liefste Catherine en hoewel ze haar duizenden dingen te vertellen had, scheen het alsof ze nooit meer samen zouden zijn. En zo nam ze, met glimlachjes van het meest exquise verdriet en het glimlachend oog van uiterste vertwijfeling afscheid van haar vriendin en vertrok.

Toen Catherine thuiskwam, was mevrouw Allen juist terug van alle drukke onbeduidendheden van de ochtend en werd ze onmiddellijk begroet met: "Zo, lieve kind, daar ben je weer", een waarheid die ze niet geneigd noch in staat was te betwisten, "en ik hoop dat je een plezierig uitje hebt gehad."

"Ja, mevrouw, dank u, we hadden geen heerlijker dag kunnen hebben."

"Dat zei mevrouw Thorpe ook al. Het deed haar veel genoegen dat jullie allemaal uitgingen."

"U hebt mevrouw Thorpe ontmoet?"

"Ja, zodra jij weg was ben ik naar de Koerzaal gegaan en daar heb ik haar ontmoet en we hebben samen heel wat gepraat. Ze vertelde dat er vanmorgen op de markt bijna geen kalfsvlees te krijgen was, dat het ongewoon schaars is."

"Hebt u nog iemand anders gezien die u kent?"

"Ja, we besloten een ommetje langs de Crescent te maken en daar ontmoetten we mevrouw Hughes en meneer en juffrouw Tilney die haar vergezelden."

"Werkelijk? En hebben ze met u gesproken?"

"Ja, we hebben samen een half uur langs de Crescent gelopen. Ze lijken mij bijzonder aardige mensen. Juffrouw Tilney droeg een heel mooie, gestippelde mousseline en ik denk, door wat ik heb gehoord, dat ze zich altijd heel goed kleedt. Mevrouw Hughes heeft me heel wat over de familie verteld."

"En wat heeft ze u over hen verteld?"

"O, heel veel. Ze praatte nauwelijks ergens anders over."

"Heeft ze u verteld uit welk deel van Gloucestershire ze komen?"

"Ja, dat heeft ze verteld, maar ik kan het me nu niet

herinneren. Maar ze staan goed bekend en zijn heel rijk. Mevrouw Tilney was ooit een juffrouw Drummond en heeft samen met mevrouw Hughes op school gezeten en juffrouw Drummond had een groot fortuin, en toen ze trouwde heeft haar vader haar nog twintigduizend pond gegeven en vijfhonderd om een uitzet te kopen. Mevrouw Hughes heeft alle kleren gezien nadat ze uit het winkelmagazijn waren gekomen."

"En zijn mevrouw en meneer Tilney in Bath?"

"Ja, ik neem aan van wel, maar ik ben er niet zeker van. Nu ik erover nadenk, heb ik het idee dat ze allebei dood zijn, of in elk geval de moeder; ja, ik weet zeker dat mevrouw Tilney dood is, want mevrouw Hughes vertelde me dat meneer Drummond zijn dochter op haar trouwdag een prachtig parelsnoer heeft gegeven en dat het nu in het bezit is van juffrouw Tilney doordat het voor haar werd bewaard toen haar moeder gestorven was."

"En is meneer Tilney, mijn danspartner, de enige zoon?"

"Dat weet ik niet helemaal zeker, lieve kind; ik heb het idee van wel, maar hij is volgens mevrouw Hughes in elk geval een keurige jongeman met uitstekende vooruitzichten."

Catherine vroeg niet verder. Ze had voldoende gehoord om het gevoel te hebben dat mevrouw Allen niet over echte informatie beschikte en dat zijzelf bijzonder ongelukkig was de ontmoeting met zowel broer als zuster te hebben gemist. Als ze deze omstandigheid had kunnen voorzien, had niets ter wereld haar ertoe kunnen bewegen met de anderen uit te gaan en zoals de zaken ervoor stonden, kon ze niet anders doen dan haar pech betreuren en nadenken over wat ze was misgelopen toen haar duidelijk was dat het ritje verre van prettig was geweest en John Thorpe zelf behoorlijk onaangenaam.

Hoofdstuk X

Die avond ontmoetten de Allens, Thorpes en Morlands elkaar in het theater en aangezien Catherine en Isabella naast elkaar zaten, was de laatste nu in de gelegenheid om een paar van de vele duizenden dingen te uiten die zich, gedurende de onmetelijke tijdsspanne van hun scheiding, voor verdere mededeling in haar hadden opgehoopt. "Allemachtig, lieve Catherine, eindelijk heb ik je weer voor mezelf!" was haar begroeting toen Catherine de loge binnenkwam en bij haar ging zitten. "Welnu, meneer Morland," want hij zat vlak bij haar aan de andere kant, "ik zal de rest van de avond geen woord meer met u spreken, dus draag ik u op dat ook niet te verwachten. Mijn allerliefste Catherine, hoe is het je gedurende deze lange tijd vergaan? Maar dat hoef ik je niet te vragen, want je ziet er verrukkelijk uit. Je haar zit echt nog beeldschoner dan anders; jij ondeugd, wil je dat iedereen naar je kijkt? Ik kan je wel zeggen dat mijn broer al helemaal weg van je is en wat meneer Tilney betreft, dat is al zo duidelijk als wat, en zelfs jij, met jouw bescheidenheid, kunt niet aan zijn genegenheid twijfelen; die is maar al te duidelijk door zijn terugkomst naar Bath. O, wat zou ik er niet voor geven om hem te zien! Ik verga van ongeduld. Mijn moeder zegt dat hij de verrukkelijkste jongeman ter wereld is; ze heeft hem vanmorgen gezien; weet je, je moet hem aan mij voorstellen. Is hij vanavond aanwezig? Kijk alsjeblieft om je heen! Ik verzeker je, ik kan niet wachten tot ik hem zie."

"Nee," zei Catherine, "hij is hier niet; ik zie hem nergens."

"O, gruwel, zal ik hem dan nooit ontmoeten? Hoe vind je mijn jurk? Ik denk dat hij wel passend is. De mouwen zijn helemaal mijn idee geweest. Weet je, ik krijg zo buitensporig genoeg van Bath; je broer en ik waren het er vanmorgen over eens dat het meer dan uitstekend is om hier een paar weken te zijn, maar dat we hier voor geen goud zouden willen wonen. We ontdekten al snel dat we wat onze smaak betreft precies overeenkomen en dat we de voorkeur geven aan het platteland boven elke andere plaats; onze ideeën kwamen zo sterk overeen, dat het bijna lachwekkend was! Er was geen enkel punt waarop we van mening verschilden en ik had jou er voor niets ter wereld bij willen hebben; je bent zo'n bijdehandje, ik weet zeker dat je een of ander grapje zou hebben gemaakt."

"Nee, dat had ik beslist niet gedaan."

"Ja, dat had je wel gedaan; ik ken je beter dan je jezelf kent. Je zou tegen ons gezegd hebben dat we voor elkaar geboren leken of zoiets onzinnigs en dat zou me in ongelooflijke verlegenheid hebben gebracht; mijn wangen zouden zo rood zijn geworden als jouw rozen; ik had je er voor niets ter wereld bij willen hebben."

"Je doet me werkelijk onrecht; ik zou zo'n ongepaste opmerking in geen geval hebben gemaakt. Bovendien weet ik wel zeker dat zoiets nooit in mijn hoofd was opgekomen."

Isabella glimlachte ongelovig en praatte de rest van de avond met James.

Catherines voornemen om te pogen juffrouw Tilney opnieuw te ontmoeten was de volgende ochtend al net zo sterk en tot het gebruikelijke tijdstip om naar de Koerzaal te vertrekken, was ze enigszins onrustig door de angst dat dit opnieuw verhinderd zou worden. Maar er gebeurde niets van die aard; er verschenen geen bezoekers die hen ophielden en ze gingen met zijn drieën op tijd op weg naar de Koerzaal, waar de gewone loop der gebeurtenissen en conversatie plaatsvonden. Na zijn glas water gedronken te hebben, voegde meneer Allen zich bij enkele heren om de politieke stand van zaken te bespreken en de verslagen ervan in hun kranten te vergelijken en de dames wandelden samen rond, merkten elk nieuw gezicht op en vrijwel elke nieuwe hoed. Het vrouwelijke deel van de familie Thorpe verscheen, in gezelschap van James Morland, minder dan een kwartier later in de menigte en Catherine nam onmiddellijk haar gebruikelijke plaats aan de zijde van haar vriendin in. James, die niet van haar zijde week, handhaafde een soortgelijke positie en zich afzonderend van de rest van het gezelschap liepen ze een tijdje zo rond tot Catherine begon te twijfelen aan het bevredigende van een situatie die haar volledig beperkte tot haar vriendin en broer zonder van beiden veel aandacht te krijgen. Ze gingen voortdurend op in een of ander sentimenteel gesprek of levendige discussie, maar hun gevoelens werden op een zo gedempte toon uitgewisseld en hun levendigheid ging met zo veel gelach gepaard dat Catherine, hoewel ze door de een of de ander regelmatig om bijval werd gevraagd, niet in staat was deze te geven doordat ze geen woord van het onderwerp had kunnen verstaan. Ten slotte kon ze zich echter losmaken van haar vriendin door de al verklaarde noodzaak met juffrouw Tilney te spreken, die ze juist tot haar grote genoegen met mevrouw Hughes de zaal zag binnenkomen en bij wie ze zich onmiddellijk aansloot met een vaster voornemen haar te leren kennen dan waarvoor ze de moed had kunnen opbrengen als ze niet aangespoord was door de teleurstelling van de dag daarvoor. Juffrouw Tilney begroette haar uiterst hartelijk, beantwoordde haar toenadering net zo geanimeerd en ze bleven met elkaar praten zolang beide gezelschappen in de zaal verbleven en hoewel naar alle waarschijnlijkheid door beiden geen opmerking werd gemaakt, geen uitdrukking werd gebezigd, die niet al duizenden keren eerder, in elk Bathseizoen, onder dat dak gemaakt en gebezigd waren, zou het een ongebruikelijke verdienste kunnen zijn dat ze uitgesproken werden in eenvoud en oprechtheid en zonder eigendunk.

"Wat danst uw broer goed!" was, tegen het einde van hun gesprek, een argeloze uitroep van Catherine die haar gezellin zowel verraste als amuseerde.

"Henry!" antwoordde ze met een glimlach. "Ja, hij danst inderdaad goed."

"Hij moet het laatst heel vreemd hebben gevonden om mij te horen zeggen dat ik bezet was, terwijl hij mij zag zitten. Maar ik had de hele dag een afspraak met meneer Thorpe." Juffrouw Tilney kon alleen maar een buiging maken. "U kunt zich niet voorstellen", voegde Catherine er na een moment van stilte aan toe, "hoe verrast ik was hem terug te zien. Ik was ervan overtuigd dat hij weg was gegaan."

"Toen Henry het genoegen had u te ontmoeten, was hij maar een paar dagen in Bath. Hij was alleen gekomen om logies voor ons te regelen."

"Dat is geen moment in mij opgekomen en natuurlijk dacht ik dat hij weggegaan moest zijn toen ik hem nergens meer zag. Was de jongedame met wie hij maandag danste niet een juffrouw Smith?"

"Ja, een kennis van mevrouw Hughes."

"Ik denk dat ze heel blij was te kunnen dansen. Vindt u haar mooi?"

"Niet zo."

"Hij komt nooit naar de Koerzaal, neem ik aan?"

"Ja, soms, maar vanmorgen is hij uitgereden met mijn vader."

Mevrouw Hughes voegde zich nu bij hen en vroeg juffrouw Tilney of ze klaar was om te gaan. "Ik hoop het genoegen te hebben u binnenkort weer te zien", zei Catherine. "Komt u naar het cotillon-bal morgen?"

"Misschien... ja, toch, ik kom."

"Daar ben ik blij om, want we zullen daar allemaal zijn." Deze beleefdheid werd passend beantwoord en ze namen afscheid, van juffrouw Tilney's kant met enig inzicht in de gevoelens van haar nieuwe kennis en van Catherines kant zonder zich er in het minst van bewust te zijn die te hebben getoond.

Ze ging heel tevreden naar huis. De ochtend had aan al haar verwachtingen beantwoord en de avond van de volgende dag was nu het onderwerp van haar hoop; de toekomst zag er goed uit. Welke jurk en wat ze bij die gelegenheid op het hoofd zou dragen, werd nu haar belangrijkste zorg. Dit geeft natuurlijk geen pas. Kleding is voor de lichtzinnigen altijd iets kenmerkends geweest en overdreven aandacht daarvoor schiet dikwijls zijn eigen doel voorbij. Catherine wist dit alles heel goed; haar oudtante had haar de laatste Kerstmis nog een verhandeling over dit onderwerp voorgelezen en toch lag ze woensdagavond tien minuten wakker, de voors en tegens afwegend van de gespikkelde en geborduurde mousseline en niets behalve het gebrek aan tijd weerhield haar ervan een nieuwe voor die avond te kopen. Dit zou een beoordelingsfout zijn geweest, groot maar niet ongewoon, waarvoor beter iemand van de andere sekse dan haar eigen, beter een broer dan een oudtante, haar had kunnen waarschuwen, want alleen een man kan zich bewust zijn van de ongevoeligheid van mannen ten opzichte van een nieuwe jurk. Het zou kwetsend zijn voor de gevoelens van vele dames als ze zouden begrijpen hoe weinig het hart van de man geraakt wordt door wat kostbaar of nieuw is in hun kleding, hoe weinig het beïnvloed wordt door de structuur van hun mousseline en hoe weinig het ontvankelijk is voor een bijzondere genegenheid jegens het gespikkelde, het gebloemde, de fijne mousseline of het katoentje. De vrouw kleedt zich alleen voor haar eigen genoegen. Geen man zal haar op grond daarvan meer bewonderen, geen vrouw haar aardiger vinden. Netheid en mode zijn voldoende voor de eerste en iets afgedragens of uit de toon vallends zeer innemend voor de laatste. Maar de gemoedsrust van Catherine werd door geen van deze ernstige bespiegelingen verstoord.

Ze betrad de zalen op donderdagavond met gevoelens die sterk verschilden van de gevoelens die haar de maandag daarvoor daarheen hadden gevoerd. Ze was toen opgetogen geweest over haar afspraak met Thorpe en deed nu haar uiterste best uit zijn gezichtsveld te blijven, opdat hij niet opnieuw beslag op haar zou leggen, want hoewel ze niet kon, niet durfde verwachten dat meneer Tilney haar voor de derde keer ten dans zou vragen, waren al haar verlangens, haar hoop en haar plannen op niets anders gericht. Elke jongedame zal op dit kritieke ogenblik met mijn heldin kunnen meevoelen, want elke jongedame heeft op een bepaald moment dezelfde onrust ervaren. Ze hebben allen het gevaar gelopen, of hebben dat allemaal ten minste gedacht, achtervolgd te worden door iemand die ze wilden mijden en ze hebben allemaal verlangd naar de attenties van iemand die ze wilden behagen. Zodra de Thorpes zich bij hen voegden, begon voor Catherine de kwelling; ze vroeg zich zenuwachtig af of John Thorpe naar haar toe zou komen, verborg zich zo goed mogelijk voor zijn blik en deed alsof ze hem niet hoorde wanneer hij tegen haar sprak. De cotillons waren voorbij en de contradans begon en van de Tilneys was nog niets te zien. "Schrik niet, lieve Catherine," fluisterde Isabella, "maar ik ga echt weer met je broer dansen. Ik erken volmondig dat het ronduit schokkend is. Ik heb gezegd dat hij zich moet schamen, maar jij en John moeten ons steunen. Haast je, lieve vriendin, en voeg je bij ons. John is net weggelopen, maar kan elk moment terug zijn."

Catherine had de tijd noch de neiging om te antwoorden. De anderen liepen weg, John Thorpe was nog in zicht, en ze beschouwde zich als verloren. Om er niet uit te zien alsof ze naar hem keek of hem verwachtte, hield ze haar ogen strak op haar waaier gericht en ze had zichzelf net veroordeeld om haar dwaze gedachte dat ze in een dergelijke menigte ook maar kon veronderstellen de Tilneys binnen een redelijk tijdsbestek te ontmoeten, toen ze plotseling aangesproken en opnieuw ten dans werd gevraagd door meneer Tilney zelf. Met een stralende blik en een en al bereidwilligheid gaf ze gehoor aan zijn verzoek en met welk een gebons van haar hart ze met hem de dansvloer op ging, laat zich wel raden. Om te ontsnappen, naar ze geloofde op het nippertje, aan John Thorpe en om gevraagd te worden, zo direct nadat hij zich bij haar had gevoegd, gevraagd te worden door meneer Tilney, alsof hij haar doelbewust had gezocht... het scheen haar dat het leven geen groter geluk kon brengen!

Nauwelijks hadden ze een rustig plaatsje veroverd toen haar aandacht werd opgeëist door John Thorpe, die achter haar stond. "Hela, juffrouw Morland," zei hij, "wat moet dit betekenen? Ik dacht dat u en ik samen zouden gaan dansen."

"Het verbaast me dat u dat denkt, want u hebt me nooit gevraagd."

"Allemachtig, dat is helemaal mooi! Ik heb u gevraagd zodra u de zaal binnenkwam en ik wilde u net opnieuw vragen, maar toen ik me omdraaide was u verdwenen! Dit is een verdraaid minne streek! Ik ben alleen maar gekomen om met u te dansen en ik ben er vast van overtuigd dat u al vanaf maandag een afspraak met mij hebt. Ja, ik weet het weer; ik heb u gevraagd toen u in de hal op uw mantel wachtte. En ik heb al mijn kennissen hier verteld dat ik met het mooiste meisje in de zaal zou gaan dansen en wanneer ze u met iemand anders zien, zullen ze me geweldig uitlachen."

"O nee, na zo'n beschrijving zullen ze nooit aan míj denken."

"Lieve hemel, als ze dat niet doen zal ik die domkoppen de zaal uit schoppen. Wie hebt u daar bij u?" Catherine bevredigde zijn nieuwsgierigheid. "Tilney," herhaalde hij, "hmm, ik ken hem niet. Een flinke kerel, ziet er goed uit. Heeft hij belangstelling voor een paard? Een vriend van mij hier, Sam Fletcher, heeft er een te koop dat iedereen van pas zou komen. Een fantastisch slim dier voor de weg... veertig guineas maar. Ik had geweldige zin om het zelf te kopen, want het is een van mijn principes om altijd een goed paard te kopen wanneer ik er een tegenkom, maar het voldoet niet aan mijn eisen, het is niet geschikt voor het veld. Ik zou elk bedrag willen geven voor een echt goed jachtpaard. Ik heb er nu drie, de beste waar ooit op gewed is. Ik zou ze nog niet wegdoen voor achthonderd guineas. Fletcher en ik willen een huis zoeken in Leicestershire, tegen het volgende seizoen. Het is zo verd... oncomfortabel om in een herberg te wonen."

Dit was de laatste zin waarmee hij Catherines aandacht op de proef kon stellen, want op dat moment werd hij meegevoerd door de onweerstaanbare druk van een lange rij passerende dames. Haar partner kwam nu naar haar toe en zei: "Ik had mijn geduld verloren als hij nog een halve minuut langer bij u was gebleven. Hij heeft het recht niet de aandacht van mijn partner van mij af te leiden. Wij zijn een contract aangegaan om aardig te zijn tegen elkaar voor het tijdsbestek van een avond en gedurende die tijd behoort al onze aardigheid alleen aan de ander. Niemand kan zich opdringen aan de één, zonder inbreuk te maken op de rechten van de ander. Ik beschouw een contradans als een symbool van het huwelijk. Trouw en voorkomendheid zijn de eerste plichten van beiden en die mannen die zelf niet wensen te dansen of te trouwen hebben niets te zoeken bij de partners of vrouwen van hun naasten."

"Maar dat zijn toch geheel verschillende dingen!"

"Die volgens u niet vergeleken kunnen worden."

"Absoluut niet. Mensen die trouwen, kunnen nooit meer uit elkaar gaan, maar moeten samen een huishouding opzetten en voeren. Mensen die dansen, staan alleen een half uur tegenover elkaar in een grote zaal."

"En dat is uw definitie van het huwelijk en de dans. In dat licht bezien is er inderdaad geen opvallende gelijkenis, maar ik denk dat ik ze wel in een overeenkomstige zienswijze kan plaatsen. U bent het met mij eens dat in beide gevallen de man het voordeel van de keuze heeft, de vrouw alleen de macht om te weigeren; dat het in beide gevallen een overeenkomst is tussen een man en een vrouw, aangegaan in het voordeel van beiden en dat ze, wanneer ze er eenmaal aan zijn begonnen, exclusief aan elkaar toebehoren tot het moment van verbreking; dat beiden de plicht hebben de ander geen reden te geven om te wensen dat hij of zij zich aan iemand anders had geschonken en dat het in beider belang is te voorkomen dat de eigen fantasie afdwaalt naar de voortreffelijkheden van de naasten of zich voor te stellen dat hij of zij beter af zou zijn met een ander. Bent u het in dit alles met mij eens?"

"Jazeker, zoals u het stelt, klinkt het allemaal heel goed, maar het blijven twee zulke verschillende dingen. Ik kan ze niet in hetzelfde licht zien of denken dat ze dezelfde verplichtingen met zich meebrengen."

"In één opzicht is er zeker een verschil. In het huwelijk wordt de man verondersteld de vrouw te onderhouden, de vrouw om het huis aangenaam te maken voor de man; hij moet de kost winnen, zij glimlachen. Bij het dansen liggen de plichten precies andersom; het veraangenamen, zich schikken wordt van hem verwacht, terwijl zij voor de waaier en het lavendelwater zorgt. Dàt, neem ik aan, is het verschil in plichten dat volgens u een vergelijking onmogelijk maakt."

"Nee, ik moet u zeggen dat ik daar nooit aan heb gedacht."

"Dan begrijp ik het niet, maar ik moet nog één ding zeggen. Uw instelling is nogal verontrustend. U wijst elke overeenkomst in de verplichtingen af en mag ik daaruit niet afleiden dat uw begrip van de plichten van de dans niet zo strikt zijn als uw partner zou mogen wensen? Heb ik geen reden om te vrezen dat als de heer die zojuist met u sprak terug zou keren of als een andere heer u aan zou spreken, niets u ervan zou weerhouden om zo lang als u wenst met hem te converseren?"

"Meneer Thorpe is zo'n speciale vriend van mijn

broer, dat ik wel met hem moet praten als hij tegen mij praat, maar behalve hij zijn er nauwelijks drie jongemannen in de zaal die ik enigszins ken."

"En dat is mijn enige zekerheid? Ach! Ach!"

"Ja, ik ben er zelfs van overtuigd dat u geen betere kunt hebben, want als ik niemand ken, is het onmogelijk om met iemand te praten en bovendien wìl ik met niemand praten."

"Nu hebt u mij een zekerheid gegeven die de moeite waard is en zal ik met frisse moed verder gaan. Vindt u Bath nog net zo aangenaam als toen ik de vorige keer de eer had hiernaar te informeren?"

"Ja, zeker...meer nog zelfs."

"Meer nog! Wees voorzichtig, anders vergeet u nog er op het juiste moment genoeg van te krijgen. U behoort er na zes weken genoeg van te hebben."

"Ik denk niet dat ik er genoeg van krijg, al zou ik hier zes maanden blijven."

"Vergeleken met Londen, heeft Bath weinig variatie te bieden en dat is iets waar iedereen ieder jaar achter komt. 'Ik geef toe, Bath is plezierig voor zes weken, maar daarna is het de vervelendste plaats ter wereld.' Dat zeggen alle mogelijke mensen, die elke winter komen, hun zes weken verlengen tot tien of twaalf en ten slotte vertrekken omdat ze het zich niet langer kunnen veroorloven om te blijven."

"Welnu, andere mensen moeten zelf maar oordelen en diegenen die naar Londen gaan, vinden Bath misschien maar niets, maar ik kom uit een klein, afgelegen dorp in de provincie en kan een plaats als deze nooit eentoniger vinden dan de plaats waar ik woon, want hier is een aantal uitgaansmogelijkheden, een aantal dingen om de hele dag te zien en te doen die daar ontbreken."

"Houdt u niet van het platteland?"

"O ja, dat wel. Ik heb er altijd gewoond en ben er altijd heel gelukkig geweest. Maar het is duidelijk dat een landelijk leven veel minder variatie biedt dan een leven in Bath. Op het platteland zijn alle dagen precies hetzelfde."

"Maar dan brengt u uw tijd op het platteland zoveel verstandiger door."

"Is dat zo?"

"Is het niet zo?"

"Ik geloof niet dat er veel verschil is."

"Hier bent u de hele dag op zoek naar vermaak."

"Dat ben ik thuis ook, alleen is er daar weinig van te vinden. Ik maak hier een wandeling, zoals ik daar ook doe, maar hier zie ik in elke straat allerlei mensen en daar kan ik alleen een bezoek brengen aan mevrouw Allen."

Meneer Tilney vond dit zeer amusant. "Alleen een bezoek brengen aan mevrouw Allen!" herhaalde hij. "Wat een beeld van intellectuele armoede! Als u weer in dit moeras wegzinkt, zult u echter meer te bespreken hebben. U zult over Bath kunnen praten en over alle dingen die u hier hebt gedaan."

"O ja! Ik zal nooit meer om gespreksonderwerpen verlegen zitten, met mevrouw Allen of iemand anders. Ik geloof echt dat ik steeds over Bath zal praten wanneer ik weer thuis ben... Ik vind het hier zo heerlijk. Als ik papa en mama hier maar kon hebben en de anderen, dan zou ik waarschijnlijk overgelukkig zijn! De komst van James, mijn oudste broer, is al verrukkelijk en vooral nu gebleken is dat juist die familie met wie wij net zo vertrouwelijk zijn geworden ook tot zijn vertrouwde vrienden hoort. O, wie kan er nu ooit genoeg krijgen van Bath?"

"Niet degenen die zoveel frisse gevoelens van allerlei aard meebrengen als u doet. Maar papa's en mama's en broers en vertrouwde vrienden worden door de meeste vaste bezoekers van Bath achtergelaten en een oprecht genoegen scheppen in bals en toneel en in alledaagse dingen is voor hen verleden tijd."

Hiermee eindigde hun gesprek; het dansen eiste al hun aandacht op.

Kort nadat ze de rand van de dansvloer hadden bereikt, merkte Catherine dat ze bestudeerd werd door een heer die onmiddellijk achter haar partner tussen de toeschouwers stond. Hij was een zeer knappe man en een indrukwekkende verschijning, die voorbij de bloei maar niet de kracht van zijn leven was en terwijl zijn blik op haar gevestigd bleef, zag ze hoe hij meneer Tilney op ongedwongen wijze iets toefluisterde. Verward door zijn aandacht en blozend uit angst dat deze werd opgewekt door iets verkeerds aan haar uiterlijk, wendde ze haar hoofd af. Maar terwijl ze dat deed, trok de heer zich terug en zei haar partner, die dichterbij kwam: "Ik merk dat u kunt raden wat mij zojuist werd gevraagd. Die heer kent uw naam en u hebt het recht de zijne te kennen. Het is generaal Tilney, mijn vader."

Catherines antwoord was alleen maar "O!", maar het was een O! die al het nodige uitdrukte: aandacht voor zijn woorden en een volkomen vertrouwen in de waarheid ervan. Met echte interesse en grote bewondering volgde haar blik nu de generaal, terwijl hij zich door de menigte verplaatste en voor zichzelf merkte ze op: "Wat een knappe familie vormen ze!"

Door een gesprek met juffrouw Tilney, voor de avond voorbij was, viel haar een nieuwe bron van vreugde ten deel. Sinds haar komst naar Bath had ze nog nooit een wandeling buiten de stad gemaakt. Juffrouw Tilney, die vertrouwd was met alle veelbezochte plaatsen in de omgeving, beschreef ze in bewoordingen die haar er hevig naar deden verlangen ze ook te leren kennen en toen ze openlijk haar vrees uitsprak niemand te zullen vinden om haar te vergezellen, stelden de broer en zuster voor op een ochtend gezamenlijk een wandeling te maken. "Wat lijkt me dat heerlijk," riep ze uit, "meer dan wat ook ter wereld; en laten we het niet uitstellen, laten we morgen gaan." Hier waren ze het snel over eens, met als enige voorwaarde van juffrouw Tilney dat het niet zou regenen, waarbij Catherine er zeker van was dat dat niet het geval zou zijn. Ze zouden haar om twaalf uur in Pulteney Street komen ophalen en met de woorden: "Denk eraan... twaalf uur", nam ze afscheid van haar nieuwe vriendin. Van haar andere, haar oudere, haar vastere vriendin, Isabella, met wier trouw en waarde ze nu twee weken ervaring had, had ze gedurende de hele avond nauwelijks iets gezien. Hoewel ze ernaar verlangde haar op de hoogte te brengen van haar geluk, onderwierp ze zich opgeruimd aan de wens van meneer Allen die hen vrij vroeg deed vertrekken en blijde gedachten dansten door haar hoofd, zoals zíj, zittend in de koets, meedanste, de hele weg naar huis.

HOOFDSTUK XI

De volgende dag bracht een zeer matige ochtend; de zon deed slechts enkele pogingen om te verschijnen en Catherine trok hieruit de conclusie dat al haar wensen in vervulling zouden gaan. Een zonnige ochtend zo vroeg in het jaar zou volgens haar doorgaans in regen overgaan, maar een bewolkte voorspelde verbetering in de loop van de dag. Ze deed een beroep op meneer Allen om haar verwachting te bevestigen, maar aangezien hij zijn eigen luchten en barometer niet bij de hand had, weigerde hij met enige stelligheid zon te beloven. Ze deed een beroep op mevrouw Allen en mevrouw Allen was positiever. 'Ze twijfelde er geen moment aan dat het een schitterende dag was, als de wolken maar zouden verdwijnen en de zon zou blijven schijnen.'

Om ongeveer elf uur, echter, viel Catherines waakzame blik op enkele kleine regendruppels op het raam en een: "O, lieve hemel, ik ben echt bang dat het nat wordt", ontsnapte haar op uiterst moedeloze toon.

"Dat had ik al verwacht", zei mevrouw Allen.

"Geen wandeling voor mij vandaag," zuchtte Catherine, "maar misschien zet het niet door of klaart het op voor twaalf uur."

"Misschien gebeurt dat wel, lieve kind, maar dan zal het zo modderig zijn."

"O, dat is niet belangrijk! Ik vind modder nooit erg."

"Ja," antwoordde haar vriendin onverstoorbaar, "ik weet dat je modder nooit erg vindt."

Na een korte stilte zei Catherine, die uit een raam stond te kijken: "Het giet steeds harder!"

"Zeg dat wel. Als het blijft regenen, zullen de straten erg nat zijn."

"Ik zie al vier paraplu's. Wat heb ik een hekel aan paraplu's!"

"Het zijn onhandige dingen om te dragen. Ik geef te allen tijde de voorkeur aan een draagstoel."

"Het leek zo'n mooie ochtend te worden! Ik was er zo van overtuigd dat het droog zou zijn!"

"Inderdaad, dat zou iedereen verwacht hebben; er zullen maar weinig mensen in de Koerzaal zijn als het de hele ochtend blijft regenen. Ik hoop dat meneer Allen zijn overjas aantrekt als hij weggaat, maar ik betwijfel sterk of hij dat zal doen, want hij doet alles ter wereld liever dan naar buiten gaan met een overjas; ik begrijp niet waarom hij er zo'n hekel aan heeft, het moet zo comfortabel zijn."

De regen bleef vallen; snel, maar niet dicht. Catherine liep elke vijf minuten naar de klok, elke keer dreigend dat ze, als het nog vijf minuten langer zou regenen, de zaak als hopeloos zou beschouwen. De klok sloeg twaalf en het regende nog steeds.

"Ik denk niet dat je kunt gaan, lieve kind."

"Ik wanhoop nog niet. Ik geef het niet op voor het kwart over twaalf is. Dit is typisch de tijd van de dag waarop het meestal opklaart en ik denk dat het er iets lichter uitziet. Goed, het is twintig minuten over twaalf en nu geef ik het echt helemaal op. Ach, hadden we maar zulk weer als ze in *Udolpho* hadden, of op zijn minst zoals in Toscane en het zuiden van Frankrijk, op de avond dat St Aubin stierf, zulk prachtig weer!"

Om half één, toen Catherines bezorgde aandacht voor het weer voorbij was en ze geen enkel profijt meer kon verwachten van verbetering, begon de lucht vrijwillig op te klaren. Ze werd flink verrast door een zwakke zonnestraal en keek om zich heen. Het wolkendek begon te breken en ze liep naar het raam om dit vreugdevolle verschijnsel gade te slaan en aan te moedigen. Tien minuten later was duidelijk dat het een zonnige middag zou worden en werd de mening van mevrouw Allen gerechtvaardigd, die 'steeds had gedacht dat het zou opklaren'. Maar of Catherine nog steeds haar vrienden kon verwachten, of de regen voor juffrouw Tilney niet te veel was geweest om zich buiten te wagen, was nog maar de vraag.

Het was te modderig voor mevrouw Allen om haar man naar de Koerzaal te vergezellen; dus ging hij in zijn eentje op weg en Catherine had hem nauwelijks nagekeken tot hij de straat uit was of haar aandacht werd getrokken door de komst van dezelfde twee open rijtuigen, met daarin dezelfde drie mensen die haar een paar ochtenden daarvoor zo hadden verrast.

"Isabella, mijn broer en meneer Thorpe, nee maar! Ze komen misschien voor mij, maar ik ga niet mee; ik kan echt niet mee, want juffrouw Tilney kan nog komen, zoals u weet." Mevrouw Allen was het hiermee eens. John Thorpe was al snel bij hen en zijn stem nog sneller, want op de trap riep hij al tegen juffrouw Morland dat ze moest opschieten. "Haast u, haast u!" terwijl hij de deur opengooide. "Zet onmiddellijk uw hoed op, er is geen tijd te verliezen; we gaan naar Bristol. Hoe gaat het met u, mevrouw Allen?"

"Naar Bristol! Is dat niet erg ver weg? Maar dat doet er niet toe, want ik kan vandaag niet met u meegaan. Ik heb al een afspraak; ik verwacht elk moment een paar vrienden." Dit werd natuurlijk heftig afgewezen en absoluut niet als reden geaccepteerd; hij vroeg mevrouw Allen om bijval en de twee anderen kwamen binnen om hem te steunen. "Mijn liefste Catherine, is dit niet verrukkelijk? We zullen een heerlijke rit maken. Je mag je broer en mij voor het idee bedanken; het kwam ineens in ons hoofd op tijdens het ontbijt; ik geloof werkelijk op hetzelfde moment en we zouden al twee uur geleden zijn vertrokken als die afschuwelijke regen er niet was geweest. Maar dat geeft niet; als het donker wordt, is er maanlicht en is vast fantastisch. O, ik ben zo opgewonden van de gedachte aan wat frisse lucht en landelijke rust! Het is zoveel beter dan naar de Benedenzalen gaan. We rijden rechtstreeks naar Clifton om daar te dineren en zodra we gegeten hebben en als er nog tijd voor is, gaan we door naar Kingsweston."

"Ik betwijfel of we zoveel kunnen doen", zei Morland.

"Doe niet zo somber!" riep Thorpe uit. "We kunnen wel tien keer zoveel doen. Kingsweston, zeker! En Blaize Castle ook en alles wat we verder maar tegenkomen, maar jouw zuster hier zegt dat ze niet meegaat."

"Blaize Castle?" riep Catherine. "Wat is dat?"

"Het mooiste slot van Engeland; zeker de moeite waard om vijftig mijl voor te rijden."

"Maar is het echt een kasteel, een oud kasteel?"
"Het oudste van het koninkrijk."
"Maar lijkt het op de kastelen in de boeken?"
"Precies, helemaal hetzelfde."
"Nee, eerlijk, zijn er torens en lange galerijen?"
"Tientallen."
"Dan zou ik het graag willen zien, maar ik kan niet; ik kan niet mee."
"Niet mee? Lieve kind, wat bedoel je?"
"Ik kan niet mee omdat (ze sloeg haar ogen neer terwijl ze sprak, uit vrees voor Isabella's glimlach) ik juffrouw Tilney en haar broer verwacht om mij op te halen voor een wandeling. Ze hadden beloofd om twaalf uur te komen, maar toen regende het. Nu het zulk mooi weer is geworden, verwacht ik hen binnen afzienbare tijd."
"Dat zou ik maar niet doen," riep Thorpe, "want toen wij Broad Street indraaiden, zag ik hen; rijdt hij geen faëton met lichte vossen?"
"Dat zou ik werkelijk niet weten."
"Ja, ik weet het wel; ik heb hem gezien. U hebt het over de man met wie u gisteravond danste, nietwaar?"
"Ja."
"Nou, ik zag hem op dat moment Lansdown Road indraaien; hij reed met een goedgekleed meisje."
"Hebt u dat echt gezien?"
"Ik zweer het; ik herkende hem meteen en die knollen van hem zagen er ook niet onaardig uit."
"Dat is vreemd, maar ik neem aan dat ze dachten dat het te modderig zou zijn voor een wandeling."
"Dat zou heel goed kunnen, want ik heb nooit van

mijn leven zo veel modder gezien. Wandelen? Je kunt net zomin wandelen als vliegen! Het is de hele winter nog niet zo modderig geweest; je staat er overal tot aan je enkels in."

Isabella bevestigde dit: "Mijn liefste Catherine, je hebt geen idee van de modder. Kom, je moet meegaan; je kunt nu niet meer weigeren."

"Ik zou het kasteel graag zien, maar mogen we overal komen? Mogen we elke trap op en elk vertrek in?"

"Ja, ja, alle hoeken en gaten."

"Maar... als ze maar een uurtje weg zijn gegaan, tot het droger is en dan langskomen?"

"Wees gerust, daar hoeft u niet bang voor te zijn, want ik hoorde Tilney tegen een man die net te paard passeerde roepen dat ze naar Wicks Rocks gingen."

"Goed, zal ik meegaan, mevrouw Allen?"

"Je moet doen wat je wilt, lieve kind."

"Mevrouw Allen, u moet haar overhalen om mee te gaan", was de kreet van het hele gezelschap. Mevrouw Allen was daar niet ongevoelig voor. "Wel, lieve kind," zei ze, "ik denk dat je mee moet gaan." Twee minuten later waren ze op weg.

Catherines gevoelens waren, toen ze in het rijtuig stapte, zeer verward en waren verdeeld tussen spijt over het verlies van één genoegen en hoop op een ander, dat bijna net zo groot was, hoewel ze sterk verschilden. Ze kon onmogelijk vinden dat de Tilneys haar fatsoenlijk hadden behandeld nu ze hun afspraak zo gemakkelijk hadden opgegeven zonder haar enige boodschap of verontschuldiging te doen toekomen. Het was nog maar net een uur later dan de tijd die ze voor het begin van hun wandeling hadden vastgesteld en ondanks de verhalen over de wonderbaarlijke vermenigvuldiging van modder in de loop van dat uur moest ze door wat ze met haar eigen ogen zag, constateren dat ze met weinig ongemak hadden kunnen gaan. Het was een pijnlijk gevoel door hen afgewezen te zijn. Aan de andere kant vormde de verrukking van het verkennen van een bouwwerk als *Udolpho,* zoals ze Blaize Castle in haar fantasie zag, een zo groot tegenwicht dat het bijna alles goed kon maken.

Ze reden rap door Pulteney Street en over Laura Place zonder dat er veel werd gezegd. Thorpe praatte tegen zijn paard en zij liet haar gedachten, afwisselend gaan over verbroken beloften en vervallen gewelven, faëtons en verborgen ruimten, de familie Tilney en valluiken. Toen ze Argyle Buildings bereikten, werd ze echter opgeschrikt door deze opmerking van haar metgezel. "Wie is dat meisje dat zo scherp naar u keek toen ze passeerde?"

"Wie? Waar?"

"Op het trottoir aan de rechterkant; ze moet nu bijna uit het gezicht zijn." Catherine keek om en zag juffrouw Tilney leunend op haar broers arm langzaam de straat uitlopen. Ze zag beiden naar haar omkijken. "Stop, stop, meneer Thorpe," riep ze ongeduldig, "het is juffrouw Tilney, ze is het echt. Hoe kon u tegen mij zeggen dat ze weg waren? Stop, stop, ik wil onmiddellijk uitstappen en naar hen toe gaan." Maar wat hadden haar woorden voor zin? Thorpe zweepte zijn paard alleen maar aan tot een steviger draf. De Tilneys, die al snel ophielden haar na te kijken, waren in een ogenblik uit het gezicht verdwenen en de hoek omgegaan van Laura Place en een ogenblik later werd zij zelf Market Place opgereden. Nog steeds, echter en gedurende de hele lengte van een volgende straat, smeekte ze hem te stoppen. "Alstublieft, stop, meneer Thorpe. Ik kan niet meegaan. Ik wil niet meegaan. Ik moet terug naar juffrouw Tilney." Maar meneer Thorpe lachte alleen, liet zijn zweep knallen, spoorde zijn paard aan, maakte vreemde geluiden en reed door. En hoe boos en geërgerd Catherine ook was, nu ze niet in staat was weg te komen, was ze gedwongen het daarbij te laten en toe te geven. Haar verwijten waren echter niet zuinig. "Hoe hebt u mij zo kunnen misleiden, meneer Thorpe? Hoe kon u zeggen dat u ze Lansdown Road op zag rijden? Ik had dit voor niets ter wereld willen laten gebeuren. Ze moeten dit wel heel vreemd vinden, heel ongemanierd van mij! Dat ik ze zelfs gepasseerd ben zonder een woord te zeggen! U kunt zich niet voorstellen hoe boos ik ben; ik zal geen enkel plezier hebben in Clifton, noch ergens anders. Ik wil liever, tienduizend keer liever nu uitstappen en naar hen terug lopen. Hoe kon u zeggen dat u hen in een faëton zag wegrijden?" Thorpe verdedigde zich stoer, verklaarde nooit van zijn leven twee mannen te hebben gezien die zo op elkaar leken en hield zelfs bijna vol dat het Tilney zelf was geweest.

Nog nadat het onderwerp was afgesloten, kon hun rit nauwelijks aangenaam zijn. Catherine was niet langer zo voorkomend als tijdens hun vorige uitje. Ze luisterde met tegenzin en haar antwoorden waren kort. Blaize Castle bleef haar enige troost; dáár keek ze met tussenpozen nog met plezier naar uit, maar liever dan teleurgesteld zijn over de beloofde wandeling en vooral liever dan de lage dunk die de Tilneys van haar moesten hebben, had ze al het plezier willen opgeven dat de muren ervan haar konden schenken: het plezier van een bezoek aan een lange rij ruime zalen, met de resten van prachtige meubelen, hoewel nu al vele jaren verlaten – het plezier onderweg in smalle, bochtige gewelven een lage, getraliede deur tegen te komen of zelfs hun lamp, hun enige lamp, uit te zien gaan door een plotselinge windvlaag en zich in totale duisternis te bevinden. Intussen zetten ze hun reis zonder enige tegenslag voort en zagen de stad Keynsham voor zich liggen toen een uitroep van Morland, die achter hen reed, zijn vriend ertoe bracht te stoppen om na te gaan wat er aan de hand was. De anderen kwamen dichterbij, voldoende om te kunnen praten en Morland zei: "We kunnen beter teruggaan, Thorpe, het is te laat om vandaag nog verder te gaan; je zuster denkt er ook zo over. We hebben vanaf Pulteney Street precies een uur gereden en weinig meer dan zeven mijl afgelegd en ik denk dat we er nog minstens acht moeten. Dat lukt nooit. We zijn veel te laat vertrokken. We kunnen het beter uitstellen tot een andere dag en teruggaan."

"Mij maakt het niet uit", antwoordde Thorpe, nogal kwaad. Hij liet zijn paard onmiddellijk draaien en ze waren weer op weg naar Bath.

"Als uw broer niet zo'n verd... knol had," zei hij kort daarna, "hadden we het heel goed kunnen halen. Mijn paard zou binnen een uur naar Clifton zijn gedraafd als het de kans had gekregen; ik heb bijna mijn arm gebroken om het in het tempo van die dampige knol te houden. Morland is een sufferd dat hij geen paard en geen sjees van zichzelf heeft."

"Nee, dat is hij niet," zei Catherine gepikeerd, "want ik weet zeker dat hij zich dat niet kan veroorloven."

"En waarom niet?"

"Omdat hij niet genoeg geld heeft."

"En wie zijn schuld is dat?"

"Niemands schuld, voor zover ik weet." Thorpe zei toen iets op de luide, incoherente manier waartoe hij vaak zijn toevlucht nam, over hoe verd... vervelend het was om arm te zijn en dat hij niet wist wie zich wel dingen konden veroorloven als mensen die in het geld zwommen het niet konden, een opmerking die Catherine niet eens probeerde te begrijpen. Teleurgesteld over wat haar troost had moeten zijn voor haar eerste teleurstelling, was ze steeds minder geneigd aardig te doen of haar metgezel aardig te vinden en ze keerden terug naar Pulteney Street zonder dat ze twintig woorden had gesproken.

Toen ze het huis binnenging, vertelde de knecht haar dat enkele minuten na haar vertrek een heer en dame langs waren gekomen en naar haar hadden gevraagd; dat de dame, toen hij had gezegd dat ze was uitgegaan met meneer Thorpe, had gevraagd of er een boodschap voor haar was achtergelaten en, na zijn ontkennende antwoord, gezocht had naar een kaartje, maar zei dat ze dat niet bij zich had en weg was gegaan. Piekerend over dit hartverscheurende bericht liep Catherine langzaam de trap op. Bovenaan de trap werd ze opgewacht door meneer Allen, die, toen hij de reden hoorde van hun snelle terugkeer, zei: "Ik ben blij dat je broer zo verstandig is geweest; ik ben blij dat je terug bent. Het was een vreemd, wild plan."

Ze brachten de avond samen bij de Thorpes door. Catherine was uit haar doen en in mineur, maar Isabella leek een partijtje kaarten, waarin ze haar lot verbond met dat van Morland, die als haar partner speelde, een goede vervanging te vinden voor de landelijke rust en frisse lucht van een herberg in Clifton. Ook liet ze meer dan eens weten hoe verheugd ze was niet in de Benedenzalen te zijn. "Ik heb zo'n medelijden met die arme mensen die daarheen gaan! Ik ben zo blij dat ik daar niet ben! Ik vraag me af of het een volledig bal is of niet! De dans is nog niet begonnen. Ik zou daar voor geen goud willen zijn. Het is zo verrukkelijk om zo nu en dan een avond voor jezelf te hebben. Ik denk niet dat het een erg goed bal zal zijn. Ik weet dat de Mitchells er niet zullen zijn. Ik heb zo'n medelijden met iedereen die daar is. Maar volgens mij, meneer Morland, zou u daar graag willen zijn, is het niet? Ik ben ervan overtuigd. Welnu, laat u alstublieft door niemand hier weerhouden. Ik denk dat we ons uitstekend zonder u kunnen vermaken, maar jullie mannen denken altijd dat jullie zo belangrijk zijn."

Catherine zou Isabella bijna beschuldigd kunnen hebben van een gebrek aan tederheid voor haar en haar verdriet, zo weinig leek dit haar bezig te houden en zo weinig adequaat was de troost die ze bood. "Wees toch niet zo saai, lieve vriendin", fluisterde ze. "Het breekt mijn hart om je zo te zien. Het was natuurlijk bijzonder schokkend, maar de schuld ligt volledig bij de Tilneys. Waarom waren ze niet wat punctueler? Het was modderig, inderdaad, maar wat gaf dat? John en ik zouden ons daar nooit door hebben laten tegenhouden. Ik ben bereid alles te trotseren als het om vriendschap gaat; dat is mijn instelling en John is precies hetzelfde; hij heeft ongelooflijk sterke gevoelens. Lieve hemel, wat heb jij een heerlijke kaarten! Koningen nog wel! Ik ben nooit van mijn leven zo gelukkig geweest! Ik wens ze jou vijftig keer liever toe dan mezelf."

En nu mag ik mijn heldin overlaten aan de slapeloze nacht, die als ware heldin haar deel is; aan een kussen bestrooid met doornen en nat van tranen. En ze mag zichzelf gelukkig prijzen als ze nog één goede nachtrust geniet in de loop van de volgende drie maanden.

Hoofdstuk XII

"Mevrouw Allen," zei Catherine de volgende morgen, "zou het kwaad kunnen als ik juffrouw Tilney vandaag een bezoek breng? Ik zal geen rustig moment hebben voor ik alles heb uitgelegd."

"Natuurlijk, lieve kind, ga, maar trek een witte jurk aan; juffrouw Tilney draagt altijd wit."

Catherine gaf hier opgewekt gehoor aan en was, eenmaal juist gekleed, ongeduldiger dan ooit om naar de Koerzaal te gaan, waar ze kon informeren naar het onderkomen van generaal Tilney, want hoewel ze geloofde dat ze in Milsom Street logeerden, was ze niet zeker van het huis en de wisselvallige overtuigingen van mevrouw Allen maakten het alleen maar twijfelachtiger. Ze werd naar Milsom Street verwezen en na het nummer goed in haar hoofd te hebben geprent, haastte ze zich met gretige stappen en kloppend hart op weg om haar bezoek af te leggen, haar gedrag uit te leggen en vergeven te worden. Ze liep lichtvoetig langs het kerkhof en wendde resoluut haar ogen af opdat ze niet verplicht zou zijn haar lieve Isabella met haar dierbare familie te zien, die, naar ze reden had aan te nemen, in een winkel in de buurt waren. Ze bereikte het huis zonder enig beletsel, keek naar het nummer, klopte op de deur en vroeg naar juffrouw Tilney. De man meende dat juffrouw Tilney thuis was, maar was hier niet geheel zeker van. Wilde ze zo vriendelijk zijn haar naam door te geven? Ze gaf haar kaartje. Enkele minuten later keerde de bediende terug en zei, met een blik die zijn woorden bepaald niet bevestigde, dat hij zich had vergist, want dat juffrouw Tilney uit was gegaan. Met een blos van schaamte verliet Catherine het huis. Ze was er bijna van overtuigd dat juffrouw Tilney wel thuis was en te beledigd was om haar te ontvangen en terwijl ze door de straat terugliep, kon ze het niet laten om een blik te werpen op de ramen van de woonkamer in de verwachting haar daar te zien, maar er verscheen niemand aan het raam. Aan het eind van de straat gekomen, keek ze echter nog een keer om en toen zag ze, niet voor een raam, maar uit de deur komend, juffrouw Tilney zelf. Ze werd gevolgd door een heer in wie Catherine haar vader meende te herkennen en ze liepen in de richting van Edgar's Buildings. Catherine, die zich zeer beschaamd voelde, vervolgde haar weg. Ze kon zelf bijna boos worden om een zo boze onbeleefdheid, maar onderdrukte haar gevoelens van wrok bij de gedachte aan haar eigen onnozelheid. Ze wist niet hoe zwaar een vergrijp als het hare volgens de regels van de goede omgangsvormen aangerekend kon worden, in welke mate een gebrek aan vergevingsgezindheid gepast was, noch welke botheden zij terecht terug mocht verwachten.

Ze voelde zich zo terneergeslagen en vernederd dat ze zelfs met de gedachte speelde die avond niet met de anderen naar het theater te gaan, maar toegegeven moet worden dat ze niet van lange duur waren, want al snel bedacht ze, in de eerste plaats, dat ze geen enkel excuus had om thuis te blijven en, in de tweede plaats, dat het een stuk was dat ze heel graag wilde zien. Dus gingen ze allemaal naar het theater; er verschenen geen Tilneys om haar te plagen of te plezieren; ze vreesde dat een liefde voor het toneel niet gerangschikt kon worden onder hun vele volkomenheden, maar misschien waren ze gewend aan de betere voorstellingen van het Londense toneel, dat, zoals ze van Isabella had gehoord, al het andere 'behoorlijk vreselijk' maakte. Ze werd niet teleurgesteld in haar eigen plezierige verwachting, want door de komedie kon ze haar zorgen zo goed van zich afzetten dat niemand die haar gedurende de eerste vier bedrijven zou hebben gadegeslagen, vermoed zou hebben dat ze zich ook maar in de geringste mate ellendig voelde. Aan het begin van het vijfde bedrijf bracht de plotselinge verschijning van meneer Henry Tilney en zijn vader, die zich bij een gezelschap in de tegenoverliggende loge voegden, haar gevoelens van zorg en verdriet terug. Het toneel kon haar niet langer echt vermaken, niet langer volledig boeien. Gemiddeld was elke tweede blik gericht op de tegenoverliggende loge en gedurende het verloop van twee hele scènes observeerde ze Henry Tilney, zonder ook maar één keer zijn blik te kunnen trekken. Hij kon niet langer verdacht worden van onverschilligheid ten opzichte van het theater; gedurende twee hele scènes was zijn aandacht geen moment afgeleid van het toneel. Ten slotte keek hij echter naar haar en maakte een buiging, maar wat voor een buiging! Er gingen geen glimlach, geen verdere blikken aan gepaard; zijn ogen gingen onmiddellijk terug in de eerdere richting. Catherine was rusteloos van ellende; ze had wel naar de loge kunnen rennen waar hij zat en hem kunnen dwingen haar verklaring aan te horen. De gevoelens die haar beheersten, waren eerder natuurlijk dan heroïsch: in plaats van zich in haar waardigheid gekwetst te voelen door deze snelle veroordeling, in plaats van in bewuste onschuld trots te besluiten haar verontwaardiging te tonen aan hem die daar ook maar enige twijfel aan kon koesteren, hem de moeite te laten nemen naar een verklaring te zoeken en het verleden alleen toe te lichten door zijn blik te mijden, of met iemand anders te flirten, nam ze alle schuld voor het wangedrag op zich, of ten minste voor de schijn daarvan en wilde ze niets anders dan de gelegenheid krijgen om de oorzaak te verklaren.

Het toneelstuk was afgelopen, het gordijn viel en Henry Tilney was niet meer te zien waar hij tot op dat moment gezeten had, maar zijn vader zat nog op zijn plaats; misschien zou hij nu naar hun loge komen. Ze had gelijk; hij verscheen na enkele minuten en sprak, nadat hij zich een weg had gebaand door de nu uitdunnende menigte, met een soort kalme beleefdheid tegen mevrouw Allen en haar vriendin. De laatste antwoordde hem met minder kalmte: "O, meneer Tilney, ik wilde u zo vreselijk graag spreken en mijn verontschuldigingen aanbieden. Ik moet zo onbeleefd op u overgekomen zijn, maar het was werkelijk niet mijn fout, dat is toch zo, mevrouw Allen? Hebben ze mij niet verteld dat meneer Tilney samen met zijn zuster in een faëton was vertrokken? Wat kon ik doen? Maar ik was tienduizend keer liever bij u geweest, is het niet zo, mevrouw Allen?"

"Kind, je kreukt mijn jurk", was het antwoord van

mevrouw Allen.

Haar verzekering, hoe op zichzelf staand dan ook, was echter niet aan dovemansoren gezegd en bracht een hartelijker, natuurlijker glimlach op zijn gezicht en hij antwoordde op een toon die nog maar weinig voorgewende reserve bevatte: "We waren u in elk geval zeer erkentelijk dat u ons een prettige wandeling toewenste nadat we u in Argyle Street gepasseerd waren; u was zo vriendelijk bewust om te kijken."

"Maar ik heb u geen prettige wandeling gewenst; ik zou niet op het idee zijn gekomen, maar ik heb meneer Thorpe gesmeekt om te stoppen; ik had u nog niet gezien of ik heb hem dat gevraagd; nietwaar, mevrouw Allen, is dat niet... O, u was er niet bij, maar dat heb ik werkelijk gedaan en meneer Thorpe had alleen maar hoeven stoppen of ik was eruit gesprongen en achter u aan gerend."

Is ergens ter wereld een Henry te vinden die ongevoelig zou zijn voor zo'n verklaring? Henry Tilney was dat ten minste niet. Met een nog hartelijker glimlach zei hij alles wat gezegd moest worden over de zorg en spijt van zijn zuster en haar vertrouwen in Catherines eergevoel. "O, vertel mij alstublieft niet dat juffrouw Tilney niet boos was," riep Catherine uit, "want ik weet zeker dat ze dat was. Ze wilde mij vanmorgen niet ontvangen toen ik op bezoek kwam; ik zag haar een minuut nadat ik was vertrokken het huis verlaten; ik voelde me gekwetst, maar niet beledigd. Misschien wist u niet dat ik daar geweest ben."

"Ik was er op dat moment niet; ik hoorde het van Eleanor en ze heeft er van dat ogenblik af naar verlangd u te ontmoeten om de reden voor deze onbeleefdheid uit te leggen, maar misschien kan ik dat net zo goed doen. Er was niets anders aan de hand dan dat mijn vader het niet goed vond – ze stonden juist op het punt uit te gaan en hij had haast en wilde van geen uitstel horen. Dat was alles, dat verzeker ik u. Ze was zeer geërgerd en wilde zich zo snel mogelijk verontschuldigen."

Deze informatie was een grote geruststelling voor Catherine; toch bleef er nog enige bezorgdheid over, waaruit de volgende vraag voortkwam, die op zichzelf volkomen onschuldig was, maar vrij verwarrend voor de heer: "Maar, meneer Tilney, waarom was ú minder grootmoedig dan uw zuster? Als zij zo veel vertrouwen in mijn goede bedoelingen had en ervan uit kon gaan dat het slechts een vergissing was, waarom was ú dan zo bereid het als een belediging te beschouwen?"

"Ik? Ik voelde me beledigd?"

"Ja, dat weet ik zeker, door de blik in uw ogen toen u de loge binnenging; u was boos."

"Ik boos? Ik had het recht niet."

"Niemand die uw gezicht zag zal gedacht hebben dat u het recht niet had." Hij reageerde door haar te vragen plaats voor hem te maken en over het toneelstuk te praten.

Hij bleef enige tijd bij hen en was alleen te vriendelijk om Catherine geheel tevreden achter te laten toen hij wegging. Voor ze afscheid namen, kwamen ze echter overeen dat de voorgenomen wandeling zo snel mogelijk zou moeten plaatsvinden en, nadat ze de teleurstelling over het feit dat hij hun loge verliet van zich af had gezet, was ze, al met al, een van de gelukkigste mensen ter wereld.

Terwijl ze met elkaar praatten, had ze met enige verbazing gezien dat John Thorpe, die zich nooit langer dan tien minuten op dezelfde plaats ophield, in gesprek was met generaal Tilney en ze voelde nog iets meer dan verbazing toen ze meende te bespeuren zelf het voorwerp van hun aandacht en onderhoud te zijn. Wat zouden ze over haar te zeggen hebben? Ze vreesde dat haar verschijning generaal Tilney niet beviel: ze vond dat dit wel gebleken was toen hij haar liever de toegang tot zijn dochter weigerde dan bereid te zijn zijn eigen wandeling een paar minuten uit te stellen. "Hoe heeft meneer Thorpe uw vader leren kennen?" vroeg ze bezorgd, terwijl ze haar metgezel op hen wees. Hij had geen idee, maar zoals elke militair had zijn vader een grote kennissenkring.

Toen de vermakelijkheden voorbij waren, kwam Thorpe hen assisteren bij het vertrek. Het directe doel van zijn attenties was Catherine en terwijl ze in de hal wachtten op een koets voorkwam hij de vraag die van haar hart al naar het puntje van haar tong was gereisd, door op een gewichtige manier bij haar te informeren of ze hem met generaal Tilney had zien praten: "Hij is een geweldige ouwe kerel, ik zweer het, flink, actief... ziet er zo jong uit als zijn zoon. Ik heb grote achting voor hem, dat verzeker ik u: een beschaafde, nette kerel, zoals je zelden vindt."

"Maar hoe hebt u hem leren kennen?"

"Leren kennen! Er lopen hier maar weinig mensen rond die ik niet ken. Ik kom hem al jaren tegen in de

Bedford en vandaag herkende ik zijn gezicht op het moment dat hij de biljartzaal binnenkwam. Een van de beste spelers die er zijn, overigens en we hebben een partijtje gespeeld, hoewel ik eerst bijna bang van hem was; de kansen waren vijf tegen vier tegen me en als ik niet een van de zuiverste stoten had gemaakt die er misschien wel ooit in de wereld gemaakt zijn... ik raakte zijn bal precies, maar dat kan ik u niet uitleggen zonder een tafel; maar ik hèb hem verslagen. Een aardige kerel, zo rijk als een jood. Ik zou wel bij hem willen dineren; hij geeft fantastische diners. Maar waar denkt u dat we over gepraat hebben? Over u. Ja, allemachtig en de generaal vindt u een van de aardigste meisjes van Bath."

"Ach, onzin! Hoe kunt u dat zeggen?"

"En wat denkt u dat ik heb gezegd?" (zijn stem dempend) "Uitstekend, generaal, zei ik, ik ben het helemaal met u eens."

Op dat moment speet het Catherine, die heel wat minder ingenomen was met zijn bewondering dan met die van generaal Tilney, niet dat ze weggeroepen werd door mevrouw Allen. Thorpe stond er echter op haar naar haar koets te begeleiden en ging, tot het moment waarop ze instapte, door met dit soort subtiele vleierij, ondanks haar verzoek hiermee op te houden.

Dat generaal Tilney haar zou bewonderen in plaats van afkeuren, was heerlijk en ze bedacht verheugd dat ze geen vrees meer hoefde te hebben voor een ontmoeting met iemand van de familie. De avond had veel meer voor haar gedaan dan verwacht had mogen worden.

Hoofdstuk XIII

Maandag, dinsdag, woensdag, donderdag, vrijdag en zaterdag zijn nu voor de lezer de revue gepasseerd, de gebeurtenissen van elke dag, met zijn hoop en vrees, ergernissen en genoegens zijn afzonderlijk verteld en slechts de kwellingen van zondag blijven nog over om te beschrijven en de week af te sluiten. Wat het Cliftonplan betreft, was er sprake van uitstel, geen afstel, en het werd tijdens het middagbezoek van deze dag aan de Crescent weer naar voren gebracht. In een persoonlijk onderhoud tussen Isabella en James en omdat Isabella haar zinnen erop had gezet om te gaan en James niet minder gretig was haar een plezier te doen, werd overeengekomen dat het uitstapje, op voorwaarde dat het weer goed was, de volgende ochtend zou plaatsvinden en dat ze vroeg zouden vertrekken om op tijd weer thuis te zijn. Nu de zaak aldus was beklonken en Thorpes goedkeuring was verkregen, bleef alleen Catherine over om op de hoogte te worden gesteld. Ze had hen enkele minuten verlaten om met juffrouw Tilney te praten. In die tussentijd werd het plan voltooid en zodra ze terugkwam werd haar instemming verlangd, maar in plaats van de blijde aanvaarding die Isabella had verwacht, zag Catherine er ernstig uit, betuigde haar grote spijt en zei dat ze niet kon gaan. De afspraak die haar al tijdens de eerste poging had moeten weerhouden om mee te gaan, maakte het haar onmogelijk hen nu te vergezellen. Ze had zojuist met juffrouw Tilney afgesproken de beloofde wandeling de volgende ochtend te maken; dit was een vaste afspraak en ze zou zich onder geen enkel beding terugtrekken. Maar dat ze zich moest en zou terugtrekken was onmiddellijk de vurige wens van de beide Thorpes; ze moesten de volgende dag naar Clifton, ze zouden niet zonder haar gaan; ze kon zo'n wandelingetje toch wel een dag opschuiven en ze namen absoluut geen genoegen met een weigering. Catherine was van streek, maar gaf niet toe. "Dring niet verder aan, Isabella. Ik heb een afspraak met juffrouw Tilney. Ik kan niet meegaan." Dit had geen enkel effect. Ze werd bestookt met dezelfde argumenten; ze moest gaan en ze zou gaan en ze namen geen genoegen met een weigering. "Je kunt juffrouw Tilney toch eenvoudig vertellen dat je juist herinnerd bent aan een eerdere afspraak en haar verzoeken de wandeling uit te stellen tot dinsdag."

"Nee, dat is niet zo eenvoudig. Dat kan ik niet doen. Er ìs geen eerdere afspraak." Maar Isabella drong alleen maar meer en meer aan, drong er bij haar op de meest toegenegen manier op aan, sprak haar met de innemendste naampjes aan. Ze was ervan overtuigd dat haar liefste, schattigste Catherine niet serieus van plan was een zo onbeduidend verzoek te weigeren van een vriendin die zo zielsveel van haar hield. Ze wist dat haar beminde Catherine een zo gevoelig hart had, een zo lieve aard, dat ze gemakkelijk overgehaald kon worden door degenen van wie ze hield. Maar het was allemaal vergeefs: Catherine vond dat ze gelijk had en hoewel het haar zeer speet, kon ze zich niet laten beïnvloeden door de zo tedere, zo vleiende smeekbede. Toen gooide Isabella het over een andere boeg. Ze verweet haar meer genegenheid te voelen voor juffrouw Tilney, hoewel ze haar nog maar zo kort kende, dan voor haar beste en oudste vrienden; kortom, koud en onverschillig te zijn geworden tegen haar. "Ik kan het niet helpen dat ik jaloers ben, Catherine, wanneer ik zie hoe ik, die zo buitensporig veel van je houd, versmaad wordt ten gunste van vreemden! Wanneer ik mijn genegenheid heb geschonken, kan niets hier nog verandering in brengen. Maar ik geloof dat mijn gevoelens sterker zijn dan die van wie dan ook; ik ben ervan overtuigd dat ze te sterk zijn voor mijn eigen gemoedsrust en ik moet toegeven dat ik diep gekwetst ben wanneer ik mijzelf in jouw vriendschap verdrongen zie worden door vreemden. Die Tilney's lijken al het andere op te slokken."

Catherine beschouwde dit verwijt als net zo vreemd en onvriendelijk. Was het de rol van een vriendin om haar gevoelens aldus kenbaar te maken aan anderen? Isabella kwam op haar over als hardvochtig en zelfzuchtig, als iemand die uitsluitend uit was op haar eigen pleziertjes. Deze pijnlijke gedachten gingen door haar hoofd, hoewel ze niets zei. Isabella had intussen haar zakdoek voor haar ogen gebracht en Morland, die zich bij de aanblik hiervan diep ongelukkig voelde, kon niet nalaten te zeggen: "Luister, Catherine, hier kun je toch werkelijk niet mee doorgaan. Het is geen grote opoffering en zo'n vriendin een plezier doen... ik zou het zeer onvriendelijk van je vinden als je nog steeds weigert."

Dit was de eerste keer dat haar broer openlijk partij

koos tegen haar en omdat ze niet graag zijn ongenoegen wilde opwekken, stelde ze een compromis voor. Als zij hun plan tot dinsdag wilden uitstellen, wat ze zeer eenvoudig konden doen omdat het alleen van henzelf afhing, zou ze met hen meegaan en zou iedereen tevreden kunnen zijn. Maar 'nee, nee, nee', was het onmiddellijke antwoord, want 'Thorpe wist niet of hij die dag niet naar de stad zou gaan'. Het speet Catherine zeer, maar meer kon ze niet doen en er volgde een korte stilte, die verbroken werd door Isabella die op koude, verbolgen toon zei: "Goed, daarmee gaat ons uitstapje dus niet door. Als Catherine niet gaat, kan ik niet gaan. Ik kan niet de enige vrouw zijn. Ik zou onder geen enkele voorwaarde zoiets onfatsoenlijks doen."

"Catherine, je moet meegaan", zei James.

"Maar waarom kan meneer Thorpe niet een van zijn andere zusters meenemen? Ik weet zeker dat ze dat allebei graag zouden willen."

"Vriendelijk bedankt," riep Thorpe, "maar ik ben niet naar Bath gekomen om mijn zusters rond te rijden en mezelf belachelijk te maken. Nee, ik denk er verd... niet over als u niet meegaat. Ik ga alleen mee om u te rijden."

"Dat is een compliment waar ik geen genoegen in schep." Maar haar woorden gingen verloren voor Thorpe, die zich bruusk had omgedraaid.

De drie anderen bleven bij elkaar, maar liepen voor die arme Catherine op een zeer onplezierige manier; soms werd er geen woord gezegd, soms kreeg ze opnieuw smeekbeden of verwijten over zich heen en ze liep nog steeds arm in arm met Isabella, hoewel hun harten in oorlog waren. Het ene moment was ze mild gestemd, het andere geërgerd, voortdurend van streek, maar steeds standvastig.

"Ik had niet verwacht dat je zo halsstarrig zou zijn, Catherine", zei James. "Vroeger was je niet zo moeilijk over te halen; je was ooit de vriendelijkste en goedaardigste van mijn zusters."

"Ik hoop dat ik dat nu niet minder ben," antwoordde ze emotioneel, "maar ik kan echt niet meegaan. Als ik het verkeerd doe, doe ik wat ik juist acht."

"Ik vermoed", zei Isabella op gedempte toon, "dat de beslissing je weinig moeite kost."

Catherines hart bonsde; ze trok haar arm terug en er kwam geen verzet van Isabella. Zo gingen er tien lange minuten voorbij, tot Thorpe zich weer bij hen voegde en met een vrolijker gezicht zei: "Zo, ik heb de zaak geregeld en nu kunnen we morgen allemaal met een gerust geweten gaan. Ik heb juffrouw Tilney opgezocht en uw verontschuldigingen aangeboden."

"Dat hebt u niet gedaan!" riep Catherine uit.

"En of ik dat gedaan heb. Ik kom net bij haar vandaan. Ik heb haar verteld dat u mij gestuurd had om te zeggen dat u zich net een eerder gemaakte afspraak had herinnerd om met ons naar Clifton te gaan en niet voor dinsdag het genoegen kon hebben met haar te gaan wandelen. Ze zei dat het uitstekend was, dat dinsdag haar net zo goed uitkwam; dus zijn al onze problemen opgelost. Een behoorlijk goed idee van mij, niet?"

Isabella was onmiddellijk weer goedgehumeurd en een en al glimlach, en ook James zag er weer gelukkig uit.

"Dat was inderdaad een geweldig idee! Nu, mijn lieve Catherine, zijn al onze moeilijkheden voorbij; je bent eervol van je verplichting ontheven en we zullen een verrukkelijk uitstapje hebben."

"Dit kan ik niet toestaan", zei Catherine. "Ik kan me hier niet bij neerleggen. Ik moet onmiddellijk naar juffrouw Tilney en dit rechtzetten."

Isabella wist echter haar ene hand te pakken en Thorpe de andere en ze werd overspoeld door protesten van alledrie. Zelfs James was echt boos. Als alles geregeld was, als juffrouw Tilney zelf zei dat dinsdag haar net zo goed uitkwam, was het belachelijk, was het absurd om nog verdere tegenwerpingen te maken.

"Dat kan me niet schelen. Meneer Thorpe had geen enkel recht om zo'n boodschap te bedenken. Als ik het had willen uitstellen, had ik zelf met juffrouw Tilney kunnen spreken. Dit is alleen maar een grovere manier en hoe weet ik dat meneer Thorpe het inderdaad heeft gedaan... het is mogelijk dat hij zich weer heeft vergist; hij heeft mij al één keer tot een ongemanierd optreden gebracht door zijn vergissing van vrijdag. Laat me gaan, meneer Thorpe; Isabella, laat me los."

Thorpe vertelde haar dat ze tevergeefs achter de Tilneys aan zou gaan; ze waren Brock Street al ingeslagen toen hij hen had ingehaald en moesten nu al thuis zijn.

"Ik ga achter hen aan," zei Catherine, "waar ze ook zijn, ik ga achter hen aan. Het heeft geen zin om te praten. Als ik niet overgehaald kon worden tot iets wat ik als verkeerd zag, zal ik me daar in elk geval niet door een list toe laten brengen." En met deze woorden rukte ze zich los en haastte zich weg. Thorpe wilde achter haar aan rennen, maar Morland hield hem tegen. "Laat haar gaan, laat haar gaan als ze dat wil."

"Ze is zo koppig als..."

Thorpe maakte zijn vergelijking niet af, want het kon nauwelijks een fatsoenlijke zijn geweest.

Catherine liep opgewonden weg, zo snel als de menigte haar toestond, bang om achtervolgd te worden, maar vastbesloten om door te zetten. Tijdens het lopen, dacht ze na over wat er was gebeurd. Ze vond het pijnlijk hen teleur te stellen en te ergeren en in het bijzonder om haar broer te ergeren, maar ze kon geen berouw voelen over haar verzet. Nog afgezien van haar eigen voorkeur kon het niet anders dan verkeerd zijn om voor de tweede keer een afspraak met juffrouw Tilney niet na te komen, om zich, en dat ook nog onder valse voorwendselen, te distantiëren van een belofte die ze slechts vijf minuten eerder had gemaakt. Ze had zich niet uitsluitend op grond van zelfzuchtige principes tegen hen verzet, ze was niet alleen uit geweest op haar eigen voldoening; daar had tot op zekere hoogte aan kunnen worden voldaan door het uitstapje zelf, door een bezoek aan Blaize Castle; nee, ze had zich gehouden aan wat ze anderen en hun achting voor haar eigen karakter verplicht was. De overtuiging dat ze juist handelde, was niet voldoende om haar zelfbeheersing te herwinnen; tot ze met juffrouw Tilney gesproken had, kon ze niet gerust zijn en haar pas versnellend tot ze de Crescent achter zich had gelaten, legde ze de rest van de afstand bijna rennend af tot ze aan het einde van Milsom Street was gekomen. Haar bewegingen waren zo snel geweest dat de Tilney's, ondanks hun oorspronkelijke voorsprong, net bij hun logement arriveerden toen zij binnen oogbereik kwam; tegen de bediende, die nog bij de geopende deur stond, zei ze alleen dat ze onmiddellijk met juffrouw Tilney moest spreken en ze haastte zich langs hem heen de trap op. Toen ze de eerste deur die ze tegenkwam opende, bevond ze zich toevallig meteen in de zitkamer, met generaal Tilney, zijn zoon en zijn dochter. Haar verklaring, die –door haar gespannen zenuwen en haar ademnood– slechts tekortschoot in het feit dat het in het geheel geen verklaring was, volgde onmiddellijk. "Ik heb me naar u toe gehaast... Het was allemaal een vergissing... Ik heb nooit beloofd mee te gaan... Ik heb van het begin af aan gezegd dat ik niet mee kon... Ik ben haastig weggegaan om het uit te leggen... Het maakte me niet uit wat u van mij zou denken... Ik wilde niet op de bediende wachten."

Hoewel deze toespraak de zaak niet volmaakt ophelderde, was het al snel geen puzzel meer. Catherine ontdekte dat John Thorpe de boodschap inderdaad had gegeven en juffrouw Tilney gaf openlijk toe dat deze haar zeer had verrast. Maar of de verontwaardiging van haar broer die van juffrouw Tilney nog te boven gingen, kon Catherine, hoewel ze zich met haar verdediging instinctief zowel tot de één als de ander richtte, niet weten. Welke gevoelens er voor haar komst ook mochten zijn geweest, haar vurige verklaring maakte elke blik en elke zin onmiddellijk zo vriendelijk als ze zich maar kon wensen.

Toen de zaak aldus naar tevredenheid was opgelost, werd ze door juffrouw Tilney aan haar vader voorgesteld en door hem met een zo bereidwillige, aandachtige beleefdheid ontvangen dat ze herinnerd werd aan de informatie van Thorpe en met plezier bedacht dat hij soms te vertrouwen was. De hoffelijkheid van de generaal ging zo ver dat hij, niet wetend hoe buitengewoon snel ze het huis was binnengegaan, boos was op de bediende, wiens verzuim ertoe had geleid dat ze de deur van het appartement zelf had moeten openen. 'Wat had William wel gedacht? Hij zou de zaak grondig onderzoeken.' En als Catherine niet vurig zijn onschuld had bepleit, was het mogelijk geweest dat William voor altijd de gunst van zijn meester en zelfs zijn betrekking door haar snelheid had verloren.

Nadat ze een kwartier bij hen had gezeten, stond ze op om te vertrekken en werd zeer aangenaam verrast door generaal Tilney's vraag of ze zijn dochter de eer wilde bewijzen met haar te dineren en de rest van de dag met haar door te brengen. Juffrouw Tilney voegde daar haar eigen wensen aan toe. Catherine was hen zeer erkentelijk, maar niet in staat hierop in te gaan. Meneer en mevrouw Allen zouden haar elk moment thuis verwachten. De generaal verklaarde dat hij niet verder aan zou dringen; de aanspraken van meneer en mevrouw Allen gingen voor, maar hij vertrouwde erop dat ze op een andere dag, wanneer ze langer van tevoren op de hoogte waren gesteld, niet zouden weigeren haar aan haar vriendin af te staan. "O nee", zei Catherine; ze was er zeker van dat ze niet het geringste bezwaar zouden hebben en ze zou met alle genoegen komen. De generaal begeleidde haar zelf naar de buitendeur, maakte alle mogelijke galante opmerkingen terwijl ze de trap afliepen, waarbij hij de soepelheid van haar gang bewonderde, die precies overeenkwam met haar stijl van dansen en maakte bij het afscheid de elegantste buigingen die ze ooit had aanschouwd.

Verrukt over alle gebeurtenissen legde Catherine uitgelaten de weg af naar Pulteney Street, waarbij ze, zoals ze concludeerde, met grote soepelheid liep, hoewel ze daar nooit eerder aan had gedacht. Ze bereikte het huis zonder nog iets van de beledigde partij te zien en nu ze volledig had gezegevierd, volledig haar zin had gekregen en zeker was van haar gang, begon ze (terwijl de opwinding in haar binnenste wegebde) te betwijfelen of ze wel volledig gelijk had gehad. Een opoffering was altijd edelmoedig en als ze was ingegaan op hun smeekbeden was haar de kwellende gedachte bespaard gebleven van een geërgerde vriendin, een boze broer en een voor beiden zo gelukkig plan dat nu niet door ging, misschien door haar toedoen. Om zichzelf gerust te stellen en aan de hand van de mening van een onbevooroordeelde persoon na te gaan hoe haar eigen gedrag werkelijk was geweest, stelde ze meneer Allen op de hoogte van het half-afgesproken plan van haar broer en de Thorpes voor de volgende dag. Meneer Allen ging hier onmiddellijk op in. "Juist," zei hij, "en denk je erover mee te gaan?"

"Nee, toen ze het mij vertelden, had ik net een afspraak voor een wandeling gemaakt met juffrouw Tilney en daarom kon ik niet met hen meegaan, nietwaar?"

"Nee, zeker niet en ik ben blij dat je het niet overwogen hebt. Dit soort plannen kunnen echt niet. Jonge mannen en vrouwen die in open rijtuigen door het land rijden! Zo nu en dan kan dat heel goed, maar samen naar herbergen en openbare gebouwen gaan! Het is niet zoals het hoort en het verbaast me dat mevrouw Thorpe dit goedkeurt. Ik ben blij dat je er niet over denkt om mee te gaan; ik weet zeker dat mevrouw Morland het niet op prijs zou stellen. Mevrouw Allen, bent u het niet met mij eens? Bent u niet van mening dat dit soort ondernemingen afkeurenswaardig zijn?"

"O, ja, zeer afkeurenswaardig. Open rijtuigen zijn gemene dingen. Een schone jurk houdt het in die dingen nog geen vijf minuten vol. Bij het in- en uitstappen raak je bespat en de wind waait je haar en hoed alle kanten op. Ikzelf heb een grote hekel aan een open rijtuig."

"Dat weet ik, maar dat is de vraag niet. Vindt u niet dat het een rare indruk geeft als jongedames er regelmatig in worden rondgereden door jongemannen aan wie ze niet eens verwant zijn?"

"Jazeker, beslist een rare indruk. Ik kan de aanblik niet verdragen."

"Lieve mevrouw," riep Catherine uit, "waarom hebt u mij dat dan niet eerder verteld? Ik weet zeker dat ik helemaal niet met meneer Thorpe was meegegaan als ik had geweten dat het onbehoorlijk was, maar ik heb altijd gehoopt dat u het mij zou zeggen wanneer u dacht dat ik iets verkeerds deed."

"Dat zal ik ook, lieve kind, daar kun je op vertrouwen, want, zoals ik mevrouw Morland bij het afscheid heb gezegd, ik zal voor jou altijd het beste doen wat in mijn macht ligt. We moeten echter ook niet al te precies zijn. Jonge mensen blijven jonge mensen, zoals jouw lieve moeder zelf zegt. Je weet dat ik, toen we hier net waren, niet wilde dat je die gebloemde mousseline zou kopen, maar je deed het toch. Jonge mensen willen niet altijd gedwarsboomd worden."

"Maar dit was echt belangrijk en ik denk niet dat het u veel moeite had gekost om mij te overtuigen."

"Zoals het tot nu toe is gegaan, is er geen schade aangericht", zei meneer Allen, "en ik kan je alleen maar adviseren, lieve kind, niet meer met meneer Thorpe uit te gaan."

"Dat is precies wat ik wilde zeggen", voegde zijn vrouw eraan toe.

Catherine voelde zich opgelucht voor haarzelf, maar bezwaard ten opzichte van Isabella en na even te hebben nagedacht, vroeg ze meneer Allen of het netjes en aardig zou zijn als ze juffrouw Thorpe zou schrijven en het ongepaste van de situatie zou uitleggen waarvan ook zij zich onbewust moest zijn, want ze vreesde dat Isabella anders, ondanks de gebeurtenissen, de volgende dag naar Clifton zou gaan. Meneer Allen raadde haar echter af dit te doen. "Laat haar maar met rust, lieve kind, ze is oud genoeg om te weten wat ze doet en zo niet, dan heeft ze een moeder om haar advies te geven. Het lijdt geen enkele twijfel dat mevrouw Thorpe te toegeeflijk is, maar jij kunt je daar beter buiten houden. Zij en jouw broer kiezen ervoor om te gaan en jij jaagt hen alleen maar tegen je in het harnas."

Catherine schikte zich hierin en hoewel het haar

speet om te moeten denken dat Isabella zich verkeerd gedroeg, voelde ze grote opluchting door de manier waarop meneer Allen haar eigen gedrag had goedgekeurd en verheugde ze zich over het feit dat zijn advies haar had bewaard voor het gevaar zelf een dergelijke fout te maken. Haar ontsnapping aan het gezelschap dat naar Clifton zou gaan, was nu een ware ontsnapping, want wat zouden de Tilney's van haar hebben gedacht als ze haar belofte aan hen had gebroken om iets te kunnen doen dat op zichzelf al verkeerd was, als ze schuldig zou zijn geweest aan het overtreden van de ene fatsoensnorm om nog een andere te kunnen overtreden.

Hoofdstuk XIV

De volgende ochtend was het mooi weer en Catherine verwachtte bijna een nieuwe aanval van het verzamelde gezelschap. Met meneer Allen om haar te steunen, was ze hier niet bevreesd voor, maar ze zag met plezier af van een strijd waarin de overwinning zelf pijnlijk was en was daarom zeer verheugd niets van hen te zien of te horen. De Tilney's kwamen haar op de afgesproken tijd ophalen en nu er geen nieuw probleem opdoemde, geen plotselinge vergeten afspraak, onverwachte eisen, geen onbeschofte ingreep die hun plannen doorkruiste, was mijn heldin, tegen alle regels van de roman in, in staat zich aan haar afspraak te houden, hoewel deze met de held zelf was gemaakt. Ze besloten een wandeling te maken rond Beechen Cliff, die imposante heuvel die door zijn schitterende groen en hangend struikgewas een zo opvallend uitzicht biedt vanaf vrijwel elke open plek in Bath.

"Ik kan er nooit naar kijken," zei Catherine, terwijl ze langs de rivier liepen, "zonder aan het zuiden van Frankrijk te denken."

"U bent in het buitenland geweest?" vroeg Henry een beetje verbaasd.

"O nee, ik denk alleen aan wat ik erover gelezen heb. Bij het zien van de heuvel moet ik altijd denken aan het land waar Emily en haar vader doorheen reizen in de *Mysteries van Udolpho.* Maar ik neem aan dat u geen lezer van romans bent?"

"Waarom denkt u dat?"

"Omdat ze niet intelligent genoeg voor u zijn; heren lezen betere boeken."

"Iedereen, heer of dame, die geen plezier heeft in een goede roman moet onverdraaglijk dom zijn. Ik heb alle werken van mevrouw Radcliffe gelezen en de meeste ervan met veel genoegen. Toen ik er eenmaal in begonnen was, kon ik de *Mysteries van Udolpho* niet meer neerleggen; ik herinner me dat ik het in twee dagen heb uitgelezen, waarbij mijn haar aan één stuk door recht overeind stond."

"Ja," voegde juffrouw Tilney eraan toe, "en ik herinner me dat je de moeite nam mij eruit voor te lezen en dat je, toen ik maar vijf minuten werd weggeroepen om een bericht te beantwoorden, niet in staat was te wachten en het boek meenam naar de kloostertuin, waardoor ik niet anders kon dan wachten tot jij het uit had."

"Dank je, Eleanor... een getuigenis naar eer en geweten. Ik neem aan dat u de onrechtvaardigheid van uw verdenkingen inziet, juffrouw Morland. Daar zat ik dan, zo verlangend om door te gaan dat ik geen vijf minuten op mijn zuster wilde wachten, waarmee ik de belofte om haar voor te lezen brak en haar bij een zeer interessante passage in spanning hield door ervandoor te gaan met het boek, dat, zoals u zult begrijpen, van haar was, van haarzelf nog wel. Ik voel me trots als ik daaraan denk en ik verwacht dat het u een hoge dunk van mij moet geven."

"Ik ben inderdaad blij dit te horen en hoef me nu nooit meer te schamen omdat ik van *Udolpho* geniet.

Maar ik dacht tot nu toe echt dat jongemannen zeer neerkeken op romans."

"Dat ìs ongelooflijk en het is ook niet te geloven dat het zo zou zijn, want ze lezen bijna net zo veel als vrouwen. Ikzelf heb er honderden gelezen. Verbeeld u maar niet dat u mij kunt evenaren op het gebied van Julia's en Louisa's. Als wij overgaan op bijzonderheden en ons bezighouden met de nooit eindigende vraag 'Heb je dit gelezen?' en 'Heb je dat gelezen?' zal ik u spoedig zo ver achter me laten als... wat zal ik zeggen... ik zoek een passende vergelijking... zo ver als uw vriendin Emily de arme Valancourt achter zich liet toen ze met haar tante naar Italië ging. Bedenkt u maar eens hoeveel jaar ik op u voorlig. Ik was al begonnen aan mijn studie in Oxford toen u nog een braaf jong meisje was dat thuis aan haar merklap zat te werken!"

"Niet zo erg braaf ben ik bang. Maar eerlijk, vindt u *Udolpho* niet het mooiste boek van de wereld?"

"Het mooiste... Ik veronderstel dat u daarmee het fraaiste bedoelt. Dat hangt af van de band."

"Henry," zei juffrouw Tilney, "je gedraagt je heel brutaal. Juffrouw Morland, hij behandelt u net zoals hij zijn zuster behandelt. Hij heeft altijd wel iets op mij aan te merken voor een of andere onjuistheid in mijn taalgebruik en nu neemt hij dezelfde vrijheden met u. Het woord 'mooiste', zoals u dat gebruikte, zint hem niet en u kunt het maar beter zo snel mogelijk veranderen of we zullen tijdens de rest van de wandeling doodgegooid worden met Johnson en Blair."

"Werkelijk," riep Catherine uit, "ik wilde niets verkeerds zeggen, maar het is een mooi boek, dus waarom zou ik het niet zo mogen noemen?"

"Zeer waar," zei Henry, "en dit is een mooie dag en we maken een mooie wandeling en jullie beiden zijn twee mooie jongedames. Ach, het is een mooi woord, inderdaad! Het is overal voor te gebruiken. Oorspronkelijk werd het misschien alleen toegepast om netheid, fatsoen, fijngevoeligheid of verfijning uit te drukken; mensen waren mooi in hun kleding, hun gevoelens of hun keuze, maar nu ligt in dat ene woord elke aanprijzing van elk onderwerp besloten."

"Terwijl het in feite", riep zijn zuster uit, "alleen zou moeten worden toegepast op jou, zonder enige aanprijzing. Je bedoelingen zijn mooier dan je manieren. Kom, juffrouw Morland, ik stel voor dat we hem overlaten aan een beschouwing van onze fouten in correct taalgebruik, terwijl wij in de termen die ons het meest bevallen de lof zingen van *Udolpho*. Het is een zeer interessant werk. Houdt u van dat soort lectuur?"

"Eerlijk gezegd houd ik niet erg van andere soorten."

"Werkelijk!"

"Dat wil zeggen dat ik poëzie en toneelstukken kan lezen en dat soort dingen en ook wel van reisverhalen houd, maar geschiedenis, echte, droge geschiedenis, kan mij niet boeien. U wel?"

"Ja, ik ben dol op geschiedenis."

"Ik wilde dat ik dat was. Ik lees het een beetje als een plicht, maar het vertelt me niets wat me niet ergert of verveelt. Op elke bladzijde ruzies van pausen en koningen, met oorlogen en epidemieën; al die mannen die nergens voor deugen en nauwelijks een vrouw te vinden... ik vind het heel vermoeiend en toch verbaast het me vaak dat het zo saai is, want een groot deel ervan moet bedacht zijn. De toespraken die in de mond van de helden worden gelegd, hun gedachten en bedoelingen... het moeten grotendeels bedenksels zijn en dat is wat me zo verrukt in andere boeken."

"U denkt", zei juffrouw Tilney, "dat geschiedkundigen geen gelukkige hand hebben in hun verzinsels. Ze passen hun verbeeldingskracht toe zonder interesse op te wekken. Ik ben dol op geschiedenis en accepteer met graagte het valse naast het ware. Voor de belangrijkste feiten vinden ze hun inlichtingen in eerdere geschiedenissen en verslagen, waarop net zozeer kan worden vertrouwd, volgens mij, als op alles wat niet gebaseerd is op eigen waarneming en wat de kleine verfraaiingen betreft, waarvan u spreekt, dat zijn verfraaiingen en zo waardeer ik ze ook. Als een toespraak goed geschreven is, lees ik deze met plezier, wie de schrijver ook is... en waarschijnlijk met meer plezier wanneer deze afkomstig is van meneer Hume of meneer Robertson dan wanneer het de echte woorden zijn van Caractacus, Agricola of Alfred de Grote."

"U bent dol op geschiedenis! Dat geldt ook voor meneer Allen en mijn vader en ik heb twee broers die er wel van houden. Zo veel voorbeelden in mijn kleine kennissenkring is opmerkelijk! Als ik dit zo hoor, hoef ik geen medelijden meer te hebben met de geschiedschrijvers. Als mensen hun boeken graag lezen, is er niets aan de hand, maar zo veel moeite doen voor het schrijven van grote delen, waar, zoals ik tot nu toe dacht, niemand ooit vrijwillig een blik in zou werpen, alleen maar hard werken om jonge jongens en meisjes te kwellen, heeft me altijd een hard lot geleken; en hoewel ik weet dat het allemaal goed en noodzakelijk is, heb ik me dikwijls verwonderd over de moed van iemand die zich hier bewust mee bezighoudt."

"Dat jonge jongens en meisjes gekweld moeten worden," zei Henry, "is iets wat niemand met enige kennis van de menselijke natuur in een beschaafde maatschappij kan ontkennen, maar uit naam van onze meest vooraanstaande geschiedkundigen moet ik opmerken dat ze zich waarschijnlijk beledigd zouden voelen door de veronderstelling dat ze geen hoger doel hebben en dat ze door hun methode en stijl uitstekend gekwalificeerd zijn voor het kwellen van lezers die zich in een volwassen levensfase bevinden en over het meest ontwikkelde verstand beschikken. Ik gebruik het werkwoord 'kwellen' in de betekenis die u eraan geeft in plaats van 'onderwijzen', ervan uitgaande dat ze nu zijn toegelaten als synoniem."

"U vindt het dwaas van mij om onderwijzen een kwelling te noemen, maar als u net zozeer als ik gewend was die arme kinderen eerst hun letters te horen leren en daarna de spelling, als u ooit had gezien hoe dom ze kunnen zijn, een hele ochtend achter elkaar en hoe vermoeid mijn arme moeder is aan het eind daarvan, zoals ik gewoon ben vrijwel elke dag van mijn leven thuis te zien, zou u het inderdaad met mij eens zijn dat 'kwellen' en 'onderwijzen' soms als synonieme woorden kunnen worden gebruikt."

"Hoogstwaarschijnlijk wel, maar geschiedkundigen zijn niet verantwoordelijk voor de problemen van het leren lezen en zelfs u, die niet zo vriendelijk lijkt te staan tegenover een zeer strikte en intensieve studie kunt misschien tot de erkenning komen dat het zeer de moeite waard is twee of drie jaar van ons leven gekweld te worden om gedurende de rest ervan te kunnen lezen. Stelt u zich voor: als lezen niet onderwezen werd, zou mevrouw Radcliffe vergeefs hebben geschreven... of misschien in het geheel niet."

Catherine beaamde dit en sloot het onderwerp af met een zeer warme lofrede op de verdiensten van de dame. De Tilney's werden al snel in beslag genomen door een ander onderwerp, waarover zij niet kon meepraten. Ze bekeken het landschap met de ogen van mensen die gewend zijn te tekenen en vroegen zich met alle geestdrift van goede smaak af of het geschikt was om in beeld te brengen. Hier was Catherine geheel uit haar element. Ze wist niets van tekenen, niets van smaak en ze luisterde naar hen met een aandacht die haar weinig opleverde, want ze spraken in termen die haar nauwelijks iets zeiden. Het beetje dat ze begreep, leek echter in tegenspraak met de weinige gedachten die ze voordien aan het onderwerp had gewijd. Het leek alsof een goed uitzicht niet langer genoten werd vanaf de top van een hoge heuvel en dat een helderblauwe lucht niet langer het bewijs was van een mooie dag. Ze schaamde zich hartgrondig voor haar onwetendheid. Een misplaatste schaamte. Mensen die aansluiting zoeken, kunnen beter onwetend zijn. Wie met een goed geïnformeerde geest komt, komt met een onvermogen om de ijdelheid van anderen te strelen, iets wat een verstandig iemand altijd zal willen vermijden.

Vooral een vrouw die de pech heeft over enige kennis te beschikken, moet dit zo goed mogelijk verbergen.

De voordelen van natuurlijke onwetendheid voor een mooi meisje zijn al opgetekend door de voortreffelijke pen van een collega-schrijfster en aan haar behandeling van het onderwerp wil ik alleen ter rechtvaardiging van de man toevoegen dat er, hoewel voor het overgrote en verwerpelijke deel van de sekse onbenulligheid de persoonlijke charmes van vrouwen in grote mate verhoogt, ook een deel is dat zelf te verstandig en te goed geïnformeerd is om iets meer in een vrouw te wensen dan onwetendheid. Maar Catherine kende haar eigen pluspunten niet, wist niet dat een goed uitziend meisje met een toegenegen hart en een zeer onwetende geest altijd aantrekkelijk is voor een schrandere jongeman, tenzij de omstandigheden bijzonder ongunstig zijn. Op dat moment bekende en betreurde ze haar gebrek aan kennis en verklaarde dat ze alles zou willen geven om te kunnen tekenen, waarop onmiddellijk een verhandeling over het schilderachtige volgde die zo helder was dat zij al snel schoonheid begon te zien in alles wat door hem werd bewonderd en haar aandacht was zo oprecht dat hij er volkomen van overtuigd raakte dat ze over een grote aangeboren smaak beschikte. Hij sprak over voorgrond, afstand en achtergrond –compositie en perspectief– licht en schaduw en Catherine was een zo veelbelovende leerlinge dat ze, toen ze de top hadden bereikt van Beechen Cliff, de hele stad Bath vrijwillig afwees als onwaardig om deel uit te maken van een landschap. Verrukt over haar voortgang en bang haar met te veel kennis tegelijk te vermoeien, liet Henry het onderwerp rusten en door een gemakkelijke overgang van een stuk rots en de door hem bij de top geplaatste dorre eik naar eikenbomen in het algemeen, naar bossen, de afbakening daarvan, braakliggende gronden, kroondomeinen en overheid, was hij binnen korte tijd bij politiek aangeland en van politiek was het een gemakkelijke stap naar stilte. De algemene pauze die volgde op zijn korte verhandeling over de staat van de natie werd doorbroken door Catherine, die, op ernstige toon, de volgende woorden sprak: "Ik heb gehoord dat we binnenkort in Londen iets heel schokkends kunnen verwachten."

Juffrouw Tilney, tot wie dit in de eerste plaats was gericht, schrok hiervan en antwoordde haastig: "Werkelijk! En van welke aard?"

"Dat weet ik niet, noch van wie. Ik heb alleen gehoord dat het enger is dan alles wat we tot nu toe hebben meegemaakt."

"Lieve hemel! Waar hebt u dat gehoord?"

"Een goede vriendin van mij las het in een brief uit Londen gisteren. Het moet buitengewoon angstaanjagend zijn. Ik verwacht moord en alles wat daarbij hoort."

"U spreekt met verbazingwekkende kalmte! Maar ik hoop dat het verslag van uw vriendin overdreven is en als een dergelijke intrige van tevoren bekend is, zal de overheid ongetwijfeld de juiste maatregelen nemen om uitvoering te voorkomen."

"De overheid", zei Henry, een glimlach verbergend, "wenst en durft zich niet in zulke zaken te mengen.

Moord moet er zijn en het maakt de overheid niet uit hoeveel."

De dames staarden hem aan. Hij lachte en voegde eraan toe: "Kom, zal ik zorgen dat jullie elkaar begrijpen of jullie zelf naar een verklaring laten zoeken? Nee, ik zal edelmoedig zijn. Ik zal bewijzen dat ik een man ben, niet minder door de grootmoedigheid van mijn hart dan de scherpte van mijn inzicht. Ik kan diegenen van mijn sekse niet uitstaan die het beneden zich achten soms af te dalen tot het bevattingsvermogen van de uwe. Misschien zijn de vermogens van vrouwen degelijk noch intens, krachtig noch scherp. Misschien ontbreekt het hen aan opmerkzaamheid, inzicht, beoordelingsvermogen, vuur, talent en humor."

"Let niet op wat hij zegt, juffrouw Morland, maar wees zo goed mij in te lichten over die afschuwelijke ongeregeldheden."

"Ongeregeldheden? Welke ongeregeldheden?"

"Lieve Eleanor, die ongeregeldheden bestaan alleen in jouw eigen hoofd. Het is daar zo verward dat het een schande is. Juffrouw Morland heeft het over niets afschuwelijkers gehad dan een nieuwe uitgave die in drie duodecimo delen verschijnt van elk tweehonderdzeventig pagina's, met in het eerste een titelblad waarop twee grafstenen en een lantaarn staan, begrijp je? En wat u betreft, juffrouw Morland, mijn domme zuster heeft al uw duidelijke woorden verkeerd begrepen. U sprak van verwachte gruwelen in Londen en in plaats van te begrijpen, zoals elk redelijk denkend wezen zou hebben gedaan, dat zulke woorden alleen betrekking kunnen hebben op een uitleenbibliotheek zag ze onmiddellijk een meute van drieduizend mannen voor zich die zich hadden verzameld in St George's Fields: de Bank aangevallen, de Tower bedreigd, een bloedbad in de straten van Londen, een detachement van het twaalfde van de Lichte Dragonders (de hoop der natie) uit Northampton geroepen om de oproerkraaiers in de pan te hakken en de dappere kapitein Frederick Tilney op het moment van de aanval aan het hoofd van zijn troepen door een steen geworpen vanuit een bovenraam van zijn paard gegooid. Vergeef haar haar dommigheid. De angsten van de zuster hebben bijgedragen aan de zwakte van de vrouw, maar in het algemeen is ze niet zo onnozel."

Catherine keek ernstig. "En nu, Henry," zei juffrouw Tilney, "nu je hebt gezorgd dat wij elkaar begrijpen, kun je maar beter zorgen dat juffrouw Morland jou begrijpt, tenzij je haar in de waan wilt laten dat je onverdraaglijk grof bent tegen je zuster en een bruut waar het je mening betreft over vrouwen in het algemeen. Juffrouw Morland is niet gewend aan je merkwaardige gewoonten."

"Het zal me een groot genoegen zijn haar beter met ze te laten kennismaken."

"Daar twijfel ik niet aan, maar dat is geen verklaring voor nu."

"Wat moet ik doen?"

"Je weet wat je behoort te doen. Zuiver jezelf in haar ogen van alle blaam. Vertel haar dat je grote achting hebt voor het inzicht van vrouwen."

"Juffrouw Morland, ik heb grote achting voor het

inzicht van alle vrouwen ter wereld en vooral voor dat van diegenen, wie ze ook mogen zijn, in wier gezelschap ik verkeer."

"Dat is niet voldoende. Je moet serieuzer zijn."

"Juffrouw Morland, niemand kan het inzicht van vrouwen hoger achten dan ik doe. Ik ben van mening dat ze er van de natuur zo veel van hebben meegekregen dat ze het nooit nodig vinden er meer dan de helft van te gebruiken."

"Op dit moment zullen we niets serieuzers uit hem krijgen, juffrouw Morland. Hij is niet in een ernstige stemming, maar ik verzeker u dat hij geheel verkeerd wordt begrepen als hij ooit iets onrechtvaardigs over een vrouw schijnt te zeggen of iets onvriendelijks over mij."

Het kostte Catherine geen enkele moeite om te geloven dat Henry Tilney niets verkeerds kon doen. Zijn manieren mochten soms verbazing wekken, maar zijn bedoeling moest altijd goed zijn, en ze was bijna net zo bereid alles te bewonderen wat ze niet begreep als dat wat ze wel begreep. De hele wandeling was verrukkelijk en hoewel hij veel te snel voorbijging was ook het einde ervan verrukkelijk; haar vrienden begeleidden haar naar huis en voor ze afscheid namen, wendde juffrouw Tilney zich uiterst beleefd tot zowel mevrouw Allen als Catherine en verzocht om het genoegen van haar gezelschap tijdens het diner op de dag na de volgende. Mevrouw Allen had hier geen enkel probleem mee en het enige probleem voor Catherine was het verbergen van haar grote vreugde.

De ochtend was zo heerlijk verlopen dat al haar gevoelens van vriendschap en natuurlijke genegenheid waren uitgebannen, want tijdens de wandeling had ze geen moment aan Isabella of James gedacht. Toen de Tilney's weg waren, keerden haar vriendschappelijke gevoelens voor hen terug, maar die sorteerden aanvankelijk weinig effect; mevrouw Allen kon haar geen inlichtingen geven die haar bezorgdheid konden wegnemen, want ze had van geen van hen iets gehoord. Tegen het eind van de ochtend had Catherine echter behoefte aan een onontbeerlijk stukje lint, dat zonder het geringste uitstel moest worden gekocht. Ze liep de stad in en haalde in Bond Street de tweede juffrouw Thorpe in, die in de richting van Edgar's Buildings slenterde, tussen twee van de liefste meisjes ter wereld, die de hele ochtend al haar dierbaarste vriendinnen waren geweest. Van haar vernam ze dat het uitstapje naar Clifton had plaatsgevonden. "Ze zijn vanmorgen om acht uur vertrokken", zei juffrouw Anne, "en ik kan u verzekeren dat ik hen hun ritje niet benijd. U en ik hebben denk ik geluk gehad dat we die ellende hebben gemist. Het moet het saaiste uitstapje ter wereld zijn geweest, want in deze tijd van het jaar is er in Clifton geen ziel te bekennen. Belle is met uw broer gegaan en John heeft Maria gereden."

Bij het horen van dit deel van de regeling drukte Catherine het genoegen uit dat ze oprecht voelde.

"O, ja!" zei de ander instemmend. "Maria is meegegaan. Ze was er helemaal opgewonden van. Ze verwachtte dat het heerlijk zou zijn. Ik kan niet zeggen dat ik haar smaak bewonder en wat mij betreft, ik was vanaf het begin vastbesloten niet te gaan, hoeveel druk ze ook hadden uitgeoefend."

Catherine twijfelde hier een beetje aan en antwoordde: "Ik wilde dat u ook had kunnen gaan. Het is jammer dat jullie niet allemaal konden gaan."

"Dank u, maar mij laat het totaal onverschillig. Ik had werkelijk onder geen enkele voorwaarde willen gaan, zoals ik net tegen Emily en Sophia zei toen u ons inhaalde."

Catherine was nog steeds niet overtuigd, maar blij dat Anne de vriendschap had van een Emily en een Sophia om haar te troosten, nam ze grotendeels gerustgesteld afscheid en ging terug naar huis. Ze was verheugd dat het uitstapje niet verhinderd was door haar weigering mee te gaan en wenste met heel haar hart dat het zo plezierig was geweest dat James noch Isabella het haar nog langer kwalijk zou nemen.

Hoofdstuk XV

Na een bericht van Isabella, waarin uit elke regel vrede en genegenheid sprak en haar dringend verzocht werd om de onmiddellijke aanwezigheid van een vriendin in verband met een uiterst belangrijke zaak, haastte Catherine zich de volgende ochtend vroeg uitgelaten en vol vertrouwen en nieuwsgierigheid naar Edgar's Buildings. De twee jongste juffrouwen Thorpe waren alleen in de zitkamer en nadat Anne zich had verwijderd om haar zuster te halen, nam Catherine de gelegenheid waar om de ander naar de bijzonderheden van het uitstapje van de vorige dag te vragen. Maria wilde niets liever dan erover praten en Catherine kreeg onmiddellijk te horen dat het al met al het verrukkelijkste uitje ter wereld was geweest, dat niemand zich kon voorstellen hoe heerlijk het was geweest en dat het verrukkelijker was geweest dan iemand ook maar zou kunnen bedenken. Dat was de informatie van de eerste vijf minuten; de volgende vijf werd een aantal bijzonderheden onthuld: dat ze rechtstreeks naar het York Hotel waren gereden, wat soep hadden gegeten, een vroeg diner hadden besproken, naar de Koerzaal waren gelopen, het water hadden geproefd, wat shillingen hadden uitgegeven aan beursjes en sieraden, vervolgens ijs hadden gegeten bij een pasteibakker, zich terug hadden gehaast naar het hotel en hun diner snel naar binnen hadden gewerkt om te voorkomen dat ze in het donker zouden rijden; dat ze daarna een heerlijke rit terug hadden gehad, hoewel de maan niet had geschenen en het een beetje had geregend en het paard van meneer Morland zo vermoeid was geweest dat hij het nauwelijks vooruit had kunnen krijgen.

Catherine luisterde met oprechte tevredenheid. Aan Blaize Castle was blijkbaar niet meer gedacht en wat de rest betreft was er niets om ook maar een ogenblik te betreuren. Maria besloot haar inlichtingen met een tedere uiting van medelijden met haar zuster Anne, die volgens haar onverdraaglijk boos was omdat ze niet aan het uitstapje had kunnen deelnemen.

"Ik weet zeker dat ze me nooit zal vergeven, maar wat kon ik eraan doen? John wilde dat ik meeging en zwoer dat hij haar niet mee wilde nemen omdat ze zulke dikke enkels heeft. Ik vrees dat ze de hele maand in een slecht humeur zal blijven, maar ik heb me voorgenomen niet boos te zijn; er moet heel wat gebeuren voor ik mijn kalmte verlies."

Op dat moment kwam Isabella de kamer binnen en haar pas was zo gretig en haar blik zo stralend van belangrijkheid dat ze alle aandacht van haar vriendin opeiste. Maria werd zonder plichtplegingen weggestuurd en na Catherine omhelsd te hebben, begon Isabella aldus: "Ja, mijn lieve Catherine, je hebt gelijk; jouw inzicht heeft je niet misleid. O, die ondeugende blik van jou! Die ziet overal doorheen!"

Catherine reageerde slechts met een onschuldige blik van verbazing.

"Ja, mijn beminde, mijn liefste vriendin," vervolgde de ander, "beheers je. Ik ben ongelooflijk opgewonden, zoals je merkt. Laten we gaan zitten en in alle rust praten. Het moment waarop je mijn briefje kreeg, heb je het dus geraden. Jij bijdehandje! O, mijn lieve Catherine, alleen jij, die mijn hart kent, kan begrijpen hoe gelukkig ik ben. Jouw broer is de charmantste man. Ik wenste alleen dat ik hem meer waardig was. Maar wat zullen je vader en je moeder zeggen? O, lieve hemel, wanneer ik aan hen denk, word ik zo onrustig!"

Het begon Catherine langzaam te dagen; plotseling ging haar een licht op en met de natuurlijke blos van een zo nieuwe emotie riep ze uit: "Lieve hemel, mijn lieve Isabella, wat bedoel je? Ben je... ben je echt verliefd op James?"

Ze begreep echter al snel dat deze gewaagde veronderstelling slechts de helft behelsde. De verlangende toegenegenheid die ze, volgens Isabella, in elk van haar blikken en handelingen had waargenomen, was tijdens het uitstapje van de vorige dag beantwoord met de heerlijke bekentenis van een even grote liefde. Zowel haar hart als haar trouw waren aan James beloofd. Nooit eerder had Catherine met zo veel belangstelling, verwondering en vreugde naar iets geluisterd. Haar broer en haar vriendin verloofd! Doordat dergelijke omstandigheden nieuw voor haar waren, leek de betekenis ervan onuitsprekelijk groot en ze beschouwde dit als een van de belangrijke gebeurtenissen die in de normale loop van het leven niet al te dikwijls voorkomen. De sterkte van haar gevoelens kon ze niet uitdrukken, maar de aard ervan stelde haar vriendin tevreden. Het geluk zo'n zuster te krijgen, was hun eerste uiting en de lieve dames vonden elkaar in omhelzingen en tranen van vreugde.

Hoewel Catherine oprecht verrukt was over het vooruitzicht van de verbintenis, moet erkend worden dat Isabella haar in tedere verwachtingen verre overtrof. "Je zult me zo oneindig veel dierbaarder zijn, mijn Catherine, dan Anne of Maria; ik voel dat ik me zo veel meer zal hechten aan de familie van mijn lieve Morland dan aan die van mij."

Dit toppunt van vriendschap ging Catherines begrip te boven.

"Je lijkt zo veel op je lieve broer," vervolgde Isabella, "dat ik het ogenblik waarop ik je voor het eerst zag al dol op je was. Maar zo gaat het altijd met mij: het eerste ogenblik is bepalend. De eerste dag dat Morland bij ons was, afgelopen Kerstmis, het allereerste ogenblik waarop ik hem zag, was mijn hart onherroepelijk verloren. Ik herinner me dat ik mijn gele jurk droeg en mijn haar in vlechten had en toen ik de zitkamer binnenkwam en John hem aan mij voorstelde, dacht ik dat ik nooit iemand had gezien die zo knap was."

Hier moest Catherine in stilte de kracht van de liefde erkennen, want hoe gek ze ook op haar broer was en hoezeer ze al zijn kwaliteiten ook bewonderde, knap had ze hem nog nooit van haar leven gevonden.

"Ik herinner me ook dat juffrouw Andrews die avond thee bij ons dronk en haar paarsbruine zijden jurk droeg en ze zag er zo prachtig uit dat ik dacht dat je broer wel verliefd op haar moest worden; het hield me zo bezig dat ik die hele nacht geen oog heb dichtgedaan. O, Catherine, de vele slapeloze nachten die ik door jouw broer heb gehad! Ik zou je de helft van mijn lijden nog niet toewensen! Ik ben afschuwelijk mager geworden, dat weet ik, maar ik zal je niet lastigvallen met een beschrijving van mijn onrust; je hebt er genoeg van gezien. Ik heb het gevoel dat ik mezelf voortdurend heb verraden; ik heb zo open gesproken over mijn voorkeur voor de kerk! Maar ik was ervan overtuigd dat mijn geheim bij jou veilig was."

Catherine dacht dat niets veiliger had kunnen zijn, maar beschaamd over een onvermoede naïvieteit durfde ze het punt niet langer tegen te spreken, noch de scherpe blik en toegenegen sympathie te ontkennen die Isabella haar toeschreef. Ze hoorde dat haar broer zich klaarmaakte om zo snel mogelijk naar Fullerton af te reizen om de gebeurtenissen bekend te maken en toestemming te verkrijgen en hierin lag een bron van echte onrust voor Isabella. Catherine probeerde haar ervan te overtuigen, zoals ze zelf overtuigd was, dat haar vader en moeder zich nooit tegen de wensen van hun zoon zouden verzetten. "Er zijn geen ouders", zei ze, "die vriendelijker zijn, of hun kinderen meer geluk toewensen; ze zullen onmiddellijk hun toestemming geven, daar twijfel ik niet aan."

"Morland zegt precies hetzelfde", zei Isabella, "en toch durf ik er nauwelijks op te hopen. Mijn vermogen zal zo klein zijn; ze kunnen hier nooit in toestemmen. Jouw broer, die iedereen kan trouwen!"

Ook hierin ontwaarde Catherine de kracht van de liefde.

"Inderdaad, Isabella, je bent te bescheiden. Het verschil in vermogen kan niet veel uitmaken."

"O, mijn lieve Catherine, ik weet dat het voor jouw grootmoedige hart niet belangrijk is, maar we kunnen een dergelijke onbaatzuchtigheid niet bij velen verwachten. Wat mijzelf betreft, wenste ik alleen maar dat onze situaties andersom lagen. Al zou ik over miljoenen beschikken, al had ik de hele wereld in mijn macht, jouw broer zou mijn enige keuze zijn."

Deze charmante gedachte, die een aanbeveling was in haar even praktische als nieuwe strekking, herinnerde Catherine op een uiterst plezierige manier aan alle heldinnen die ze kende en ze had haar vriendin er nooit liever uit vinden zien dan bij het bekendmaken van haar grote plannen. "Ik weet zeker dat ze hun toestemming zullen geven", verklaarde ze herhaaldelijk. "Ik weet zeker dat ze verrukt van je zullen zijn."

"Wat mijzelf betreft," zei Isabella, "mijn wensen zijn zo bescheiden dat het kleinste inkomen genoeg voor me zou zijn. Waar mensen echt aan elkaar gehecht zijn, is armoede zelf al rijkdom; ik veracht grandeur en zou voor geen goud in Londen willen wonen. Een huisje in een afgelegen dorp lijkt me goddelijk. Er staan wat schattige kleine villa's rond Richmond."

"Richmond," riep Catherine uit, "jullie moeten je in buurt van Fullerton vestigen. Jullie moeten dicht bij ons zijn."

"Ik weet zeker dat ik me diep ongelukkig zou voelen als dat niet zo zou zijn. Als ik maar bij jou in de buurt kan zijn, ben ik tevreden. Maar dit is zinloos! Ik sta mezelf niet toe om aan zulke dingen te denken voor we het antwoord van je vader hebben. Morland zegt dat we het morgen zullen hebben als het vanavond nog naar Salisbury gaat. Morgen? Ik weet dat mij de moed zal ontbreken om de brief te openen. Ik weet zeker dat ik het niet overleef."

Deze overtuiging werd gevolgd door een moment van overpeinzing en toen Isabella weer sprak, was het om een beslissing te nemen over de kwaliteit van haar trouwjurk.

Hun samenspraak werd beëindigd door de verlangende jonge minnaar zelf, die zijn afscheidszucht kwam slaken voor hij op weg zou gaan naar Wiltshire. Catherine wilde hem feliciteren, maar wist niet wat ze moest zeggen en haar welsprekendheid was alleen in haar ogen te lezen. Deze spraken echter meer dan boekdelen en James kon ze zonder moeite begrijpen. In zijn ongeduld om datgene waarop hij thuis hoopte, te kunnen realiseren, nam zijn afscheid niet veel tijd in beslag en het zou nog korter zijn geweest als hij niet was opgehouden door de dringende smeekbeden van zijn teerbeminde om toch te gaan. Tot twee keer toe riep ze hem, in haar verlangen dat hij zou gaan, terug terwijl hij al bijna bij de deur was. "Werkelijk, Morland, ik moet u wegsturen. Denk toch aan de lange rit die u voor de boeg hebt. Ik kan het niet verdragen u zo te zien dralen. Verspil in godsnaam niet nog meer tijd. Vlug, ga, ga.. ik sta erop."

Met harten die nu meer verenigd waren dan ooit, waren de twee vriendinnen die dag onafscheidelijk en de uren vlogen voorbij met het beramen van plannen vol zusterlijk geluk. Mevrouw Thorpe en haar zoon, die van alles op de hoogte waren en slechts de toestemming van meneer Morland leken te ontberen om Isabella's verloving te kunnen beschouwen als de gelukkigste omstandigheid die voor hun familie maar denkbaar was, mochten zich in hun beraad mengen en hun aandeel aan veelbetekenende blikken en geheimzinnige uitdrukkingen toevoegen om de nieuwsgierigheid van de minder bevoorrechte jongere zusters nog te vergroten. Voor Catherine, met haar eenvoudige gevoelens, leek deze merkwaardige terughoudendheid noch vriendelijk bedoeld noch consequent doorgevoerd en ze had nauwelijks kunnen nalaten op het onvriendelijke karakter ervan te wijzen, als de inconsequentie minder in hun voordeel was geweest; maar Anne en Maria stelden haar al snel gerust met de scherpzinnigheid van hun 'weet ik toch', en de avond werd doorgebracht met een soort strijd in geestigheid, een vertoon van familievernuft, met aan de ene kant het raadsel van een voorgewend geheim en aan de andere kant een niet nader te definiëren ontdekking, beide even scherp.

De volgende dag hield Catherine haar vriendin weer gezelschap; ze poogde haar op te vrolijken en haar te helpen de lange vervelende uren door te komen tot de komst van de brieven. Het was een noodzakelijke inspanning, want naarmate het moment naderbij kwam waarop ze redelijkerwijs verwacht konden worden, werd Isabella steeds wanhopiger, zodat ze, voor de brief arriveerde, in een staat van grote ongerustheid verkeerde. Maar waar was ongerustheid nog te vinden toen deze gekomen was? 'Het heeft mij geen enkele moeite gekost om de toestemming van mijn lieve ouders te verkrijgen en ze hebben beloofd alles te doen wat in hun macht ligt om mijn geluk te bevorderen', waren de eerste drie regels en in een ogenblik was alles vreugdevolle zekerheid. Isabella's gezicht begon onmiddellijk te stralen, alle zorg en angst schenen verdwenen; ze kon haar geestdrift bijna niet meer beheersen en noemde zichzelf zonder gewetensbezwaar de gelukkigste van alle stervelingen.

Met vreugdetranen in haar ogen omhelsde mevrouw Thorpe haar dochter, haar zoon, haar bezoekster en ze had de helft van de inwoners van Bath met voldoening kunnen omhelzen. Haar hart stroomde over van genegenheid; het was 'lieve John' en 'lieve Catherine' voor en na; 'lieve Anne en lieve Maria' moesten onmiddellijk deelgenoot worden gemaakt van hun geluk en twee keer 'lieve' achtereen voor de naam van Isabella was niet meer dan dat beminde kind nu zo verdiend had. John zelf onderdrukte zijn vreugde ook niet. Hij verleende meneer Morland niet alleen de hoge onderscheiding een van de beste kerels ter wereld te zijn, maar zong zijn lof ook in zinnen met veel krachttermen.

De brief waaraan al dit geluk ontsprong, was kort en bevatte weinig meer dan deze verzekering van succes; elke bijzonderheid was uitgesteld tot James opnieuw kon schrijven. Maar op de bijzonderheden kon Isabella wel wachten. Het noodzakelijke was samengevat in de belofte van meneer Morland; hij had zijn woord gegeven om alles gemakkelijk te maken; en waaruit hun inkomsten zouden bestaan, of bezit in de vorm van land zou worden geschonken of aandelen zouden worden overgeschreven, was een kwestie die haar ongeïnteresseerde geest niet bezighield. Ze wist voldoende om zich verzekerd te voelen van een eerzame en spoedige regeling en haar fantasie nam een snelle vlucht over de bijbehorende gelukzaligheden. Ze zag zichzelf al enkele weken later als bron van belangstelling en bewondering van elke nieuwe kennis in Fullerton, bron van afgunst voor elke gewaardeerde oude vriendin in Putney, met een rijtuig tot haar beschikking, een nieuwe naam op haar visitekaartjes en een schitterende verzameling ringen rond haar vinger.

Toen de inhoud van de brief was vastgesteld, maakte John Thorpe, die slechts op de komst ervan had gewacht voor hij aan zijn reis naar Londen zou beginnen, zich klaar voor vertrek. "Zo, juffrouw Morland," zei hij, toen hij haar alleen in de salon vond, "ik ben gekomen om afscheid van u te nemen." Catherine wenste hem een goede reis. Zonder dat hij haar scheen te horen, liep hij naar het raam, rommelde wat rond, neuriede een deuntje en leek volledig in zichzelf gekeerd te zijn.

"Zult u niet laat zijn voor het diner in Devizes?" zei Catherine. Hij gaf geen antwoord, maar barstte na een minuut stilte uit met: "Ik zweer u, dat is echt geweldig dat trouwplan! Een slimme zet van Morland en Belle. Wat vindt u ervan juffrouw Morland? Het is volgens mij geen slecht idee."

"Ik denk dat het een heel goed idee is."

"Denkt u dat werkelijk? Dat is eerlijk, allemachtig! Ik ben blij dat u niet vijandig staat ten opzichte van het huwelijk. Hebt u ooit dat oude liedje gehoord: 'Het ene huwelijk brengt het andere voort'? U komt natuurlijk naar Belles bruiloft, neem ik aan?"

"Ja, ik heb uw zuster beloofd bij haar te zijn, indien mogelijk."

"En dan, weet u," hij wrong zichzelf in allerlei bochten en forceerde een dwaze glimlach, "en dan, weet u, kunnen we de waarheid van dat oude liedje beproeven."

"Kunnen we dat? Maar ik zing nooit. Nou, ik wens u een goede reis. Ik dineer vandaag bij juffrouw Tilney en moet nu naar huis."

"Juist, maar zo'n donderse haast is er niet. Wie weet wanneer wij elkaar weer zien. Ik kom niet eerder terug dan over twee weken en dat zullen verduiveld lange weken lijken."

"Waarom blijft u dan zo lang weg?" vroeg Catherine, toen ze merkte dat hij op een antwoord wachtte.

"Dat is vriendelijk van u... vriendelijk en goedhartig. Ik zal het niet snel vergeten. Maar u bent goedhartiger en zo dan welke levende ziel ook, denk ik. Geweldig goedhartig en niet alleen goedhartig, maar u hebt zo veel, van alles zo veel; en dan hebt u zulke... ik zweer het, ik ken niemand als u."

"O, lieve hemel, er zijn genoeg mensen als ik, zou ik zeggen, alleen heel wat beter. Ik wens u een goede dag."

"Maar ik beloof u, juffrouw Morland, dat ik binnen niet al te lange tijd naar Fullerton kom, als u dat niet onaangenaam is."

"O, alstublieft. Mijn vader en moeder zullen verheugd zijn u te zien."

"En ik hoop, ik hoop, juffrouw Morland, dat u er niet tegenop ziet mij te ontmoeten."

"O, in het geheel niet. Er zijn maar weinig mensen die ik liever niet ontmoet. Gezelschap is altijd prettig."

"Dat is precies zoals ik erover denk. Geef me alleen wat prettig gezelschap, geef me alleen het gezelschap van de mensen van wie ik houd, laat me alleen maar zijn waar ik graag ben en met wie ik graag ben en laat de duivel de rest, zeg ik altijd. En ik ben hartgrondig blij u hetzelfde te horen zeggen. Maar ik heb het gevoel, juffrouw Morland, dat u en ik over de meeste zaken behoorlijk gelijk denken."

"Misschien is dat zo, maar het is meer dan waar ik ooit aan heb gedacht. En wat de 'meeste zaken' betreft, moet ik u eerlijk zeggen dat er niet veel zijn waarvan ik weet hoe ik erover denk."

"Allemachtig, dat geldt ook voor mij. Ik heb niet de gewoonte mijn hersenen te vermoeien met dingen die me niet aangaan. Mijn begrip van de dingen is eenvoudig genoeg. Laat me alleen maar het meisje hebben dat me bevalt, zeg ik, een comfortabel dak boven mijn hoofd en de rest zal me een zorg zijn. Fortuin is niets. Ik heb een goed inkomen van mezelf en mocht ze geen cent hebben, nou, zoveel te beter."

"Inderdaad. Wat dat betreft denk ik als u. Als er een ruim vermogen aan de ene kant is, is er aan de andere kant geen behoefte aan. Het maakt niet uit wie het heeft, zolang het maar genoeg is. Ik haat het idee van het ene grote vermogen dat op zoek gaat naar het andere. En trouwen om geld vind ik het laagste wat er is. Goedendag. We zullen u graag in Fullerton zien, wanneer het u maar uitkomt." En ze ging weg. Ondanks al zijn galanterie slaagde hij er niet in haar nog langer op te houden. Met zulk nieuws om te vertellen en zulk een bezoek om zich op voor te bereiden, wist hij een langer uitstel van haar vertrek door geen van zijn eigenschappen af te dwingen; ze haastte zich weg, hem overlatend aan de volledige zekerheid van zijn eigen gelukkige optreden en haar uitdrukkelijke aanmoediging.

Door de opwinding die ze zelf had gevoeld toen ze van de verloving van haar broer hoorde, verwachtte ze op de mededeling van de gelukkige gebeurtenis niet weinig emotie van de kant van mevrouw en meneer Allen. Haar teleurstelling was echter groot. De belangrijke affaire, ingeluid met vele voorbereidende woorden, was sinds de aankomst van haar broer al door beiden voorzien en alles wat ze ervan vonden, werd samengevat in de wens dat de jonge mensen gelukkig zouden worden, een opmerking, van de kant van de heer, ten gunste van Isabella's schoonheid en van die van de dame over het feit dat ze maar bofte. Op Catherine kwam dit over als de verbazingwekkendste ongevoeligheid. De onthulling echter van het grote geheim dat James de dag tevoren naar Fullerton was afgereisd, leidde wel tot enige emotie bij mevrouw Allen. Ze kon dit niet volledig kalm aanhoren, maar herhaalde dat ze de noodzaak van de geheimhouding betreurde, wenste dat ze van zijn intenties op de hoogte was geweest en wenste dat ze hem voor zijn vertrek had kunnen spreken, want dan had ze hem zeker verzocht, als het niet te veel moeite was, haar beste wensen over te brengen aan zijn vader en moeder en haar vriendelijke complimenten aan alle Skinners.

Hoofdstuk XVI

De plezierige verwachtingen die Catherine had van haar bezoek aan Milsom Street waren zo hoog dat teleurstelling onvermijdelijk was en in overeenstemming daarmee vond ze toen ze terugkeerde, zonder al te veel uren te besteden aan een onderzoek van haar gevoelens, dat ze hoewel ze zeer beleefd was ontvangen door generaal Tilney en vriendelijk verwelkomd door zijn dochter en hoewel Henry thuis was en niemand anders van de partij was, naar haar afspraak was gegaan in de verwachting van een geluk, dat deze niet had gegeven. In plaats van een nadere kennismaking met juffrouw Tilney, door de omgang van die dag, leek deze minder intiem dan tevoren, in plaats van een verdiept contact met Henry Tilney, door de ongedwongen sfeer van een samenzijn in familiekring, had hij nog nooit zo weinig gezegd en was hij nog nooit zo weinig toegankelijk geweest en ondanks de beleefdheden van hun vader –ondanks zijn bedankjes, uitnodigingen en complimenten– was het een opluchting geweest om zijn gezelschap te verlaten. Ze kon dit alles moeilijk verklaren. Het kon niet generaal Tilney's fout zijn. Dat hij zeer vriendelijk en opgewekt was en al met al een zeer charmant man, leed geen enkele twijfel, want hij was lang en knap en Henry's vader. Hij kon niet verantwoordelijk zijn voor het gebrek aan opgewektheid van zijn kinderen of voor haar gebrek aan plezier in zijn gezelschap. Het eerste, zo hoopte ze, had toeval kunnen zijn, en het laatste kon ze alleen maar toeschrijven aan haar eigen domheid. Toen Isabella de bijzonderheden van het bezoek vernam, kwam ze met een andere verklaring: "Het was allemaal trots, trots, onverdraaglijke hooghartigheid en trots! Ze had al lang vermoed dat de familie het hoog in de bol had en dit was een bevestiging. Ze had nog nooit van haar leven gehoord dat iemand zich zo aanmatigend had gedragen als juffrouw Tilney! Dat ze de honneurs niet met de normale wellevendheid had waargenomen! Dat ze zich ten opzichte van haar gast met zulk een arrogantie had gedragen! Dat ze zelfs nauwelijks tegen haar had gesproken!"

"Maar zo erg was het niet, Isabella; er was geen sprake van arrogantie, ze was heel beleefd."

"O, je moet haar niet verdedigen! En dan de broer, die zo op je gesteld leek te zijn! Lieve hemel! De gevoelens van sommige mensen zijn ook niet te begrijpen. En hij heeft je dus de hele dag nauwelijks aangekeken?"

"Dat zeg ik niet, maar hij leek niet opgewekt te zijn."

"Wat misselijk! Als er iets is wat ik haat, is het wisselvalligheid. Ik smeek je nooit meer aan hem te denken, lieve Catherine; hij is je werkelijk onwaardig."

"Onwaardig? Ik denk niet dat hij ooit aan me denkt!"

"Dat is precies wat ik zeg; hij denkt nooit aan je. Zo wispelturig! O, wat een verschil met jouw broer en de mijne! Ik geloof echt dat John het trouwste hart heeft."

"Maar wat generaal Tilney betreft, verzeker ik je dat

niemand mij met meer beleefdheid en aandacht had kunnen behandelen; hij scheen zich nergens anders mee bezig te houden dan met mij en mijn geluk."

"O, van hem weet ik niets kwaads; hem verdenk ik niet van trots. Ik ben ervan overtuigd dat hij een heer is. John heeft grote achting voor hem en Johns mening..."

"Maar we zullen eens kijken hoe ze mij vanavond behandelen; we zullen ze in de zalen ontmoeten."

"Moet ik gaan?"

"Ben je dat niet van plan? Ik dacht dat het al was afgesproken."

"Tja, als jij er zo'n punt van maakt; ik kan jou niets weigeren. Maar verwacht niet dat ik erg prettig gezelschap ben, want mijn hart bevindt zich, zoals je weet, zo'n veertig mijl hiervandaan. En wat het dansen betreft... ik smeek je het niet eens te noemen; daar kan echt geen sprake van zijn. Charles Hodges zal het me wel vreselijk lastig maken, maar ik zal hem de mond snoeren. Tien tegen één dat hij de reden raadt en dat is precies wat ik wil vermijden, dus zal ik erop staan dat hij zijn vermoedens voor zich houdt."

De mening van Isabella over de Tilney's had geen invloed op haar vriendin; ze was ervan overtuigd dat er geen sprake was geweest van aanmatiging in het gedrag van de broer of de zuster en ze schreef hun geen hooghartigheid toe. De avond beloonde haar vertrouwen; ze werd door de één met dezelfde vriendelijkheid en door de ander met dezelfde aandacht als tevoren behandeld: juffrouw Tilney deed al het mogelijke om in haar gezelschap te zijn en Henry vroeg haar ten dans.

Doordat ze de vorige dag in Milsom Street had gehoord dat hun oudste broer, kapitein Tilney, zo ongeveer elk ogenblik werd verwacht, kostte het haar geen enkele moeite de naam te raden van een zeer modieus geklede, knappe jongeman, die ze nooit eerder had gezien en die nu duidelijk deel uitmaakte van hun gezelschap. Ze keek naar hem met grote bewondering en hield het zelfs voor mogelijk dat sommige mensen hem knapper zouden vinden dan zijn broer, maar in haar ogen was zijn houding aanmatigender en zijn voorkomen minder innemend. Zijn smaak en zijn manieren waren duidelijk minder goed, want binnen gehoorsafstand van haar protesteerde hij niet alleen tegen elke gedachte aan dansen, maar lachte hij Henry zelfs openlijk uit omdat deze het wel overwoog. Uitgaande van de laatste omstandigheid mag worden aangenomen dat, wat onze heldin ook van hem vond, zijn bewondering voor haar niet van een erg gevaarlijke soort was en waarschijnlijk niet zou leiden tot vijandschap tussen de broers noch opdringerigheid ten aanzien van de dame. Híj kan niet verantwoordelijk zijn voor de drie boeven in ruiterjassen door wie zij later gedwongen zal worden plaats te nemen in een koets met vierspan die met ongelooflijke snelheid zal wegrijden. Intussen genoot Catherine, niet gehinderd door voorgevoelens van zulk een kwaad, of enig kwaad, behalve haar spijt over de korte tijd die de dans nog zou duren, op haar gebruikelijke manier van het gezelschap van Henry Tilney, luisterde, met stralende ogen, naar alles wat hij zei en werd, door hèm onweerstaanbaar te vinden, zelf onweerstaanbaar.

Aan het eind van de eerste dans kwam kapitein Tilney weer naar hen toe en trok, zeer tot Catherines ongenoegen, zijn broer met zich mee. Ze trokken zich fluisterend terug en hoewel haar fijne gevoelens niet onmiddellijk gealarmeerd werden en als feit aannamen dat kapitein Tilney een boosaardige, valse voorstelling van haar moest hebben gekregen, die hij nu haastig aan zijn broer mededeelde in de hoop hen voor altijd te scheiden, kon ze niet zonder gevoelens van groot onbehagen aanzien hoe haar partner uit haar blikveld werd verwijderd. Haar spanning duurde een volle vijf minuten en ze begon al te denken dat het een erg lang kwartier was, toen beiden terugkeerden en een verklaring werd gegeven door Henry's vraag of ze dacht dat haar vriendin, juffrouw Thorpe, enig bezwaar tegen dansen zou hebben omdat het zijn broer een groot genoegen zou zijn aan haar te worden voorgesteld. Zonder enige aarzeling antwoordde Catherine dat ze er zeker van was dat juffrouw Thorpe absoluut niet van plan was te dansen. Het wrede antwoord werd aan de ander doorgegeven en deze liep onmiddellijk weg.

"Ik weet dat uw broer dit niet erg zal vinden," zei ze, "want ik hoorde hem net zeggen dat hij een hekel heeft aan dansen, maar het is bijzonder goedhartig van hem om eraan te denken. Ik veronderstel dat hij Isabella zag zitten en vermoedde dat ze een partner zou wensen, maar hij vergist zich, want ze zou onder geen enkele voorwaarde gaan dansen."

Henry glimlachte en zei: "Wat zult u er toch weinig moeite mee hebben om de beweegredenen van andere mensen te begrijpen."

"Hoezo? Wat bedoelt u?"

"Voor u is het niet: hoe kan zo iemand beïnvloed worden? Welke prikkel zal, uitgaande van zo iemands gevoelens, leeftijd, situatie en waarschijnlijke gewoonten het grootste effect hebben? Nee, u vraagt zich af hoe ú beïnvloed zou kunnen worden, wat úw stimulans zou zijn om zo en zo te handelen.

"Ik begrijp u niet."

"Dan staan we op zeer ongelijke voet, want ik begrijp u uitstekend."

"Mij? Ja, ik spreek niet goed genoeg om onbegrijpelijk te zijn."

"Bravo! Een uitstekende satire op modern taalgebruik."

"Maar vertel me alstublieft wat u bedoelt."

"Zal ik dat doen? Wenst u dat echt? U bent zich namelijk niet bewust van de consequenties; het zal u op een wrede manier in verlegenheid brengen en zeker onenigheid tussen ons veroorzaken."

"Nee, nee, daar zal het niet toe leiden; ik ben niet bang."

"Goed dan, ik bedoelde alleen dat ik er, doordat u de wens van mijn broer om met juffrouw Thorpe te dansen slechts toeschreef aan goedhartigheid, van overtuigd ben geraakt dat u goedhartiger bent dan de rest van de mensheid."

Catherine bloosde en wees dit af en daarmee werden de voorspellingen van de heer bewaarheid. Er was echter iets in zijn woorden dat de pijn van haar verwarring compenseerde en dat iets nam haar gedachten zo in beslag dat ze zich enige tijd in zichzelf terugtrok en vergat te spreken of te luisteren en bijna vergat waar ze was, tot ze, opgeschrikt door de stem van Isabella, opkeek en zag hoe ze zich samen met kapitein Tilney opmaakte voor de dans.

Isabella haalde haar schouders op en glimlachte, haar enige verklaring op dat moment voor deze buitengewone verandering, maar omdat het bepaald niet genoeg was voor Catherines begrip sprak ze haar verbazing in duidelijke termen tegen haar partner uit.

"Ik begrijp niet hoe dit heeft kunnen gebeuren! Isabella was zo vastbesloten niet te dansen."

"En is Isabella nooit eerder van gedachten veranderd?"

"O, maar, maar... en uw broer! Hoe kon hij het in zijn hoofd halen haar te vragen, nadat u mijn woorden aan hem had overgebracht?"

"Wat hem aangaat kan ik niet zeggen dat ik verbaasd ben. U vraagt mij verbaasd te zijn over het gedrag van uw vriendin, dus ben ik dat, maar wat mijn broer betreft, zijn gedrag in deze zaak, moet ik toegeven, is niet anders dan waar ik hem uitstekend toe in staat acht. De schoonheid van uw vriendin was een open uitnodiging; haar vastbeslotenheid werd alleen door u zo begrepen, weet u."

"U lacht, maar ik verzeker u dat Isabella in het algemeen zeer vastbesloten is."

"Dat kan van iedereen worden gezegd. Altijd vastbesloten zijn, moet dikwijls tot koppigheid leiden. Wanneer het goed is om enigszins mee te geven, is een kwestie van beoordeling, en zonder hierbij naar mijn broer te verwijzen, denk ik echt dat juffrouw Thorpe met wachten op dit moment niet slecht gekozen heeft."

De vriendinnen konden niet bijeenkomen voor een vertrouwelijk gesprek voor de dans volledig voorbij was, maar toen, terwijl ze arm in arm door de zaal liepen, verklaarde Isabella haar gedrag als volgt: "Ik ben niet verwonderd over jouw verbazing en ik ben werkelijk doodmoe. Hij is zo'n kletsmajoor! Amusant genoeg als mijn gedachten niet ergens anders waren geweest, maar ik had er alles voor over gehad om gewoon te blijven zitten."

"Waarom heb je dat dan niet gedaan?"

"O, lieve help! Het had toch een rare indruk gewekt en je weet hoe ik dat verafschuw. Ik heb zo lang mogelijk geweigerd, maar hij wilde van geen tegenspraak horen. Je hebt geen idee hoeveel druk hij uitoefende. Ik smeekte hem mij te verontschuldigen en een andere partner te zoeken, maar nee, hij niet; toen hij eenmaal besloten had dat hij met mij wilde dansen, was er niemand anders in de zaal aan wie hij ook maar wilde denken; en hij wilde niet alleen maar met me dansen, hij wilde gewoon bij míj zijn. Ach, wat een onzin! Ik vertelde hem dat hij een erg onwaarschijnlijke manier had gekozen om mij over te halen omdat ik van alle dingen ter wereld de grootste hekel had aan mooie woorden en complimenten, dus... dus merkte ik dat ik geen rust zou krijgen als ik niet op zou staan. Bovendien was ik bang dat mevrouw Hughes, die hem had voorgesteld, het mij kwalijk zou nemen als ik het niet zou doen en ik weet zeker dat jouw lieve broer diep ongelukkig was geweest als ik de hele avond was blijven zitten. Ik ben zo blij dat het voorbij is! Ik ben volledig uitgeput door het luisteren naar zijn onzin, en ja... ik zag dat iedereen naar ons keek, want hij is een goed uitziende jongeman."

"Hij is inderdaad heel knap."

"Knap! Ja, ik neem aan dat hij dat is. Ik denk dat mensen hem in het algemeen zullen bewonderen, maar hij beantwoordt absoluut niet aan mijn smaak wat schoonheid betreft. Ik heb een hekel aan een blozende gelaatskleur en donkere ogen bij een man. Toch ziet hij er niet slecht uit. Zeer zelfingenomen, daarvan ben ik overtuigd. Ik heb hem op mijn manier een paar keer op zijn nummer gezet, weet je."

Toen de jongedames elkaar opnieuw ontmoetten, hadden ze een veel interessanter onderwerp om te bespreken. De tweede brief van James Morland was toen gearriveerd, waarin de vriendelijke intenties van zijn vader volledig werden uitgelegd. Een predikantenplaats, waarvoor meneer Morland nu zelf verantwoordelijk was, ter waarde van ongeveer vierhonderd pond per jaar zou toegewezen worden aan zijn zoon zodra deze hiervoor oud genoeg zou zijn: dus geen onbeduidende inhouding op het familie-inkomen, geen schamele toewijzing aan één van tien kinderen. En bezittingen van ten minste gelijke waarde werden hem verzekerd als toekomstige nalatenschap.

James drukte zijn gepaste dankbaarheid hierover uit en de noodzaak twee tot drie jaar te moeten wachten alvorens te kunnen trouwen, was weliswaar ongewenst, maar niet anders dan hij had verwacht en werd door hem zonder ontevredenheid aanvaard. Catherine, wier verwachtingen net zo onduidelijk waren geweest als haar ideeën over haar vaders inkomen en wier oordeel nu volledig werd geleid door haar broer, was net zo tevreden en ze feliciteerde Isabella met het feit dat alles zo plezierig was geregeld.

"Het is inderdaad heel aardig," zei Isabella met een somber gezicht. "Meneer Morland heeft zich inderdaad heel royaal opgesteld", zei de vriendelijke mevrouw Thorpe, terwijl ze een bezorgde blik op haar dochter wierp. "Ik wenste alleen dat ik net zo veel kon doen. Meer mag niet van hem worden verwacht. Ik ben ervan overtuigd dat hij in de loop der tijd meer zal doen als hij merkt dat dit mogelijk is, want ik weet zeker dat hij een bijzonder grootmoedig man moet zijn. Vierhonderd is een klein inkomen om mee te beginnen, maar jouw wensen, mijn lieve Isabella, zijn zo bescheiden dat je er nooit over nadenkt hoe weinig je nodig hebt, lieve kind."

"Het is niet in mijn eigen belang dat ik meer wens, maar ik kan niet verdragen de oorzaak te zijn van het benadelen van mijn lieve Morland en hem genoegen te laten nemen met een inkomen dat nauwelijks genoeg is voor de gewone levensbehoeften. Voor mezelf is het niet belangrijk; ik denk nooit aan mezelf."

"Ik weet dat je dat nooit doet, lieve kind, en je zult altijd een beloning vinden in de genegenheid die je daardoor van iedereen zult krijgen. Geen jonge vrouw is ooit zo bemind geweest bij iedereen die je kent en ik durf te zeggen dat wanneer meneer Morland je ziet, mijn kind... maar laten we onze lieve Catherine niet van streek maken door over zulke dingen te praten. Meneer Morland is zeer vrijgevig, weet je. Ik heb altijd gehoord dat hij een man met grote kwaliteiten is en je weet, kindje, dat we dit niet mogen veronderstellen, maar als jij een behoorlijk inkomen van jezelf had, was hij waarschijnlijk met iets meer gekomen, want ik ben ervan overtuigd dat hij een ruimdenkend man is."

"Ik weet zeker dat niemand een hogere dunk van meneer Morland kan hebben dan ik, maar iedereen heeft zijn tekortkomingen en iedereen heeft het recht om met zijn eigen geld te doen wat hij wil." Catherine voelde zich gekwetst door deze toespelingen. "Ik weet heel zeker", zei ze, "dat mijn vader bereid is zo veel te doen als hij zich kan veroorloven."

Isabella vermande zichzelf. "Daar kan geen enkele twijfel over bestaan, lieve Catherine, en je kent me goed genoeg om te weten dat ik al tevreden zou zijn met een veel lager inkomen. Het is niet de behoefte aan meer geld waardoor ik op dit moment wat somber ben; ik heb een hekel aan geld en als ons huwelijk nu plaats kon vinden, met slechts vijftig pond per jaar, zou ik niets meer te wensen hebben. Ach, Catherine, je hebt me door. Daar zit het venijn. De lange, lange, eindeloze tweeëneenhalf jaar die voorbij moeten gaan voor jouw broer een eigen inkomen heeft."

"Ja, ja, mijn lieve Isabella," zei mevrouw Thorpe, "je hart is een open boek voor ons. Jij verbergt niets. We begrijpen je huidige ergernis heel goed en vanwege een zo onzelfzuchtige, oprechte genegenheid kan iedereen alleen maar meer van je houden."

Catherines ongemakkelijke gevoelens begonnen af

te nemen. Ze probeerde te geloven dat het uitstel van het huwelijk de enige oorzaak was van Isabella's spijt en toen ze haar tijdens hun volgende ontmoeting net zo vrolijk en vriendelijk zag als tevoren, probeerde ze te vergeten dat ze er een minuut lang anders over had gedacht. James volgde zijn brief al snel en werd met de grootst mogelijke hartelijkheid ontvangen.

HOOFDSTUK XVII

De Allens waren nu begonnen aan de zesde week van hun verblijf in Bath en of het de laatste zou zijn, was gedurende enige tijd een vraag waarnaar Catherine met kloppend hart luisterde. Om haar vriendschap met de Tilney's al zo snel beëindigd te zien, was een somber vooruitzicht waar niets tegen opwoog. Haar hele geluk leek op het spel te staan terwijl de zaak nog onzeker was en verzekerd toen besloten was dat het logement nog twee weken langer werd gehuurd. Wat deze extra weken haar moesten brengen, buiten het genoegen Henry Tilney soms te zien, vormde slechts een klein onderdeel van Catherines bespiegelingen. Sinds de verloving van James haar had geleerd wat er kòn gebeuren, was ze inderdaad een of twee keer zo ver gegaan dat ze had toegegeven aan een heimelijk 'misschien', maar in het algemeen werden haar speculaties in toom gehouden door het geluk nu met hem samen te zijn: het heden bestond nu uit nog drie weken en doordat haar geluk voor die periode verzekerd was, lag de rest van haar leven zo ver weg dat ze er maar weinig belangstelling voor kon opbrengen. In de loop van de ochtend waarop deze kwestie geregeld werd, bracht ze een bezoek aan juffrouw Tilney en gaf ze uiting aan haar gevoelens van blijdschap. Het was een dag die gedoemd was een beproeving te worden. Ze had haar vreugde over het verlengde verblijf van meneer Allen nog niet tot uitdrukking gebracht of juffrouw Tilney vertelde haar dat haar vader zojuist had besloten Bath aan het eind van de volgende week te verlaten. Dat was een klap! De voorbije spanningen van de ochtend waren vergeleken bij deze teleurstelling rust en kalmte geweest. Catherines gezicht betrok en op een toon van oprechte zorg herhaalde ze juffrouw Tilney's laatste woorden: "Aan het eind van de volgende week!"

"Ja, mijn vader kan zelden worden overgehaald om de waterkuur een wat ik denk eerlijke kans te geven. Tot zijn teleurstelling is een aantal vrienden die hij hier verwachtte niet gekomen en omdat hij zich nu vrij goed voelt, wil hij zo snel mogelijk naar huis."

"Dat spijt me verschrikkelijk", zei Catherine terneergeslagen. "Als ik dit eerder had geweten..."

"Misschien", zei juffrouw Tilney verlegen, "zou u zo goed willen zijn om... U zou mij zeer gelukkig maken als..."

De binnenkomst van haar vader brak het beleefde verzoek af dat, zoals Catherine begon te hopen, de wens tot uitdrukking zou brengen om te gaan corresponderen. Na haar op zijn gebruikelijke hoffelijke manier te hebben begroet, wendde hij zich tot zijn dochter en zei: "Welnu, Eleanor, kan ik je feliciteren met een succesvol verzoek aan je lieve vriendin?"

"Ik was juist begonnen mijn verzoek te formuleren, meneer, toen u binnenkwam."

"Wel, ga er alsjeblieft mee door. Ik weet hoe graag je dit wilt. Mijn dochter, juffrouw Morland," vervolgde hij, zonder zijn dochter de tijd te geven om te spreken, "heeft een zeer vermetele gedachte ontwikkeld. Zoals ze u misschien heeft verteld, verlaten wij Bath zaterdag over een week. Uit een brief van mijn rentmeester blijkt dat mijn aanwezigheid thuis gewenst is en nu ik teleurgesteld ben in mijn hoop de markies van Longtown en generaal Courteney, twee van mijn oudste vrienden, hier te treffen, is er niets wat mij nog langer in Bath houdt. En als u op ons zelfzuchtige verzoek zou willen ingaan, zullen we de stad zonder enige spijt verlaten. Kunt u, kortom, worden overreed om dit toneel van publieke triomf te verlaten en uw vriendin Eleanor het genoegen te doen van uw gezelschap in Gloucestershire? Ik schaam me bijna dit verzoek te doen, hoewel de aanmatiging ervan waarschijnlijk op elke aanwezige in Bath groter overkomt dan op uzelf. Zo bescheiden als u bent – ik zou u voor geen goud in verlegenheid willen brengen door openlijke lof. Als u overgehaald kunt worden ons met een bezoek te vereren, zult u ons onuitsprekelijk gelukkig maken. Het is waar dat we u niets te bieden hebben wat ook maar enigszins overeenkomt met de vrolijkheid van deze levendige plaats; we kunnen u niet verleiden met amusement of pracht, want onze wijze van leven is, zoals u ziet, eenvoudig en bescheiden, maar we zullen van onze kant alles in het werk stellen om te voorkomen dat de Abdij van Northanger al te onaangenaam zou zijn."

De Abdij van Northanger...! Dit waren opwindende woorden, die Catherines gevoelens tot het hoogste punt van vervoering brachten. Haar gevoelens van dankbaarheid en voldoening konden nauwelijks tot uitdrukking worden gebracht binnen de beperkingen van een redelijk beheerst taalgebruik. Om een zo vleiende uitnodiging te krijgen! Om een zo warm verzoek om haar gezelschap te ontvangen! Al het eerzame en troostende, elke huidige vreugde en elke toekomstige hoop was erin vervat en haar aanvaarding, met als enige bindende voorwaarde de goedkeuring van papa en mama, werd geestdriftig gegeven. "Ik zal onmiddellijk naar huis schrijven," zei ze, "en als ze geen bezwaar maken, wat ze vast niet zullen doen..."

Generaal Tilney was niet minder optimistisch, na al een bezoek te hebben gebracht aan haar voortreffelijke vrienden in Pulteney Street en hun goedkeuring te hebben verkregen voor zijn wensen. "Daar zij erin kunnen toestemmen afscheid van u te nemen," zei hij, "mogen we van iedereen die wijsheid verwachten."

Juffrouw Tilney was ernstig, maar vriendelijk in haar ondersteunende woorden en de zaak was binnen enkele minuten zo goed geregeld als het noodzakelijke beroep op Fullerton toestond.

De omstandigheden van de ochtend hadden Catherines gevoelens door variaties geleid van onzekerheid, zekerheid en teleurstelling, maar ze waren nu veilig aangekomen in een volmaakte gelukzaligheid en bijna door het dolle heen van blijdschap, met Henry in haar hart en de Abdij van Northanger op haar lippen, haastte ze zich naar huis om de brief te schrijven. Vertrouwend op de oordeelkundigheid van de vrienden aan wie ze hun dochter al hadden toevertrouwd, twijfelden meneer en mevrouw Morland in geen enkel opzicht aan de gepastheid van een kennismaking die onder hun ogen had plaatsgevonden en ze stuurden daarom per kerende post hun bereidwillige toestemming voor haar bezoek aan Gloucestershire. Hoewel deze toegeeflijkheid niet meer was dan Catherine had verwacht, sterkte dit haar in haar overtuiging meer dan elk ander menselijk wezen gezegend te zijn met vrienden en geluk, fortuinlijke omstandigheden en genegenheid. Alles leek in haar voordeel te werken. Door de goedhartigheid van haar eerste vrienden, de Allens, was ze geïntroduceerd in een omgeving die haar alle soorten van genoegens had geboden. Tot haar geluk waren zowel haar gevoelens als haar voorkeuren beantwoord. Waar ze genegenheid voelde, had ze die weten op te roepen. De genegenheid van Isabella zou haar verzekerd worden in de vorm van een zuster. De Tilney's, degenen op wie ze het liefst een gunstige indruk wilde maken, overtroffen haar wensen zelfs in de vleiende manier waarop ze hun vriendschap wilden voortzetten. Zij zou de gast van hun keuze zijn; ze zou weken onder hetzelfde dak vertoeven als de persoon wiens gezelschap ze het meest op prijs stelde... en naast al het andere was dit dak ook nog het dak van een abdij! Haar hartstocht voor oude gebouwen deed slechts in geringe mate onder voor haar hartstocht voor Henry Tilney en kastelen en abdijen verleenden gewoonlijk charme aan die mijmeringen die niet gevuld werden door zijn beeld. Het zien en verkennen van ofwel de borstweringen en donjons van de eerste, of de kruisgangen van de tweede, was al wekenlang een geliefde wens, maar meer te zijn dan een bezoeker van een uur had welhaast een onmogelijk verlangen geleken. En toch zou dit gaan gebeuren. Met alle kansen van woning, landgoed, villa, park, huis en hof tegen bleek Northanger een abdij te zijn en zij zou daar verblijven. Zijn lange, vochtige gangen, smalle cellen en geruïneerde kapel zouden dagelijks binnen haar bereik zijn en ze kon de hoop niet geheel onderdrukken op een paar traditionele legenden, wat afschuwelijke aandenkens aan een gekwetste non met wie het slecht was afgelopen.

Het was verbazingwekkend dat haar vrienden zo weinig trots leken op het bezit van een dergelijk huis, dat ze in het bewustzijn daarvan zo bescheiden waren. Dit kon alleen verklaard worden door de macht der gewoonte. Hun geboorte in een hogere klasse leidde niet tot trots. Hun superioriteit op het gebied van wonen betekende niet meer voor hen dan hun persoonlijke superioriteit.

Er waren zo veel vragen die ze juffrouw Tilney wilde stellen; maar haar gedachten waren zo rusteloos dat ze er, toen haar vragen waren beantwoord, nauwelijks meer dan tevoren zeker van was dat de Abdij van Northanger een rijk begiftigd klooster was geweest ten tijde van de Reformatie, dat het na de opheffing in handen was gekomen van een voorouder van de Tilney's, dat een groot deel van het oude bouwwerk nog steeds deel uitmaakte van de huidige woning, hoewel de rest was vervallen, of dat het laag in een dal stond, aan de noord- en oostzijde beschut door hoog oprijzende eikenbossen.

Hoofdstuk XVIII

Met een hoofd vol van zulke gelukkige gedachten was Catherine zich er nauwelijks van bewust dat er twee of drie dagen voorbij waren gegaan zonder dat ze Isabella langer dan een paar minuten achter elkaar had gezien. Ze begon dit voor het eerst te beseffen en te verlangen naar een gesprek met haar, toen ze op een ochtend aan de zijde van mevrouw Allen door de Koerzaal liep zonder iets te zeggen of te luisteren te hebben en ze had nog geen vijf minuten een vriendschappelijk verlangen gevoeld, voor het onderwerp ervan verscheen en haar uitnodigend voor een heimelijk gesprek voorging naar een zitplaats. "Hier zit ik het liefst", zei ze, terwijl ze plaatsnamen op een bank die tussen de deuren stond en daardoor een goed zicht gaf op iedereen die door een van beide binnenkwam. "Je zit hier zo heerlijk uit de loop."

Catherine, die opmerkte dat Isabella's blik voortdurend van de ene deur naar de andere ging, als in verlangende verwachting en zich herinnerde hoe vaak ze vals beschuldigd was van ondeugendheid, zag in dat moment een goede gelegenheid om dat echt te zijn en zei daarom vrolijk: "Wees niet zo onrustig, Isabella. James zal hier spoedig zijn."

"Pfff, lieve kind," antwoordde ze, "je denkt toch niet dat ik zo onnozel ben dat ik hem altijd aan mijn arm wil hebben. Het zou afschuwelijk zijn als we altijd maar bij elkaar waren. We zouden het mikpunt van spotternij zijn. En jij gaat dus naar Northanger! Ik ben daar ongelooflijk blij om. Het is een van de mooiste oude huizen van Engeland, heb ik begrepen. Ik verwacht een uiterst gedetailleerde beschrijving van je."

"Die zal ik je zeker geven, zo goed als ik kan. Maar wie verwacht je? Komen je zusters?"

"Ik verwacht niemand. Je moet je ogen ergens op richten en je weet wat een rare manier van staren ik heb wanneer mijn gedachten honderd mijl verwijderd zijn. Ik ben ongelooflijk afwezig; ik denk dat ik de afwezigste persoon ter wereld ben. Tilney zegt dat dit altijd het geval is bij een geest van een bepaald kaliber."

"Maar ik dacht dat je me iets bijzonders te vertellen had, Isabella."

"O, ja, dat heb ik ook! Dit bewijst wel wat ik net zei. Mijn arme hoofd! Ik was het helemaal vergeten. Nou, het punt is dat ik net een brief van John heb gekregen. Je kunt de inhoud wel raden."

"Nee, werkelijk, dat kan ik niet."

"Lieve kind, doe toch niet zo vreselijk onschuldig. Waar kan hij anders over schrijven dan over jou? Je weet dat hij tot over zijn oren verliefd op je is."

"Op míj, lieve Isabella?"

"Luister, liefste Catherine, dit is te gek voor woorden! Bescheidenheid en zo is allemaal goed en wel, maar een beetje eerlijkheid kan af en toe echt geen kwaad. Ik begrijp niet hoe je zo kunt overdrijven! Het is vissen naar complimentjes. Een kind had zijn attenties nog opgemerkt. En slechts een halfuur voor hij Bath verliet, heb je hem nog de grootst mogelijke aanmoediging gegeven. Dat zegt hij in zijn brief; hij zegt dat hij je min of meer een aanzoek heeft gedaan en dat jij zijn avances op de vriendelijkste manier hebt ontvangen en nu wil hij dat ik zijn zaak bepleit en allerlei aardige dingen tegen je zeg. Dus je hoeft niet te doen alsof je nergens van weet."

Met alle ernst van de waarheid drukte Catherine haar verbazing uit over een dergelijke beschuldiging, haar onschuld aan elke gedachte dat meneer Thorpe verliefd op haar zou zijn en de daaruit volgende onmogelijkheid van het idee dat zij ooit van plan zou zijn geweest hem aan te moedigen. "Wat de attenties van zijn kant betreft, verklaar ik op mijn eer dat ik mij geen moment daarvan bewust ben geweest, behalve dat hij mij de eerste dag na zijn komst ten dans heeft gevraagd. En wat zijn aanzoek aan mij betreft, of iets wat daarop lijkt, moet er sprake zijn van een onverklaarbare vergissing. Zoiets zou ik echt niet verkeerd begrepen hebben! En omdat het niet mijn gewoonte is te liegen, moet ik in alle ernst protesteren en zeggen dat geen woord van die aard ooit tussen ons is gewisseld. Het laatste halfuur voor hij wegging? Dat moet absoluut een vergissing zijn, want ik heb hem die ochtend helemaal niet gezien."

"Je hebt hem wèl gezien, want je bracht de hele ochtend in Edgar's Buildings door. Het was de dag waarop de toestemming van jouw vader kwam en ik ben er behoorlijk zeker van dat je voor je het huis verliet enige tijd met John alleen in de zitkamer bent geweest."

"Wel, als je dat zegt, moet het wel zo geweest zijn, maar ik kan het me absoluut niet herinneren. Ik herinner me nu dat ik bij jou was en hem samen met de anderen heb gezien, maar dat we ook maar vijf minuten alleen zijn geweest... Het is echter niet de moeite waard om ruzie over te maken, want wat hij van zijn kant ook zegt, je moet ervan overtuigd zijn, doordat ik me er niets van herinner, dat ik nooit iets van die aard van hem heb gedacht, verwacht of gewenst. Het baart me grote zorgen dat hij ook maar enige belangstelling voor mij zou kunnen hebben, maar het is van mijn kant nooit de bedoeling geweest; ik had er niet het geringste idee van. Ik smeek je hem zodra je dat kunt uit die waan te helpen en hem te zeggen dat ik hem om verontschuldiging vraag, dat wil zeggen... ik weet niet wat ik zou moeten zeggen, maar maak hem op de passendste manier duidelijk wat ik bedoel. Ik zou nooit met een gebrek aan respect over jouw broer praten, Isabella, maar je weet heel goed dat als ik aan één man meer zou denken dan aan een andere... híj die man niet is." Isabella zweeg. "Lieve vriendin, je moet niet boos op mij zijn. Ik kan niet geloven dat je broer zo veel om mij geeft en je weet dat we nog steeds zusters zullen zijn."

"Ja, ja," (met een blos) "er is meer dan één manier waarop wij zusters kunnen worden. Maar waar dwaal ik nu naar af? Welnu, mijn lieve Catherine, het lijkt zo te zijn dat jouw beslissing niet ten gunste van John uitvalt, heb ik gelijk?"

"Ik kan zijn genegenheid beslist niet beantwoorden en heb zeker nooit de bedoeling gehad deze aan te moedigen."

"Als dat het geval is, zal ik je verder niet plagen.

John wenste dat ik hierover met je zou praten en dat heb ik gedaan. Maar ik moet bekennen dat ik het, zodra ik zijn brief las, een zeer dwaze en ondoordachte zaak vond, die waarschijnlijk niet in jullie beider belang zou zijn, want waar zouden jullie van moeten leven als jullie elkaar zouden vinden? Jullie hebben natuurlijk allebei wel iets, maar er is tegenwoordig niet weinig nodig om een gezin te onderhouden en wat de romanschrijvers ook mogen zeggen, zonder geld lukt het niet. Het verbaast me dat John daaraan kon denken; hij zal mijn laatste brief nog niet ontvangen hebben."

"Je gaat er dus vanuit dat ik niet verkeerd gehandeld heb? Je bent ervan overtuigd dat ik je broer nooit heb willen misleiden, dat ik tot dit ogenblik nooit heb vermoed dat hij mij mocht?"

"O, wat dat betreft", antwoordde Isabella lacherig, "kan ik slechts zeggen dat ik niet pretendeer te weten wat jouw gedachten en bedoelingen in het verleden zijn geweest. Die dingen weet je zelf het beste. Een onschuldige flirt of zoiets zal zo nu en dan voorkomen en we kunnen soms meer aanmoediging geven dan we willen honoreren. Maar wees ervan verzekerd dat ik de laatste persoon ter wereld ben die jou zou willen veroordelen. Waar sprake is van jeugd en onbezonnenheid moeten deze dingen kunnen. Wat je de ene dag meent, meen je misschien de volgende dag niet meer. Omstandigheden wijzigen zich, meningen veranderen."

"Maar mijn mening over jouw broer is nooit veranderd; die is altijd hetzelfde geweest. Je beschrijft iets wat nooit gebeurd is."

"Mijn liefste Catherine," vervolgde de ander, zonder ook maar naar haar te luisteren, "ik zou voor niets ter wereld degene willen zijn die je aanspoort tot een verloving voor je weet wat je wilt. Ik denk niet dat ik gerechtvaardigd zou kunnen wensen dat jij al je geluk zou opofferen alleen om mijn broer een plezier te doen en alleen omdat hij mijn broer is, terwijl hij bovendien misschien net zo gelukkig zal zijn zonder jou, want mensen weten zelden wat ze echt willen, vooral jongemannen niet, die zijn zo verbazingwekkend veranderlijk en wispelturig. Wat ik wil zeggen is: waarom zou het geluk van een broer mij dierbaarder zijn dan dat van een vriendin? Je weet dat vriendschap voor mij heel belangrijk is. Maar het belangrijkste, lieve Catherine, is dat je je niet moet haasten. Geloof me, als je de dingen te haastig doet, zul je er zeker spijt van krijgen. Volgens Tilney is er niets waarin mensen zich zo vaak vergissen dan de aard van hun eigen genegenheid en ik geloof dat hij daarin heel erg gelijk heeft. Ah, daar komt hij; let er maar niet op, ik weet zeker dat hij ons niet ziet."

Catherine keek op en zag kapitein Tilney en Isabella, die haar blik strak op hem gericht hield terwijl ze sprak, wist al snel zijn aandacht te trekken. Hij kwam onmiddellijk naar hen toe en ging zitten op de plek waarnaar ze gebaarde. Zijn eerste opmerking maakte Catherine aan het schrikken. Hoewel hij zachtjes sprak, kon ze onderscheiden: "Wat! Altijd bewaakt te worden, persoonlijk of bij volmacht!"

"Pfff, onzin!" was Isabella's antwoord, op dezelfde

halfgefluisterde toon. "Waarom praat u mij dergelijke dingen aan? Als ik het kon geloven... mijn geest, weet u, is behoorlijk onafhankelijk."

"Ik wenste dat uw hart onafhankelijk was. Dat zou voldoende voor me zijn."

"Mijn hart, ja, ja! Wat weet u van harten? Geen enkele man heeft een hart."

"Als we geen hart hebben, hebben we nog ogen en die kwellen ons al genoeg."

"Is dat zo? Dat spijt me dan; het spijt me dat ik zo onaangenaam ben. Ik zal de andere kant opkijken. Ik hoop dat dit u bevalt (haar rug naar hem toe draaiend); ik hoop dat uw ogen niet langer gekweld worden."

"Meer nog dan tevoren, want de rand van een blozende wang is nog in zicht; te veel en te weinig, tegelijkertijd."

Catherine hoorde dit alles en geheel in verlegenheid gebracht, kon ze niet langer luisteren. Verbaasd dat Isabella dit kon verdragen en jaloers voor haar broer, stond ze op en stelde voor te gaan lopen om zich bij mevrouw Allen te voegen. Maar Isabella toonde hier geen enkele neiging toe. Ze was zo ongelooflijk moe en het was zo vreselijk om door de Koerzaal te paraderen en als ze op zou staan, zou ze haar zusters missen die ze elk moment verwachtte, dus moest haar liefste Catherine haar verontschuldigen en weer rustig gaan zitten. Maar Catherine kon ook koppig zijn en toen mevrouw Allen net op dat moment verscheen om voor te stellen naar huis te gaan, voegde ze zich bij haar en liep de Koerzaal uit, Isabella in gezelschap van kapitein Tilney achterlatend. Dit gaf haar een zeer ongemakkelijk gevoel. Het scheen haar toe dat kapitein Tilney verliefd begon te worden op Isabella en dat Isabella hem onbewust aanmoedigde; het moest wel onbewust zijn, want Isabella's gehechtheid aan James was net zo zeker en bekend als haar verloving. Ze kon onmogelijk twijfelen aan haar trouw en oprechte bedoelingen, maar toch was haar gedrag tijdens hun hele gesprek merkwaardig geweest. Ze wenste dat Isabella meer op haar gebruikelijke manier had gepraat en niet zoveel over geld en dat ze er niet zo vergenoegd uit had gezien toen ze kapitein Tilney ontwaarde. Wat vreemd dat ze zijn bewondering niet opmerkte! Catherine wilde haar daar graag op wijzen, zorgen dat ze op haar hoede zou zijn en alle pijn voorkomen waartoe haar al te levendige gedrag anders zowel voor hem als voor haar broer zou kunnen leiden.

Het compliment van John Thorpes affectie maakte de onnadenkendheid van zijn zuster niet goed. Ze kon bijna net zo weinig geloven als wensen dat deze oprecht was, want ze was niet vergeten dat hij zich kon vergissen en zijn bewering dat het aanzoek had plaatsgevonden en dat zij hem had aangemoedigd, overtuigde haar ervan dat zijn vergissingen soms niet gering waren. Haar ijdelheid werd hierdoor dus nauwelijks gestreeld; ze was voornamelijk verwonderd. Dat hij het de moeite waard kon vinden om te denken dat hij verliefd op haar was, leidde bij haar tot levendige verbazing. Isabella had het over zijn attenties gehad, maar zij had deze nooit opgemerkt. Isabella had echter vele dingen gezegd die naar ze hoopte in haast waren gesproken en nooit zouden worden herhaald en met deze gedachte was ze blij het onderwerp te kunnen laten loslaten in ruil voor haar huidige gemak en rust.

HOOFDSTUK XIX

Er gingen een paar dagen voorbij en hoewel Catherine haar vriendin niet wilde verdenken, kon ze niet voorkomen dat ze nauwkeurig op haar lette. Het resultaat van haar waarnemingen was niet aangenaam. Isabella leek volkomen veranderd. Wanneer ze haar alleen omringd zag door haar onmiddellijke vrienden in Edgar's Buildings of Pulteney Street was haar verandering van gedrag zo gering dat deze, als het niet verder was gegaan, onopgemerkt had kunnen blijven. Af en toe was iets te zien van een lusteloze onverschilligheid, of van die geroemde verstrooidheid waarvan ze Catherine daarvoor nooit iets had verteld, maar als zich niets ergers had voorgedaan, had dàt haar misschien alleen een nieuwe charme verleend en tot grotere belangstelling geleid. Maar wanneer Catherine haar in het openbaar zag en zag hoe kapitein Tilney's attenties net zo graag werden geaccepteerd als ze werden aangeboden en hoe zijn aandeel in haar aandacht en glimlachjes bijna gelijk was aan dat van James, werd de verandering te duidelijk om genegeerd te worden. Wat een dergelijk onstandvastig gedrag betekende, waar haar vriendin op uit kon zijn, ging haar begrip te boven. Isabella kon zich niet bewust zijn van de pijn die ze veroorzaakte, maar het was een mate van eigenzinnige onnadenkendheid die Catherine haar alleen maar kwalijk kon nemen. James was degene die eronder leed. Ze zag dat hij somber en onrustig was en hoe zorgeloos ten aanzien van zijn huidige gemoedsrust de vrouw ook mocht zijn die hem haar hart had geschonken, voor háár was het altijd een bezwaar. Ook maakte ze zich zorgen om de arme kapitein Tilney. Hoewel zijn uiterlijk haar niet beviel, was zijn naam een vrijgeleide tot haar goede wil en ze dacht met oprecht medeleven aan zijn naderende teleurstelling, want ondanks datgene wat ze in de Koerzaal gemeend had te horen, was zijn gedrag zo onverenigbaar met zijn voorkennis van Isabella's verloving, dat ze zich, wanneer ze erover nadacht, niet kon voorstellen dat hij hiervan op de hoogte was. Hij mocht haar broer als rivaal zien en jaloers zijn, maar als het ernaar uit zou hebben gezien dat het meer betekende, moest de fout gelegen hebben in haar misvatting. Ze wenste dat ze Isabella door een zachte vermaning aan haar situatie kon herinneren en haar bewust maken van deze dubbele onvriendelijkheid, maar voor een vermaning kreeg ze niet de gelegenheid of geen gehoor. Wanneer ze in staat was een hint te geven, begreep Isabella deze nooit. In haar frustratie werd het aanstaande vertrek van de familie Tilney haar belangrijkste troost; hun reis naar Gloucestershire zou binnen enkele dagen plaatsvinden en de verdwijning van kapitein Tilney zou in elk geval vrede terugbrengen in elk hart behalve het zijne. Maar kapitein Tilney was op dat moment niet van plan te verdwijnen. Hij zou geen deel uitmaken van het gezelschap dat naar Northanger ging; hij zou in Bath blijven. Toen Catherine dit hoorde, was haar besluit snel genomen. Ze sprak met Henry Tilney over het onderwerp, drukte haar spijt uit over de duidelijke voorkeur van zijn broer voor juffrouw

Thorpe en vroeg hem haar verloving bekend te maken.

"Mijn broer is daarvan op de hoogte", was Henry's antwoord.

"Is dat zo? Waarom blijft hij hier dan?"

Hij antwoordde niet en begon over iets anders te praten, maar zij drong gretig aan: "Waarom overtuigt u hem er niet van dat hij weg moet gaan? Hoe langer hij blijft, hoe slechter het uiteindelijk voor hem zal zijn. Vraag hem alstublieft, zowel in zijn belang als dat van anderen, Bath onmiddellijk te verlaten. Afwezigheid zal in de loop der tijd weer tot gemoedsrust leiden, maar er kan hier geen enkele hoop voor hem zijn en een langer verblijf zal hem alleen maar ongelukkiger maken."

Henry glimlachte en zei: "Ik ben ervan overtuigd dat mijn broer dat niet zou wensen."

"U wilt hem er dan van overtuigen dat hij weg moet gaan?"

"Overtuiging is niet wat je kunt afdwingen, maar neem mij niet kwalijk als ik niet eens ga proberen hem te overtuigen. Ik heb hem persoonlijk verteld dat juffrouw Thorpe verloofd is. Hij weet wat hij doet en moet zijn eigen beslissingen nemen."

"Nee, hij weet niet wat hij doet", riep Catherine uit. "Hij weet niet hoeveel leed hij mijn broer aandoet. Niet dat James mij dat ooit verteld heeft, maar ik weet zeker dat deze situatie zeer pijnlijk voor hem is."

"En weet u zeker dat mijn broer de oorzaak hiervan is?"

"Ja, heel zeker."

"Wordt de pijn veroorzaakt door de attenties van

mijn broer of door de aanvaarding ervan door juffrouw Thorpe?"

"Is dat niet hetzelfde?"

"Ik denk dat meneer Morland zou toegeven dat er verschil is. Geen enkele man voelt zich beledigd door de bewondering van een andere man voor de vrouw van wie hij houdt; het is alleen de vrouw die dit tot een kwelling kan maken."

Catherine bloosde uit plaatsvervangende schaamte voor haar vriendin en zei: "Isabella gedraagt zich verkeerd, maar ik ben ervan overtuigd dat ze hem niet bewust kwelt, want ze erg gehecht aan mijn broer. Ze is al verliefd op hem vanaf het moment dat ze elkaar hebben ontmoet en toen mijn vaders toestemming nog niet zeker was, was ze zo ongerust dat ze er bijna ziek van werd. U weet dat ze zeer gehecht aan hem moet zijn."

"Ik begrijp het: ze is verliefd op James en flirt met Frederick."

"O, nee, flirten doet ze niet. Een vrouw die verliefd is op de ene man kan niet flirten met een andere."

"Het is mogelijk dat ze niet zo goed verliefd kan zijn noch zo goed kan flirten tenzij ze beide afzonderlijk doet. Misschien moeten de heren allebei iets opgeven."

Na een korte stilte vervolgde Catherine met: "U gelooft dus niet dat Isabella zo gehecht is aan mijn broer?"

"Dat kan ik niet beoordelen."

"Maar wat kan de bedoeling van uw broer zijn? Wat kan hij voorhebben met zijn gedrag als hij op de hoogte is van haar verloving?"

"U bent een zeer grondige ondervraagster."

"Ben ik dat? Ik vraag alleen wat ik wil horen."

"Maar vraagt u ook alleen wat u kunt verwachten dat ik vertel?"

"Ja, dat denk ik wel, want u moet het hart van uw broer kennen."

"Ik verzeker u dat ik in het huidige geval slechts kan gissen naar het hart van mijn broer, zoals u het noemt."

"Welnu?"

"Welnu! Als het een kwestie van gissen is, laten we dan allemaal voor onszelf gissen. Het is meelijwekkend om je te laten leiden door vermoedens uit de tweede hand. De vooronderstellingen zijn duidelijk. Mijn broer is een levendige en misschien soms wat onnadenkende jongeman; hij kent uw vriendin ongeveer een week en heeft bijna zo lang hij haar kent van haar verloving geweten."

"Nou," zei Catherine na even te hebben nagedacht, "ú kunt op basis hiervan misschien gissen naar uw broers intenties, maar ik beslist niet. Maar heeft uw vader wat dit betreft niet zijn bedenkingen? Wil hij niet dat kapitein Tilney vertrekt? Als uw vader met hem zou spreken, zou hij toch zeker gaan."

"Mijn lieve juffrouw Morland," zei Henry, "zou u geen vergissing kunnen maken met uw liefdevolle zorg om uw broers gemoedsrust? Denkt u niet dat u iets te ver gaat? Zou hij u dankbaar zijn, uit naam van zichzelf of uit naam van juffrouw Thorpe, voor uw veronderstelling dat haar genegenheid, of op zijn minst haar goede gedrag, slechts kan worden verzekerd doordat ze kapitein Tilney niet meer zou zien? Is hij alleen in eenzaamheid veilig of behoort haar hart hem slechts toe wanneer niemand anders ernaar dingt? Hij kan er niet echt zo over denken en u kunt er zeker van zijn dat hij niet wil dat u dat doet. Ik zal niet zeggen: 'Wees niet zo ongerust', want ik weet dat u dat op dit moment bent, maar probeer u zo min mogelijk ongerust te maken. U twijfelt niet aan de wederzijdse gehechtheid van uw broer en uw vriendin; ga er daarom vanuit dat tussen hen nooit echte jaloezie kan bestaan, ga ervan uit dat geen enkel meningsverschil tussen hen van lange duur kan zijn. Hun harten staan open voor elkaar zoals geen van beide voor u open kan staan; zij weten precies wat nodig is en wat verdragen kan worden en u kunt er zeker van zijn dat de een de ander nooit meer zal plagen dan als aangenaam wordt ervaren."

Omdat hij merkte dat ze nog twijfelend en ernstig keek, voegde hij eraan toe: "Hoewel Frederick niet samen met ons uit Bath vertrekt, zal hij waarschijnlijk slechts een korte tijd langer blijven dan wij, misschien een paar dagen. Zijn verlof zal spoedig voorbij zijn en dan moet hij terug naar zijn regiment. En waar zal hun contact dan uit bestaan? De messroom zal nog twee weken op Isabella Thorpe drinken en samen met uw broer zal zij nog een maand lachen om de hartstochtelijke gevoelens van die arme Tilney."

Catherine wilde niet langer tegen geruststelling vechten. Ze had zich gedurende de hele lengte van een toespraak tegen de nadering ervan verzet, maar gaf zich nu gewonnen. Henry Tilney moest weten wat goed was. Ze verweet zichzelf de mate van haar angsten en besloot zich nooit meer zo serieus met het onderwerp bezig te houden.

Haar besluit werd ondersteund door Isabella's gedrag tijdens hun afscheidsgesprek. De Thorpes brachten de laatste avond van Catherines verblijf in Pulteney Street door en er gebeurde niets tussen de geliefden wat haar ongemakkelijk maakte of waardoor ze zich gedwongen voelde zich terug te trekken. James was bijzonder vrolijk en Isabella allerinnemendst kalm. Haar genegenheid voor haar vriendin leek haar belangrijkste gevoel te zijn, maar dat was toegestaan op zo'n moment en één keer sprak ze haar geliefde ronduit tegen en één keer trok ze haar hand terug, maar Catherine dacht aan Henry's instructies en schreef het allemaal toe aan beheerste genegenheid. De omhelzingen, tranen en beloften van de scheidende schonen kunnen we ons wel voorstellen.

HOOFDSTUK XX

Meneer en mevrouw Allen betreurden het vertrek van hun jonge vriendin, die met haar goede humeur en haar vrolijkheid waardevol gezelschap was geweest; door de bevordering van haar plezier was dat van henzelf licht toegenomen. Ze was zo gelukkig met juffrouw Tilney mee te gaan, dat ze het echter niet anders wilden en omdat ze zelf nog maar een week in Bath zouden blijven, zou haar vertrek op dat moment niet lang gevoeld worden. Meneer Allen begeleidde haar naar Milsom Street, waar ze zou ontbijten en zag hoe ze na een allerhartelijkst welkom tussen haar nieuwe vrienden plaatsnam; en haar angst zich niet precies te gedragen zoals het hoorde en niet in staat te zijn hun goede mening over haar in te stand te houden, was zo groot dat ze in de verlegenheid van de eerste vijf minuten bijna wenste met hem terug te kunnen keren naar Pulteney Street.

Door juffrouw Tilney's manieren en Henry's glimlach werd al snel een aantal van haar onplezierige gevoelens weggenomen, maar ze was nog lang niet op haar gemak en zelfs de onophoudelijke attenties van de generaal zelf konden haar niet helemaal geruststellen. Nee, hoe vreemd het ook mag lijken, ze vroeg zich af of ze zich niet minder ongemakkelijk zou hebben gevoeld als ze minder aandacht had gekregen. Zijn bezorgdheid om haar comfort –zijn voortdurende uitnodigingen om te eten en zijn herhaaldelijk verwoorde vrees dat ze niets van haar smaak zou vinden, terwijl ze nooit van haar leven aan een zo rijk voorziene ontbijttafel had gezeten- maakte het haar onmogelijk om ook maar een ogenblik te vergeten dat ze een gast was. Ze voelde zich een dergelijke achting uiterst onwaardig en wist niet hoe ze erop moest reageren. Haar gemoedsrust werd er niet beter op door het ongeduld waarmee de generaal op de komst van zijn oudste zoon wachtte, noch door de geërgerde manier waarop hij zich over zijn luiheid uitdrukte toen kapitein Tilney eindelijk beneden was verschenen. Ze was pijnlijk getroffen door de strengheid van zijn vaders berisping, die niet in verhouding leek te staan tot het vergrijp en haar bezorgdheid nam alleen maar toe toen ze merkte dat zij de belangrijkste oorzaak was van zijn reprimande en dat zijn late verschijning vooral werd betreurd omdat dit niet van respect voor haar getuigde. Dit bracht haar in een zeer vervelende positie en ze voelde een groot medeleven met kapitein Tilney, zonder ook maar te kunnen hopen op zijn goede wil.

Hij luisterde zwijgend naar zijn vader en probeerde zich niet eens te verdedigen, wat haar bevestigde in haar vrees dat de door Isabella veroorzaakte geestelijke onrust hem uit zijn slaap had gehouden en de echte oorzaak zou kunnen zijn van het late opstaan. Het was voor het eerst dat ze echt in zijn gezelschap verkeerde en ze had gehoopt zich nu een mening over hem te kunnen vormen, maar zolang zijn vader in de kamer was, kreeg ze nauwelijks zijn stem te horen en zelfs daarna was hij nog zo somber dat ze niets anders kon onderscheiden dan deze woorden, in een fluistering tegen Eleanor: "Wat zal ik blij zijn als jullie vertrokken zijn."

De drukte van het vertrek was niet plezierig. De klok sloeg tien uur toen de koffers naar beneden werden gedragen en de generaal had op dat tijdstip uit Milsom Street weg willen zijn. Zijn overjas werd niet, zoals verwacht, aan hem gegeven om aan te trekken, maar uitgespreid in het tweewielige rijtuig waarin hij zijn zoon zou vergezellen. Het middelste bankje van de koets werd niet uitgetrokken, hoewel er drie mensen in moesten zitten en het dienstmeisje van zijn dochter had deze zo volgestouwd met pakjes dat er geen ruimte voor juffrouw Morland was om te zitten en toen hij haar hielp instappen ging hij zo op in zijn bezorgdheid dat ze met enige moeite wist te voorkomen dat haar eigen lessenaar op straat zou belanden. Ten slotte werd de deur echter achter de drie vrouwen gesloten en gingen ze op weg in de rustige gang waarin de vier goed gebouwde en doorvoede paarden van een heer een reis van dertig mijl gewoonlijk afleggen: de afstand tussen Northanger en Bath was zodanig dat deze nu verdeeld werd in twee gelijke etappes. Catherine werd wat opgewekter toen ze bij de deur wegreden, want bij juffrouw Tilney voelde ze geen terughoudendheid en met het interessante van een haar geheel onbekende weg, een abdij voor en een tweewieler achter zich, wierp ze zonder spijt een laatste blik op Bath en zag elke mijlpaal voor ze deze verwachtte. Hierop volgde de verveling van een twee uur durend oponthoud in Petty-France, om de paarden te verversen, waarin ze niets konden doen dan eten zonder hongerig te zijn en rondhangen zonder iets wat de moeite waard was om te zien en haar bewondering voor de stijl waarin ze reisden, voor de modieuze koets met vierspan, de voorrijders in hun fraaie livreien, ritmisch oprijzend in hun stijgbeugels en talrijke begeleiders, keurig te paard gezeten, nam iets af door dit bijbehorende ongemak. Als hun gezelschap echt aangenaam was geweest, was het oponthoud geen probleem geweest, maar hoewel generaal Tilney een zo charmante man was, leek hij altijd een rem te zetten op de goede stemming van zijn kinderen en er werd nauwelijks een woord gesproken, behalve door hemzelf; het waarnemen hiervan, met zijn ontevredenheid over wat de herberg maar te bieden had en zijn prikkelbaarheid tegen de kelners, maakte dat Catherine steeds meer ontzag voor hem kreeg en scheen de twee uur wel twee keer zo lang te maken. Ten slotte werden de paarden echter vrijgegeven en stelde de generaal tot Catherines grote verbazing voor dat zij gedurende de rest van de reis zijn plaats in zou nemen in het rijtuig van zijn zoon: 'Het was een mooie dag en hij wilde graag dat ze zo veel mogelijk van het land zou zien.'

De herinnering aan meneer Allens mening over de open rijtuigen van jongemannen deed haar blozen bij het noemen van zo'n voorstel en haar eerste gedachte was om het af te wijzen, maar haar tweede gedachte was dat ze een groot respect had voor het beoordelingsvermogen van generaal Tilney; hij kon toch niets voorstellen dat compromitterend voor haar was en enkele minuten later zat ze naast Henry in het rijtuig – als het gelukkigste schepsel dat ooit had bestaan. Ze was er al snel van overtuigd dat een tweewielig rijtuig de mooiste equipage ter wereld was; de koets met vierspan reed weg met enige grandeur, dat zeker, maar was een zwaar en lastig geval en ze kon niet gemakkelijk vergeten dat het twee uur bij Petty-France had moeten stoppen. Voor de tweewieler was de helft van de tijd voldoende geweest en de lichtvoetige paarden waren zo snel in hun bewegingen dat ze het rijtuig van de generaal, dat op zijn wens voorop reed, moeiteloos in een halve minuut hadden kunnen inhalen. Maar de verdienste van dit lichte rijtuig lag niet alleen bij de paarden; Henry reed uitstekend; zo rustig, zonder enige opschudding, zonder indruk op haar te willen maken of tegen ze te vloeken, zo verschillend van de enige heer-koetsier met wie ze hem kon vergelijken! En zijn hoed stond hem zo goed en de talrijke lagen van zijn overjas gaven hem een zo flatteus belangrijk aanzien! Door hem gereden worden was, naast met hem te dansen, beslist een van de gelukkigste ervaringen ter wereld. In aanvulling op alle andere genoegens kon ze nu ook nog aanhoren hoe haar eigen lof gezongen werd: namens zijn zuster bedankte hij haar omdat ze zo vriendelijk was geweest met haar mee te gaan en ze kreeg te horen dat hij dit beschouwde als ware vriendschap die tot echte dankbaarheid leidde. Zijn zuster, zei hij, verkeerde in een lastige situatie; ze had geen vrouwelijk gezelschap en, door de regelmatige afwezigheid van haar vader, soms geen enkel gezelschap.

“Maar hoe is dat mogelijk?” vroeg Catherine. “Bent u dan niet bij haar?”

“Northanger is niet meer dan half mijn thuis. Ik

heb mijn eigen huishouding in mijn huis in Woodston, op een afstand van bijna twintig mijl van dat van mijn vader en moet daar noodzakelijkerwijze een deel van mijn tijd doorbrengen."

"Dat moet u wel zeer spijten!"

"Het spijt me altijd wanneer ik Eleanor moet verlaten."

"Ja, maar naast uw genegenheid voor haar moet u toch ook dol zijn op de abdij! Voor wie eenmaal gewend is aan een huis als de abdij moet een gewone pastorie erg onaangenaam zijn."

Hij glimlachte en zei: "U hebt zich wel een zeer gunstig idee van de abdij gevormd."

"Dat heb ik zeker. Is het niet een prachtig oud gebouw, precies zoals die waarover men leest?"

"Bent u voorbereid op alle verschrikkingen die een gebouw zoals dat 'waarover men leest' met zich mee kan brengen? Bent u onverschrokken? Zijn uw zenuwen bestand tegen wegschuivende panelen en tapijten?"

"O ja, ik geloof niet dat ik zo gauw bang ben, want er zullen zo veel mensen in het huis zijn en bovendien is het nooit onbewoond en jaren verlaten geweest, waarna de familie onverwacht terugkomt, zonder enige waarschuwing te geven, zoals meestal gebeurt."

"Nee, dat is inderdaad niet het geval. We zullen onze weg niet hoeven zoeken in een zaal die vaag verlicht wordt door een smeulend haardvuur, noch gedwongen zijn ons bed te spreiden op de vloer van een kamer zonder ramen, deuren of meubelen, maar u moet zich ervan bewust zijn dat een jongedame die (op welke manier ook) wordt binnengeleid in een huis van dit type altijd afzonderlijk wordt ondergebracht van de rest van de familie. Terwijl zij zich gezellig terugtrekken in hun eigen deel van het huis, wordt zij door Dorothy, de oude huishoudster, formeel voorgegaan naar een andere trap en via vele donkere gangen naar een vertrek gebracht dat nooit meer gebruikt is sinds een of andere neef of andere verwant daar zo'n twintig jaar eerder gestorven is. Kunt u een dergelijke ritueel verdragen? Zult u niet overvallen worden door angstige voorgevoelens wanneer u zich in die sombere kamer bevindt, die te hoog en te groot voor u is, met slechts de zwakke stralen van één enkele lamp om de afmetingen te kunnen beoordelen, muren behangen met tapijten waarop levensgrote figuren zijn afgebeeld, en een bed, van donkergroene stof of donkerrood fluweel, dat er uitziet als een doodsbed. Zal u dan de moed niet in de schoenen zinken?"

"O, maar zoiets zal mij niet overkomen, dat weet ik zeker."

"Vol vrees zult u de meubelen in uw vertrek onderzoeken! En wat zult u vinden? Geen tafels, toilettafels, klerenkasten of ladenkasten, maar aan de ene kant misschien de resten van een kapotte luit en aan de andere een massieve kast die met geen mogelijkheid te openen is en boven de open haard het portret van een knappe krijger wiens trekken een zo onbegrijpelijke indruk op u maken dat u uw blik er niet van zult kunnen losmaken. Intussen staat Dorothy, die niet minder onder de indruk is van uw verschijning, u in grote opwinding aan te staren en geeft u een paar onbegrijpelijke waarschuwingen. Bovendien geeft ze u, om u wat op te vrolijken, reden te veronderstellen dat het spookt in dat deel van de abdij waar u bent ondergebracht en informeert u dat er niet één bediende binnen gehoorsafstand is. Met deze opwekkende afscheidswoorden buigt ze en gaat ervandoor en u luistert zolang de laatste echo u nog kan bereiken naar het wegstervende geluid van haar voetstappen, en wanneer u, bezwijming nabij, uw kamerdeur op slot probeert te doen, ontdekt u tot uw grote schrik dat deze geen slot heeft."

"O, meneer Tilney, wat afschuwelijk! Dit lijkt wel een boek! Maar het kan mij niet echt overkomen. Ik weet zeker dat uw huishoudster niet echt Dorothy heet. Maar goed, wat dan?"

"De eerste nacht gebeurt er verder misschien niets verontrustends. Nadat u uw onoverwinnelijke angst voor het bed te boven bent gekomen, probeert u te slapen en brengt een paar uur in onrustige sluimer door. Maar in de tweede, of op zijn laatst derde nacht na uw komst, is er waarschijnlijk een vreselijke storm. Donderslagen, zo luid dat ze het bouwwerk op zijn grondvesten lijken te doen schudden, rollen over de nabije bergen en tijdens de angstaanjagende windvlagen waarvan ze vergezeld gaan, zult u waarschijnlijk menen te zien (want uw lamp is niet gedoofd) hoe één deel van het wandtapijt heftiger beweegt dan de rest. Natuurlijk niet in staat uw nieuwsgierigheid te bedwingen, op een zo gunstig moment om eraan toe te geven, zult u onmiddellijk opstaan, uw kamerjas aanschieten en het mysterie gaan onderzoeken. Na een heel kort onderzoek zult u een spleet in het tapijt ontdekken die zo kunstig is verhuld dat deze zelfs de meest nauwgezette inspectie weet te weerstaan en bij opening ervan zal onmiddellijk een deur te zien zijn, die, slechts afgesloten met massieve ijzeren staven en een hangslot, na enkele pogingen door u wordt geopend, waarna u, met uw lamp in uw hand, binnentreedt in een kleine, gewelfde ruimte."

"O, nee, ik zou veel te bang zijn om zoiets te doen."

"Wat! Niet als Dorothy u heeft duidelijk gemaakt dat er een geheime onderaardse verbinding is tussen uw vertrek en de kapel van Sint Antonius, op nauwelijks twee mijl afstand. Zou u terugschrikken voor een zo eenvoudig avontuur? Nee, nee, u zult het kleine gewelfde vertrek binnenlopen en via dit verschillende andere ruimten betreden zonder ook maar ergens iets opmerkelijks te vinden. In de ene ruimte ziet u misschien een dolk, in de volgende een paar druppels bloed en in de derde de overblijfselen van een of ander martelwerktuig, maar omdat dit niet zo bijzonder is en uw lamp bijna uitgaat, keert u terug naar uw eigen slaapvertrek. Maar teruglopend door de kleine gewelfde ruimte zal uw blik aangetrokken worden door een groot, ouderwets kabinet van ebbenhout en goud, dat, hoewel u de meubelen voordien nauwgezet hebt bekeken, onopgemerkt was gebleven. Gedreven door een onweerstaanbaar voorgevoel zult u er snel heen lopen, de vouwdeuren openen en elke lade doorzoeken, zonder enige tijd ook maar iets van betekenis te ontdekken, behalve misschien een behoorlijke schat aan diamanten. Ten slotte gaat echter, door het aanraken van een geheime veer, een verborgen vak open en ziet u een rol papier; u pakt deze, ziet dat het vele vellen van een manuscript zijn en haast u met uw kostbare schat naar uw kamer, maar u hebt nog maar nauwelijks ontcijferd: 'O, gij, wie gij ook moogt zijn, in wiens handen deze memoires van de beklagenswaardige Matilda zijn gevallen', wanneer uw lamp plotseling dooft en u in volledige duisternis bent gehuld."

"O, nee, nee! Zeg dit toch niet. Maar ga door, ga door."

Henry was echter te geamuseerd door de belangstelling die hij had gewekt om ermee door te kunnen gaan; hij kon zich niet meer ernstig houden, niet wat zijn onderwerp noch wat zijn stem betrof en kon niet anders dan haar verzoeken haar eigen fantasie los te laten op het uitpluizen van Matildes smarten. Enigszins beschaamd over haar gretigheid vermande Catherine zich en begon hem ernstig te verzekeren dat haar aandacht gevangen was gehouden zonder dat ze ook maar een ogenblik had gedacht dat ze echt te maken zou krijgen met wat hij vertelde. "Juffrouw Tilney", zei ze, "zou haar nooit onderbrengen in een kamer zoals hij had beschreven! Ze was absoluut niet bang."

Naarmate het eindpunt van de reis naderde, kwam het ongeduld –enige tijd onderdrukt door zijn gesprek over verschillende onderwerpen- om een glimp van de abdij te zien in alle hevigheid terug en bij elke bocht in de weg wachtte ze met ernstig ontzag af of ze al iets zou ontwaren van de massieve muren van grijze steen, oprijzend vanuit een bos van oeroude eiken, terwijl de laatste stralen van de zon in schitterende pracht over de hoge gotische ramen zouden spelen. Maar het gebouw stond zo laag dat ze al door de grote hekken bij de portierswoning de grond van Northanger opreed zonder ook maar een oude schoorsteen te hebben ontwaard.

Ze wist niet of ze terecht verbaasd was, maar er was iets in deze manier van naderen wat ze beslist niet had verwacht. Om tussen modern uitziende portierswoningen door te rijden, om zo moeiteloos over te gaan naar het grondgebied van de abdij en zo snel over een gladde, rechte weg van fijn grind te worden gereden, kwam op haar over als vreemd en tegenstrijdig. Ze kreeg echter niet veel tijd voor dergelijke overpeinzingen. Een plotselinge regenvlaag middenin haar gezicht maakte het haar onmogelijk nog iets waar te nemen en richtte al haar aandacht op het welzijn van haar nieuwe bonnet van stro: en ze was al bij de muren van de abdij, sprong al met Henry's hulp uit het rijtuig, bevond zich al in de beschutting van het oude portaal en was zelfs al doorgelopen naar de hal, waar haar vriendin en de generaal haar opwachtten om haar te verwelkomen, zonder ook maar één afschuwelijk voorgevoel te hebben gehad van naderend onheil voor haarzelf of ook maar een ogenblik een vermoeden te hebben gehad van griezeltaferelen uit het verleden die hadden plaatsgevonden binnen de muren van het sombere gebouw. De bries scheen niet de zuchten van de vermoorden naar haar te hebben meegevoerd, maar niets anders dan een dikke, druilerige regen en na haar mantel goed te hebben uitgeschud, was ze klaar om voorgegaan te worden naar de zitkamer en zich te realiseren waar ze was.

Een abdij! Ja, het was verrukkelijk om echt in een

abdij te zijn, maar terwijl ze de kamer rondkeek, betwijfelde ze of ook maar iets van wat ze om zich heen zag haar op dat idee zou hebben gebracht. Het meubilair vertoonde alle overvloed en elegantie van moderne smaak. De schouw, volgens haar verwachtingen met de royale breedte en het massieve snijwerk van vroeger tijden, was ingekrompen tot een Rumford, die bekleed was met platen van effen maar fraai marmer en ornamenten had van het mooiste Engelse porselein. De ramen, die ze met een speciale aandacht bekeek, omdat ze de generaal had horen zeggen dat hij deze met zorg in hun oude gotische vorm had bewaard, waren toch minder dan ze zich had voorgesteld. De puntboog was bewaard gebleven, dat was waar, de vorm daarvan was gotisch, het konden zelfs openslaande ramen zijn, maar elke ruit was zo groot, zo helder, zo licht! Voor een verbeelding die gehoopt had op de kleinste indelingen en het zwaarste metselwerk, op gekleurd glas, stof en spinnenwebben, was het verschil zeer teleurstellend.

De generaal, die merkte hoe haar blik werd beziggehouden, begon te praten over de geringe afmetingen van de ruimte en de eenvoud van de meubelen, waar alles voor dagelijks gebruik was en afgestemd op comfort, etc.; hij vertelde echter met enige trots dat een aantal vertrekken in de abdij wel de moeite van haar aandacht waard waren en vervolgde al met een opmerking over het kostbare verguldsel in een ervan toen hij, zijn horloge pakkend, abrupt stopte en met verbazing opmerkte dat het al bijna kwart voor vijf was! Dit leek het teken voor afzondering te zijn en Catherine merkte dat ze haastig werd meegevoerd door juffrouw Tilney, op een manier die haar ervan overtuigde dat op Northanger de striktste punctualiteit werd verwacht ten aanzien van de familietijden.

Terugkerend door de grote, hoge hal liepen ze een brede trap op van glanzend eikenhout, die hen na vele treden en vele overlopen op een lange, brede galerij bracht. Aan de ene kant bevond zich een rij deuren en aan de andere kant werd de galerij verlicht door ramen en Catherine had net tijd om te ontdekken dat ze uitkeken op een vierkante binnenplaats voor juffrouw Tilney haar voorging naar een kamer en haar, na nauwelijks de hoop te hebben uitgesproken dat ze zich daar comfortabel zou voelen, verliet met het bezorgde verzoek zo weinig mogelijk wijziging in haar kleding aan te brengen.

HOOFDSTUK XXI

Catherine hoefde maar even te kijken om vast te kunnen stellen dat haar kamer in het geheel niet leek op die waarmee Henry haar in zijn verhaal bang had willen maken. Het was absoluut geen buitensporig groot vertrek en bevatte tapijten noch fluweel. De wanden waren behangen en op de vloer lag een kleed; de ramen waren noch minder volmaakt noch duisterder dan die van de zitkamer beneden. Het meubilair was weliswaar niet van de laatste mode, maar wel mooi en gerieflijk en de sfeer van de kamer was al met al niet onplezierig. Nu ze op dit punt was gerustgesteld, besloot ze geen tijd te verliezen met het onderzoeken van iets speciaals, want ze wilde de generaal absoluut niet voor het hoofd stoten door enige vertraging. Ze gooide daarom zo snel mogelijk haar mantel van zich af en stond op het punt het linnenpakket los te spelden, dat voor direct gebruik onder de bank van de koets was vervoerd, toen haar oog plotseling op een hoge kist viel, die in een diepe nis aan een kant van de schouw stond. Ze schrok van de aanblik en al het andere vergetend stond ze er in bewegingloze verbazing naar te staren terwijl de volgende gedachten door haar hoofd gingen: dit is vreemd! Ik had niet verwacht zoiets te zien! Een geweldig grote zware kist! Wat zou erin zitten? Waarom zou hij hier staan? Ook nog naar achteren geplaatst, alsof hij uit het gezicht moest zijn. Ik ga erin kijken, wat het me ook mag kosten, ik ga erin kijken... en onmiddellijk, bij daglicht. Als ik tot vanavond wacht, gaat mijn kaars misschien uit.

Ze liep ernaartoe en bekeek hem nauwkeurig: hij was van ceder, op een merkwaardige manier ingelegd met wat donkerder hout en stond ongeveer een voet boven de grond op een onderstel van hetzelfde hout. Het slot was van zilver, maar mat van ouderdom; aan beide kanten bevonden zich de resten van handvatten, ook van zilver, die misschien voortijdig waren afgebroken door een onbekend geweld en middenop het deksel bevond zich een geheimzinnig monogram van hetzelfde metaal. Catherine boog zich er aandachtig overheen, maar kon niets met zekerheid ontcijferen. Ze kon niet geloven, onder welke hoek ze het ook bekeek, dat de laatste letter een T was, maar dat het in dat huis iets anders zou zijn, was een omstandigheid die niet weinig verbazing zou wekken. Door welke gebeurtenissen kon de kist in handen van de familie Tilney zijn gekomen als hij niet oorspronkelijk van hen was geweest?

Haar angstige nieuwsgierigheid nam met de minuut toe en met trillende handen de beugel van het slot grijpend, besloot ze zichzelf in elk geval wat de inhoud betreft tevreden te stellen, wat er ook mocht gebeuren. Met moeite, want er leek iets te zijn wat zich tegen haar inspanningen verzette, tilde ze het deksel een paar centimeter omhoog, maar op dat ogenblik klonk er plotseling een klop op de kamerdeur en liet ze geschrokken los, waardoor het deksel met een donderende klap dichtviel. De ontijdige indringer was het dienstmeisje van juffrouw Tilney, dat door haar meesteres naar juffrouw Morland was gestuurd om haar te helpen en hoewel Catherine haar onmiddellijk wegstuurde, herinnerde dit haar wel aan datgene waar ze mee bezig hoorde te zijn en ondanks haar sterke verlangen in dit mysterie door te dringen, was ze gedwongen zich zonder verder uitstel te kleden. Ze schoot niet erg op, want haar gedachten en haar ogen waren nog steeds gericht op het voorwerp dat gemaakt leek om te intrigeren en te verontrusten en hoewel ze geen moment meer durfde te verspillen aan een tweede poging, kon ze nauwelijks uit de buurt van de kist blijven. Nadat ze ten slotte één arm in de mouw van haar jurk had laten glijden, was ze zo dicht bij het afronden van haar toilet, dat ze veilig kon toegeven aan haar ongeduldige nieuwsgierigheid. Eén ogenblik kon ze er toch zeker nog aan besteden en ze zou haar kracht zo niets ontziend moeten aanwenden dat het deksel, tenzij het afgesloten was door bovennatuurlijke middelen, in één klap zou worden opengegooid. In deze geest sprong ze naar voren en werd niet teleurgesteld in haar zelfvertrouwen. Haar vastbesloten inspanning wierp het deksel naar achteren en onthulde aan haar verbaasde ogen een witte, katoenen beddesprei die keurig gevouwen en helemaal alleen aan één kant van de kist lag!

Ze stond er met de eerste blos van verrassing naar te staren toen juffrouw Tilney, bezorgd of haar vriendin al klaar was, de kamer binnenkwam en aan de opkomende schaamte over de absurde verwachtingen die ze gedurende enkele minuten had gekoesterd de schaamte toevoegde van het betrapt worden bij een zo zinloze zoektocht. "Dat is een merkwaardige oude kist, nietwaar?" zei juffrouw Tilney, terwijl Catherine hem haastig sloot en zich naar de spiegel wendde. "Het is onmogelijk te zeggen hoeveel generaties hij hier al is. Hoe hij ooit in deze kamer terecht is gekomen, weet ik niet, maar ik heb hem niet verplaatst omdat ik dacht dat hij nog wel eens handig zou kunnen zijn voor het bewaren van hoeden en mutsen. Het ergste is dat hij door zijn gewicht moeilijk te openen is, maar in die hoek staat hij in elk geval niet in de weg."

Catherine had geen tijd om te praten, want terwijl ze bloosde maakte ze gelijktijdig haar jurk dicht en maakte ze in allerijl verstandige voornemens. Juffrouw Tilney gaf voorzichtig uiting aan haar vrees dat ze te laat zouden komen en binnen een halve minuut vlogen ze samen de trap af, niet geheel ten onrechte in angst, want generaal Tilney beende met zijn horloge in zijn hand door de zitkamer en trok op het moment van hun binnenkomst met geweld aan de bel en riep: "Diner opdienen, nu!"

Catherine beefde door de nadruk waarmee hij sprak en nam bleek, buiten adem en uiterst bedeesd plaats, bezorgd om zijn kinderen en met een grondige hekel aan oude kisten en de generaal, die zijn beleefde houding herwon toen hij naar haar keek, bracht de rest van de avond door met het berispen van zijn dochter, die haar lieve vriendin zo dom had gehaast dat deze nu volkomen buiten adem was, terwijl daar absoluut geen reden voor was geweest. Catherine wist haar dubbele verlegenheid echter niet te overwinnen, veroorzaakt door het gevoel dat haar vriendin door haar schuld een reprimande kreeg en het gevoel dat ze een ontzettende domoor was, voor ze gezellig aan tafel zaten en ze tot rust kwam door de beminnelijke glimlachjes van de generaal en haar eigen goede eetlust. De eetzaal was een stijlvolle ruimte, die wat afmetingen betreft geschikt was als veel grotere zitkamer dan de in gebruik zijnde en ingericht was in een kostbare en luxueuze stijl die bijna voorbijging aan het onervaren oog van Catherine, die weinig meer zag dan de ruime afmetingen en het aantal bedienden. Over het eerste punt sprak ze hardop haar bewondering uit en de generaal erkende minzaam dat het in geen geval een vertrek van slechte afmetingen was en bekende verder dat hij, hoewel dergelijke onderwerpen hem net zo onverschillig lieten als de meeste mensen, een vrij ruime eetzaal als een van de eerste levensbehoeften beschouwde. Hij veronderstelde echter dat zij "gewend moest zijn aan veel grotere vertrekken bij meneer Allen?"

"Nee, zeker niet," was Catherines oprechte antwoord, "de eetkamer van meneer Allen was niet half zo groot", en ze had nooit van haar leven een kamer gezien die zo groot was als deze. De generaal raakte in een steeds beter humeur. Tja, omdat hij nu eenmaal zulke grote kamers had, vond hij het dom om er geen gebruik van te maken, maar hij dacht toch werkelijk dat kamers die ongeveer half zo groot waren comfortabeler zouden kunnen zijn. Hij was ervan overtuigd dat het huis van meneer Allen precies de juiste afmetingen moest hebben om er redelijk gelukkig in te zijn.

De avond verliep zonder verdere verstoringen, en tijdens de incidentele afwezigheid van generaal Tilney ook bijzonder vrolijk. Alleen in zijn aanwezigheid bespeurde Catherine een geringe vermoeidheid van haar reis en zelfs dan, zelfs op de momenten van futloosheid of terughoudendheid, overheerste een algemeen gevoel van geluk en ze kon aan haar vrienden in Bath denken zonder ook maar even te wensen dat ze bij hen was.

Het was een stormachtige avond; de hele middag al was de wind met tussenpozen aangewakkerd en tegen de tijd dat het gezelschap uiteen ging, waaide en regende het hard. Terwijl ze door de hal liep, luisterde Catherine met gevoelens van ontzag naar de storm en toen ze deze rond een hoek van het oude bouwwerk hoorde razen en met een plotselinge woeste klap een verre deur hoorde dichtslaan, voelde ze voor het eerst dat ze echt in een abdij was. Ja, dit waren de karakteristieke geluiden; ze brachten de talloze angstwekkende situaties en afschuwelijke taferelen in haar herinnering die zulke gebouwen hadden gezien en zulke stormen hadden ingeluid en ze genoot met heel haar hart van de gelukkige omstandigheid dat ze zich tussen zulke statige muren bevond! Zíj had niets te vrezen van middernachtelijke moordenaars of dronken cavaliers. Het verhaal dat Henry die ochtend had verteld, was natuurlijk als scherts bedoeld geweest. In een zo goed uitgerust en bewaakt huis kon voor haar niets te ontdekken of te lijden zijn en kon ze net zo veilig naar haar slaapkamer gaan als wanneer het haar eigen slaapkamer in Fullerton was geweest. Nadat ze zichzelf, terwijl ze de trap opliep, op deze verstandige manier moed had gesproken, was ze in staat, vooral toen ze gezien had dat juffrouw Tilney slechts twee deuren verder sliep, haar kamer redelijk onverschrokken te betreden en haar opgewekte stemming werd onmiddellijk ondersteund door de warme gloed van een haardvuur. "Wat is dit toch duidelijk beter," zei ze, terwijl ze naar het haardhekje liep, "wat is het toch veel beter om een aangestoken vuur te vinden dan bibberend in de koude te moeten wachten tot de hele familie in bed ligt, zoals zo veel arme meisjes hebben moeten doen en dan aan het schrikken te worden gemaakt door een trouwe, oude bediende die binnenkomt met een bundel aanmaakhoutjes! Wat ben ik blij dat Northanger is wat het is! Als het op sommige andere huizen had geleken, weet ik niet of ik in een nacht als deze voor mijn moed had kunnen instaan, maar nu weet ik wel zeker dat er niets is om bang voor te zijn."

Ze keek de kamer rond. De gordijnen voor het raam leken te bewegen. Het kon niets anders zijn dan het geweld van de wind, die door de kieren van de luiken drong en ze stapte dapper naar voren, zorgeloos een deuntje neuriënd om zichzelf daarvan te overtuigen, keek moedig achter elk gordijn, zag niets op de lage vensterbanken dat haar bang kon maken, en werd, toen ze haar hand tegen het luik legde, geheel overtuigd van de kracht van de wind. Een blik op de oude kist, nadat ze dit onderzoek had afgerond, was niet zonder nut; ze verwierp de ongegronde angsten van een loze verbeelding en begon zich met een gevoel van tevreden onverschilligheid klaar te maken om naar bed te gaan. Ze kon de tijd nemen; ze hoefde zich niet te haasten. Het maakte haar niet uit of ze de laatste in het huis was die nog wakker zou zijn, maar ze zou het vuur niet onderhouden, want dat zou laf zijn; alsof ze naar de bescherming van licht verlangde wanneer ze eenmaal in bed lag. Het vuur ging dus uit en Catherine, die het grootste deel van een uur bezig was geweest met haar voorbereidingen, begon erover te denken om in bed te stappen toen ze, terwijl ze een laatste blik door de kamer liet gaan, getroffen werd door de aanblik van een hoog, ouderwets, zwart kabinet dat ze, hoewel het opvallend genoeg was, nog niet eerder had opgemerkt. Henry's woorden, zijn beschrijving van het ebbenhouten kabinet dat eerst aan haar aandacht zou ontsnappen, gingen onmiddellijk door haar hoofd en hoewel daar natuurlijk niet echt iets van waar kon zijn, was het toch raar; het was in elk geval een opmerkelijk toeval! Ze pakte haar kaars en bekeek het kabinet van dichtbij. Het was niet precies ebbenhout en goud, maar het was gejaponneerd, zwart met gele japonnerie van de fraaiste soort en terwijl ze haar kaars vasthield, deed het geel sterk aan goud denken. De sleutel zat in de deur en ze voelde een vreemde aandrang om erin te kijken, niet omdat ze ook maar iets verwachtte te vinden, maar het was zo merkwaardig na de dingen die Henry had gezegd. Kortom, ze kon niet gaan slapen voor ze dit onderzocht had. Dus zette ze de kaars heel voorzichtig op een stoel, pakte met een nogal beverige hand de sleutel en probeerde deze te draaien, maar de sleutel wist haar grootste kracht te weerstaan. Geschrokken, maar niet ontmoedigd, probeerde ze het op een andere manier. Een grendel schoot los en ze meende succes te hebben... maar wat was dit geheimzinnig! Er zat nog steeds geen beweging in de deur. Ze pauzeerde even in ademloze verwondering. De wind bulderde in de schoorsteen, de regen sloeg tegen de ramen en alles leek te spreken van het akelige van haar situatie. Maar met een zo onbevredigd gevoel naar bed gaan, zou geen zin hebben, want slapen zou onmogelijk zijn met de gedachte aan een zo mysterieus afgesloten kabinet in haar onmiddellijke nabijheid. Daarom pakte ze opnieuw de sleutel en na deze enkele ogenblikken, met de vastbesloten snelheid van een laatste hoopvolle inspanning, op alle mogelijke manieren te hebben bewogen, gaf de deur plotseling mee; haar hart maakte een sprongetje van opwinding bij deze overwinning en nadat ze elke vouwdeur had opengegooid –de tweede was slechts afgesloten met grendels van een minder ingenieuze constructie dan het slot– zag ze, hoewel ze niets ongewoons opmerkte, een dubbele rij kleine laden, met wat grotere laden erboven en eronder en in het midden sloot een kleine deur, ook voorzien van een slot en een sleutel, waarschijnlijk een ruimte af die belangrijk was.

Catherines hart klopte in haar keel, maar het ontbrak haar niet aan moed. Met hoogrode wangen van verwachting en grote ogen van nieuwsgierigheid grepen haar vingers het handvat van een lade en trokken deze open. De lade was helemaal leeg. Iets minder opgewonden en met grotere gretigheid pakte ze een tweede, een derde, een vierde; elke lade was net zo leeg. Ze onderzocht ze allemaal en vond niets. Omdat ze zeer belezen was in de kunst van het verbergen van een schat ontging haar niet de mogelijkheid van een valse bekleding, en ze ging snel door alle laden heen, maar tevergeefs. Alleen de ruimte in het midden had ze nog niet onderzocht, en hoewel ze 'van het begin af aan niet echt had verwacht ook maar iets in het kabinet te vinden en in het geheel niet teleurgesteld was over het ontbreken van succes, zou het dwaas zijn om de kast niet geheel te onderzoeken nu ze er toch mee bezig was'. Het duurde even voor ze deur open had, waarbij het binnenste slot dezelfde moeilijkheden gaf als het slot aan de buitenkant, maar ten slotte was hij open en nu was haar zoektocht niet langer vergeefs. Haar scherpe blik viel direct op een rol papier die in de verste hoek van de holte was geduwd, blijkbaar om hem te verbergen, en haar gevoelens op dat moment waren onbeschrijflijk. Haar hart sloeg over, haar knieën trilden en haar wangen verbleekten. Met onvaste handen pakte ze het kostbare manuscript, want een halve blik was voldoende om vast te stellen dat er handgeschreven letters op stonden en terwijl ze met een gevoel van ontzag erkende dat dit een frappant voorbeeld was van wat Henry had voorspeld, besloot ze onmiddellijk dat ze elke regel zou ontrafelen voor ze zou proberen te slapen.

Ze keek geschrokken naar haar kaars, die slechts een flauw licht afgaf, maar er was geen gevaar dat hij snel uit zou gaan; hij kon nog enkele uren branden en om te voorkomen dat ze meer moeilijkheden zou hebben met het onderscheiden van het schrift dan al veroorzaakt zouden worden door de oudheid ervan, snoot ze hem snel. Helaas! De kaars werd in één keer zowel gesnoten als gedoofd. Een licht had niet met een afschuwelijker gevolg kunnen uitgaan. Gedurende enkele ogenblikken stond Catherine aan de grond genageld van angst. Hij was helemaal uit; er was geen restje vuur in de pit dat nog door blazen kon worden aangewakkerd. De kamer was gevuld met een ondoordringbare en onbeweeglijke duisternis. Een woeste windvlaag, die met plotselinge razernij kwam opzetten, voegde nieuwe gruwelen aan het moment toe. Catherine beefde van top tot teen. In de stilte die volgde, werd haar bange oor getroffen door het geluid van verdwijnende voetstappen en het sluiten van een verre deur. Dit was meer dan de menselijke natuur kon verdragen. Het koude zweet stond op haar voorhoofd, het manuscript viel uit haar hand en op de tast haar weg naar het bed zoekend, sprong ze er haastig in en zocht wat verlichting van de angst door diep onder de dekens te kruipen. Ze voelde dat ze die nacht absoluut niet zou kunnen slapen. Met een zo terecht opgewekte nieuwsgierigheid en zulke gevoelens van opwinding kon rust niet anders dan onmogelijk zijn. En buiten ging het zo vreselijk tekeer! Ze was niet gewend bang te zijn voor de wind, maar nu leek elke vlaag vol van afschuwelijke fluisteringen. Hoe kon dat manuscript worden verklaard, dat op zulk een wonderbaarlijke wijze was gevonden, dat zo wonderbaarlijk overeen kwam met de voorspelling van die ochtend? Wat kon het bevatten? Op wie kon het betrekking hebben? Hoe kon het zo lang verborgen zijn gebleven? En hoe bijzonder was het dat het haar lot was geweest het te vinden. Maar tot ze op de hoogte zou zijn van de inhoud, zou ze rust nog duur kunnen vinden en ze was vastbesloten deze bij de eerste stralen van de zon te bestuderen. Tot die tijd wachtten haar echter nog vele lange uren. Ze huiverde, lag te woelen in haar bed en benijdde elke rustige slaper. De storm raasde, en haar oor werd bij tussenpozen opgeschrikt door verschillende geluiden, angstaanjagender nog dan die van de wind. Zelfs de gordijnen van haar bed leken op een gegeven moment in beweging te zijn en op een ander moment leek het slot van de deur zich te roeren, als door een poging van iemand om binnen te komen. Een hol gemompel leek over de galerij te kruipen en meer dan eens voelde ze haar bloed stollen bij het geluid van verre weeklachten. Uur na uur ging voorbij en de uitgeputte Catherine had drie uur horen luiden door alle klokken in het huis voor de storm afnam, of ze was zonder het te weten in een diepe slaap gevallen.

Hoofdstuk XXII

Het eerste geluid dat Catherine hoorde, was dat van het dienstmeisje dat om acht uur de volgende dag de luiken terugklapte en verbaasd dat ze ooit konden zijn dichtgegaan, opende ze haar ogen en zag prettige dingen; het vuur brandde al en de nachtelijke storm was overgaan in een heldere ochtend. Het moment waarop ze zich weer bewust was van haar bestaan, keerde de herinnering aan het manuscript terug en zodra het dienstmeisje wegging, sprong ze uit bed en verzamelde gretig de verspreide vellen papier die zich uit de rol hadden losgemaakt toen deze op de vloer was gevallen. Toen vloog ze terug om op haar kussen de luxe van het ontcijferen te kunnen genieten. Ze zag nu duidelijk dat ze geen manuscript moest verwachten dat net zo lang was als de meeste manuscripten in de boeken waarover ze zich huiverend had gebogen, want de rol, die uitsluitend uit kleine, losse vellen leek te bestaan, was in zijn geheel van onbeduidende omvang en veel kleiner dan ze eerst had gedacht.

Haar begerige blik ging snel over een vel papier. Ze schrok van de strekking ervan. Was het mogelijk of werd ze door haar zintuigen bedrogen? Al wat ze voor zich zag, scheen een inventarislijst van linnengoed te zijn, geschreven in grove en moderne letters! Als ze haar ogen mocht vertrouwen, hield ze een rekening van de wasvrouw in haar hand. Ze pakte een ander vel en zag dezelfde artikelen, met een kleine variatie; een derde, een vierde en een vijfde boden niets nieuws. Elk vel confronteerde haar met hemden, kousen, halsdoeken en vesten. Twee andere, beschreven door dezelfde hand, bevatten in blokletters een nauwelijks interessantere uitgave aan haarpoeder, schoenveters en een lappenbal. En het grotere vel, dat rond de andere gerold was geweest, leek op grond van de eerste kriebelige regel: 'Voor kompres kastanjekleurige merrie' een rekening van een veearts te zijn! Dat was de verzameling papieren (misschien, zoals ze toen kon veronderstellen, op de plaats waar ze deze had gevonden achtergelaten door een slordige bediende) die haar vervuld had van verwachting en opwinding en haar beroofd had van haar halve nachtrust! Ze voelde zich tot op het bot vernederd. Waarom had ze niets geleerd van het avontuur met de kast? Een hoek ervan, die haar in het oog viel terwijl ze daar lag, leek bestraffend voor haar op te rijzen. Niets kon nu duidelijker zijn dan het absurde van haar laatste fantasieën. Te veronderstellen dat een manuscript van vele generaties geleden onontdekt had kunnen blijven in een kamer als deze, zo modern, zo gerieflijk! Of dat zij de eerste zou zijn geweest die erin geslaagd was een kabinet te openen waarvan de sleutel voor iedereen te vinden was!

Hoe had ze zichzelf zo voor de gek kunnen houden? De hemel verhoede dat Henry Tilney ooit op de hoogte zou raken van haar dwaze gedrag! En het was in hoge mate aan hem te wijten, want als het kabinet niet zo precies had overeengestemd met zijn beschrijving van haar avonturen zou ze er niet in het minst nieuwsgierig naar zijn geweest. Dat was haar enige troost. Ongeduldig om van dat gehate bewijs van haar dwaasheid af te komen, van die afschuwelijke papieren die verspreid lagen over het bed, kwam ze onmiddellijk overeind, rolde ze zo goed ze kon op dezelfde manier als tevoren op en legde ze op dezelfde plaats terug in het kabinet met de hartgrondige wens dat ze nooit meer door een of ander ongelukkig toeval te voorschijn zouden komen om haar zelfs in haar eigen ogen te schande te maken.

Waarom de sloten zo moeilijk open waren gegaan, was echter nog steeds een vraag, want ze vormden nu geen enkel probleem meer. Dit was toch beslist raadselachtig en aan die plezierige speculatie gaf ze zich een halve minuut over, tot de mogelijkheid dat de deuren in eerste instantie geopend en niet gesloten waren geweest en dat zij ze zelf op slot had gedaan, in haar hoofd opkwam en haar nog een blos bezorgde.

Zo snel ze kon verliet ze die kamer die zulke onprettige gedachten over haar gedrag in haar opriep en zocht haastig haar weg naar de ontbijtzaal, zoals deze haar de avond tevoren door juffrouw Tilney was uitgelegd. De enige die daar was, was Henry en zijn onmiddellijk uitgesproken hoop dat ze geen last zou hebben gehad van de storm, met een ondeugende verwijzing naar het karakter van het gebouw waarin ze verbleven, bracht haar wat in verlegenheid. Voor geen goud wilde ze dat hij haar zwakte zou vermoeden, maar niet in staat een absolute onwaarheid te vertellen, kon ze niet anders dan erkennen dat de wind haar enigszins wakker had gehouden. "Maar nu hebben we een prachtige ochtend," voegde ze eraan toe, met de wens dit onderwerp zo snel mogelijk te verlaten, "en stormen en slapeloosheid zijn vergeten wanneer ze voorbij zijn. Wat een schitterende hyacinten! Ik heb net geleerd een hyacint te waarderen."

"En hoe hebt u dat geleerd? Door toeval of overtuiging?"

"Uw zuster heeft het me geleerd; ik kan niet zeggen hoe. Mevrouw Allen heeft jarenlang moeite gedaan mij te leren ervan te houden, maar ik kon het nooit tot ik ze laatst in Milsom Street zag; bloemen laten mij van nature onverschillig."

"Maar nu houdt u van de hyacint. Dat is mooi. U hebt een nieuwe bron van plezier gevonden en het is goed om zo veel greep op geluk te hebben als maar mogelijk is. Bovendien is gevoel voor bloemen altijd wenselijk voor uw sekse, als middel om u buitenshuis te krijgen en u tot meer lichaamsbeweging te verleiden dan u anders zou nemen. En de liefde voor de hyacint mag dan van nogal huiselijke aard zijn, maar wie weet... als het gevoel eenmaal is opgewekt, komt u misschien in de loop der tijd zover dat u van een roos gaat houden."

"Maar ik heb zo'n bezigheid niet nodig om de deur uit te gaan. Het plezier van wandelen en frisse lucht inademen is genoeg voor mij en bij mooi weer ben ik meer dan de helft van de tijd buiten. Mama zegt dat ik nooit binnen ben."

"Hoe het ook zij, ik ben in elk geval blij dat u geleerd hebt van een hyacint te houden. De gewoonte van het leren liefhebben is waar het om gaat en de bereidheid tot leren is een grote zegen in een jongedame. Heeft mijn zuster een plezierige manier van onderwijzen?"

De verlegenheid van het zoeken naar een antwoord werd Catherine bespaard door de binnenkomst van de generaal, wiens glimlachende complimenten getuigden van een tevreden stemming, maar wiens milde zinspeling op het sympathieke van vroeg opstaan niet bijdroeg aan het herwinnen van haar kalmte.

Toen ze aan tafel zaten, trok de verfijning van het ontbijtservies onmiddellijk Catherines aandacht en gelukkig was dit een keuze van de generaal geweest. Hij was verrukt van haar goedkeuring van zijn smaak, gaf toe dat het elegant en eenvoudig was, vond het juist om de productie van het eigen land te stimuleren en zei dat wat hem betrof, voor zijn weinig kritische gehemelte, de thee net zo heerlijk op smaak werd gebracht door de klei van Staffordshire als door die van Dresden of Sêvre. Maar dat servies was twee jaar geleden gekocht en dus vrij oud. De fabricage was sinds die tijd sterk verbeterd; hij had wat prachtige voorbeelden gezien toen hij de laatste keer in de stad was en had, als hij niet volkomen gespeend was geweest van die soort ijdelheid, in de verleiding kunnen komen een nieuw servies te bestellen. Hij verwachtte echter dat zich weldra de gelegenheid zou voordoen om er een te kiezen, hoewel niet voor zichzelf. Catherine was waarschijnlijk de enige in het gezelschap die hem niet begreep.

Kort na het ontbijt vertrok Henry naar Woodston, waar hij heen moest voor zaken die hem daar twee of drie dagen zouden houden. Ze gingen allemaal naar de hal om hem te zien opstijgen en zodra ze terug waren in de ontbijtzaal liep Catherine naar een van de ramen in de hoop nog een glimp van hem op te vangen. "Dit vergt heel wat vastberadenheid van je broer", merkte de generaal op tegen Eleanor. "Woodston zal er vandaag zeer somber uitzien."

"Is Woodston mooi?" vroeg Catherine.

"Wat zou jij zeggen, Eleanor? Zeg maar wat jij ervan vindt, want dames kennen de smaak van dames ten aanzien van huizen het best en ook die van heren. Ik denk dat het onbevooroordeeldste oog zou erkennen dat het vele kwaliteiten heeft. Het huis staat op het zuidoosten, tussen mooie weilanden en heeft een uitstekende moestuin die net zo ligt; ongeveer tien jaar geleden heb ik de omringende muren laten bouwen en voor een veestapel gezorgd in het belang van mijn zoon. Het is een familiehuis, juffrouw Morland, en omdat het in principe mijn eigendom is, mag u rustig aannemen dat het niet slecht zal zijn. Als Henry's inkomen alleen van dit bezit afhankelijk zou zijn, zou hij goed verzorgd zijn. Het lijkt misschien vreemd dat ik, met slechts twee jongere kinderen, vind dat hij een beroep moet uitoefenen en er zijn zeker momenten waarop wij allemaal wensen dat hij geen zakelijke verplichtingen zou hebben, maar hoewel ik nu niet direct verwacht jullie beiden te bekeren, ben ik ervan overtuigd, juffrouw Morland, dat uw vader het net als ik verstandig vindt om elke jongeman enige bezigheid te geven. Het gaat niet om het geld, dat is het punt niet, maar om de bezigheid. Zelfs Frederick, mijn oudste zoon, begrijpt u, die misschien een net zo beduidend bezit zal erven als elke financieel onafhankelijke persoon in het graafschap, heeft een beroep."

Het indrukwekkende effect van zijn laatste argument kwam overeen met zijn wens. Uit het zwijgen van de dame bleek dat ze er geen antwoord op had.

De vorige avond was iets gezegd over een rondleiding door het huis en hij bood zichzelf nu aan als haar begeleider en hoewel Catherine gehoopt had het slechts in gezelschap van zijn dochter te verkennen, was het een voorstel dat op zichzelf hoe dan ook te welkom was om niet met vreugde geaccepteerd te worden, want ze had nu al achttien uur in de abdij doorgebracht en nog maar een paar van de kamers gezien. De breimand, die zojuist rustig te voorschijn was gehaald, werd met vreugdevolle haast gesloten en ze was in een ogenblik klaar om met hem mee te gaan. 'En wanneer ze het huis hadden bekeken, beloofde hij zichzelf daarbij het genoegen haar naar de heesterperken en tuin te begeleiden.' Met een revérence betuigde ze haar instemming. 'Maar het zou haar misschien beter bevallen als ze deze tot haar eerste doel zou maken. Het weer was gunstig op dat moment en in die tijd van het jaar was het sterk de vraag of dat zo zou blijven. Waar gaf ze de voorkeur aan?' Hij was geheel tot haar dienst. Wat zou volgens zijn dochter het meest overeenstemmen met de wensen van haar lieve vriendin? Maar hij dacht dat hij het wel kon raden. Ja, in de ogen van juffrouw Morland las hij beslist de verstandige wens om het stralende weer van het moment te benutten. Maar wanneer had zij het ooit mis? De abdij zou altijd veilig en droog zijn. Hij gaf zich onvoorwaardelijk over, zou zijn hoed pakken en zich in een oogwenk bij hen voegen.' Hij verliet de kamer en met een teleurgesteld en bezorgd gezicht begon Catherine te vertellen dat ze er niets voor voelde als hij hun tegen zijn zin mee naar buiten zou nemen, alleen vanuit het misplaatste idee dat hij haar daarmee een plezier zou doen, maar ze werd onderbroken door juffrouw Tilney, die enigszins verward zei: "Ik denk dat het verstandig is om gebruik te maken van de ochtend nu deze zo mooi is en wat mijn vader betreft, hoeft u zich niet ongemakkelijk te voelen; hij maakt altijd een wandeling rond deze tijd van de dag."

Catherine wist niet goed wat ze hiervan moest denken. Waarom voelde juffrouw Tilney zich in verlegenheid gebracht? Kon er bij de generaal enige terughoudendheid bestaan om haar de abdij te laten zien? Het voorstel was van hem gekomen. En was het niet vreemd dat hij zijn wandeling altijd zo vroeg zou maken? Haar vader noch meneer Allen deed dat. Het was in elk geval heel frustrerend. Ze kon niet wachten om het huis te zien en was niet echt nieuwsgierig naar de gronden. Als Henry nou bij hen was geweest! Maar nu zou ze nog niet weten wat schilderachtig was wanneer ze het zag. Dat waren haar gedachten, maar ze hield ze voor zichzelf en zette lijdzaam haar bonnet op.

Ze was echter boven verwachting onder de indruk van de grandeur van de abdij toen ze deze voor het eerst vanaf het gazon zag. Het hele gebouw omsloot een grote binnenplaats en twee zijden van de vierhoek, rijk aan gotische ornamenten, staken naar voren om bewonderd te worden. De rest was ingesloten door hellingen begroeid met oude bomen of weelderige beplantingen en de steile, beboste heuvels die beschuttend aan de achterkant oprezen waren zelfs prachtig in de bladloze maand maart. Zoiets moois had Catherine nog nooit gezien en haar verrukte gevoelens waren zo sterk dat ze zonder te wachten op een eventueel deskundiger oordeel uitbarstte in verbaasde en lovende woorden. De generaal luisterde met instemmende dankbaarheid en het was alsof zijn eigen waardering voor Northanger op dat moment had gewacht om vaste vorm te krijgen.

Het volgende dat bewonderd moest worden, was de moestuin, en door een klein deel van het park lopend ging hij hen voor.

Het aantal hectaren waar deze tuin uit bestond was zo groot dat Catherine niet zonder verbijstering kon luisteren, want het was meer dan twee keer de oppervlakte van alles van meneer Allen en van haar vader, kerkhof en boomgaard inbegrepen. De muren leken talloos in aantal, eindeloos in lengte; rond hen leek een dorp van kassen op te rijzen en binnen de omheining leek een hele parochie aan het werk te zijn. De generaal was gevleid door haar verbaasde blikken, die hem bijna net zo duidelijk vertelden, zoals hij haar al snel dwong in woorden te vertellen, dat ze nog nooit tuinen had gezien die deze konden evenaren en hij gaf vervolgens bescheiden toe dat hij 'zonder dat soort ambitie, zonder enige zorg hierover, dacht dat ze hun gelijke in het gehele koninkrijk niet kenden. Als hij al een stokpaardje had, dan was dàt het. Hij was gek op tuinen. Hoewel hij onverschillig genoeg was waar het om zaken als eten ging, was hij gek op goed fruit – en als hij het niet was, waren zijn vrienden en kinderen het wel. Aan het onderhoud van een tuin als deze waren echter grote ergernissen verbonden. De uiterste zorg kon niet altijd de waardevolste vruchten garanderen. De ananaskwekerij had het laatste jaar niet meer dan honderd opgeleverd. Meneer Allen, veronderstelde hij, moest dit soort ongemakken net zozeer ervaren als hij.'

'Nee, in het geheel niet. Meneer Allen gaf niets om de tuin en zette er nooit een voet in.'

Met een triomfantelijke, zelfvoldane glimlach wenste de generaal dat hij daartoe in staat was, want hij kon geen voet in de zijne zetten zonder zich op de een of andere manier te ergeren, omdat de tuin nooit aan zijn verwachtingen beantwoordde.

'Hoe werd met de vervolgkassen van meneer Allen gewerkt?' Hij beschreef de aard van die van hemzelf terwijl ze er binnengingen.

'Meneer Allen had maar één kleine kas, die mevrouw Allen in de winter voor haar planten gebruikte en waarin zo nu en dan een vuurtje brandde.'

"Hij is een gelukkig man", zei de generaal, met een uiterst tevreden uitdrukking van minachting.

Nadat hij haar elk onderdeel had laten zien en haar langs elke muur had geleid, tot ze hartgrondig genoeg had van bekijken en bewonderen, stond hij de meisjes uiteindelijk toe gebruik te maken van een buitendeur en na zijn wens te hebben verwoord om het effect te onderzoeken van een aantal recente veranderingen aan het theehuis, stelde hij dit voor als een niet onplezierige verlenging van hun wandeling, als juffrouw

Morland niet vermoeid was. “Maar, Eleanor, waar ga je heen? Waarom kies je dat koude, vochtige pad ernaartoe? Juffrouw Morland zal nog nat worden. We kunnen het beste door het park lopen.”

“Dit is zo’n favoriete wandeling van mij,” zei juffrouw Tilney, “dat ik altijd denk dat het de beste en kortste weg is, maar misschien is het wel vochtig.”

Het was een smal, bochtig pad door een dicht bos van grove dennen en getroffen door de sombere aanblik en verlangend het te betreden, kon Catherine er zelfs door de afkeuring van de generaal niet van weerhouden worden zich daarheen te begeven. Hij bemerkte dit en was, na nogmaals vergeefs een pleidooi in het belang van de gezondheid te hebben gehouden, te beleefd om zich verder te verzetten. Hij verontschuldigde zich echter dat hij niet meeging: ‘De zonnestralen waren hèm niet te fel en hij zou hen via een andere route weer ontmoeten.’ Hij liep weg en Catherine ontdekte geschokt hoe opgelucht ze was door die scheiding. Doordat de schok minder echt was dan de opluchting, leed deze hier echter niet onder en ze begon met een luchtige vrolijkheid te praten over de heerlijke zwaarmoedigheid waartoe een dergelijk bos inspireerde.

“Ik ben bijzonder dol op deze plek”, zei haar vriendin met een zucht. “Het was de favoriete wandeling van mijn moeder.”

Catherine had mevrouw Tilney nooit eerder in de familie horen noemen en de belangstelling die werd opgewekt door deze tedere herinnering toonde zich direct in haar veranderde uitdrukking en in de aandachtige stilte waarmee ze op meer wachtte.

"Ik heb hier zo vaak met haar gewandeld!" voegde Eleanor eraan toe. "Hoewel ik er nooit zo veel van gehouden heb als sinds die tijd. Ik heb me destijds inderdaad verbaasd over haar keuze. Maar nu is het de herinnering aan haar die het dierbaar maakt!"

"En zou het haar echtgenoot dan ook niet dierbaar moeten zijn?" merkte Catherine op. "Toch wilde de generaal hier niet doorheen lopen." Toen juffrouw Tilney bleef zwijgen, waagde ze het te zeggen: "Haar dood moet een zware last zijn geweest."

"Ja, en die wordt alleen maar groter", antwoordde de ander op gedempte toon. "Ik was nog maar dertien toen het gebeurde en hoewel ik het verlies waarschijnlijk zo sterk heb gevoeld als iemand die zo jong is het kan voelen, wist ik toen niet, kon ik toen niet weten hoe groot dat verlies was." Ze was even stil en voegde er toen op besliste toon aan toe: "Ik heb geen zuster, weet u, en hoewel Henry, hoewel mijn broers mij zeer toegenegen zijn en Henry hier regelmatig is, waar ik zeer dankbaar voor ben, is het onmogelijk voor mij om niet dikwijls eenzaam te zijn."

"U moet hem wel vreselijk missen."

"Een moeder zou er altijd zijn geweest. Een moeder zou een constante vriendin zijn geweest; haar invloed zou elke andere overtroffen hebben."

'Was ze een charmante vrouw? Was ze knap? Was er een schilderij van haar in de abdij? En waarom was dat bos zo speciaal voor haar geweest? Kwam dat door neerslachtigheid?' Dit waren vragen die nu gretig werden afgevuurd. Op de eerste drie volgde een snelle bevestiging, aan de twee andere werd voorbijgegaan; en met elke vraag, of deze nu beantwoord werd of niet, nam Catherines belangstelling voor de overleden mevrouw Tilney toe. Ze was ervan overtuigd dat ze ongelukkig was geweest in haar huwelijk. De generaal was vast en zeker een gevoelloze echtgenoot geweest. Hij had niet van haar wandeling gehouden: kon hij dan wel van haar gehouden hebben? Bovendien mocht hij dan nog zo knap zijn, maar er was iets in zijn gezicht dat erop duidde dat hij haar niet goed had behandeld.

"Ik neem aan dat haar portret", zei ze, blozend wegens de sluwheid van haar eigen vraag, "in uw vaders kamer hangt?"

"Nee, het was bedoeld voor de zitkamer, maar mijn vader was ontevreden over het schilderij en het heeft gedurende enige tijd geen plaats gehad. Kort na haar dood heb ik het mij toegeëigend en in mijn slaapkamer gehangen, waar ik het u met liefde zal laten zien; het is een goede gelijkenis." Dit was weer een bewijs. Een portret –een goede gelijkenis– van een overleden vrouw, niet gewaardeerd door de echtgenoot! Hij moest wel afschuwelijk wreed tegen haar zijn geweest!

Niet langer probeerde Catherine voor zichzelf de aard te verbergen van de gevoelens die hij, ondanks al zijn attenties, tot op dat moment in haar had opgewekt; en wat tevoren angst en aversie was geweest, was nu absolute afkeer. Ja, afkeer! Zijn wrede behandeling van een zo charmante vrouw maakte hem nu weerzinwekkend voor haar. Ze had vaak gelezen over zulke personages, personages die door meneer Allen altijd onnatuurlijk en overtrokken werden genoemd, maar hier was een duidelijk bewijs van het tegendeel.

Ze had dit nog niet voor haarzelf vastgesteld, of het eind van het pad bracht hen direct bij de generaal en al haar deugdzame verontwaardiging ten spijt was ze opnieuw verplicht met hem te wandelen, naar hem te luisteren en zelfs te glimlachen wanneer hij glimlachte. Doordat ze echter niet langer in staat was plezier te beleven aan de omgeving, werd haar gang al snel wat vermoeider; de generaal merkte dit op en drong er, met een bezorgdheid om haar gezondheid die haar leek te verwijten hoe ze over hem dacht, sterk op aan dat ze met zijn dochter terug zou keren naar het huis. Hij zou zich over een kwartier weer bij hen voegen. Opnieuw scheidden hun wegen zich, maar Eleanor werd een halve minuut later teruggeroepen en kreeg het strikte verbod haar vriendin voor zijn terugkeer door de abdij rond te leiden. Dit tweede blijk van het verlangen datgene uit te stellen wat zij zo graag wenste, beschouwde Catherine als zeer opmerkelijk.

Hoofdstuk XXIII

Er ging een uur voorbij voor de generaal binnenkwam, een uur dat door zijn jonge gast besteed werd aan een weinig gunstige beschouwing van zijn karakter. 'Deze langere afwezigheid, deze eenzame zwerftochten, getuigden niet van een rustige geest of een zuiver geweten.' Ten slotte verscheen hij en welke de aard van zijn sombere overpeinzingen ook mocht zijn geweest, hij kon nog steeds tegen hèn glimlachen. Juffrouw Tilney, die de nieuwsgierigheid van haar vriendin naar het huis wel enigszins begreep, kwam al snel terug op het onderwerp en haar vader, die in tegenstelling tot Catherines verwachtingen niet met voorwendselen kwam voor verder uitstel, behalve de wens vijf minuten te krijgen om te regelen dat er bij hun terugkomst verfrissingen in de kamer gereed zouden staan, was ten slotte klaar om hen te begeleiden.

Ze gingen op weg en met een elan, met een waardige pas die opvielen, maar de twijfels van de belezen Catherine niet konden wegnemen, ging hij hen door de hal, door de zitkamer en door een nutteloze wachtkamer voor naar een kamer die zowel wat afmetingen als meubilair betrof schitterend was – de salon, alleen gebruikt voor belangrijk gezelschap. Dit vertrek was heel statig, heel chic, heel uitnodigend, was alles wat Catherine te zeggen had, want haar weinig kritische oog merkte nauwelijks de kleur op van het satijn en alle omstandige lofprijzingen, alle lofprijzingen die enige betekenis hadden, werden geleverd door de generaal: de kostbaarheid of verfijnde smaak van de inrichting van de kamers betekende niets voor haar; ze was niet geïnteresseerd in meubelen die van een latere tijd dateerden dan de vijftiende eeuw. Toen de generaal zijn eigen nieuwsgierigheid had bevredigd door elk bekend ornament aan een nauwkeurige beschouwing te onderwerpen, gingen ze verder naar de bibliotheek, een vertrek dat, op zijn eigen wijze, dezelfde pracht uitstraalde en een verzameling boeken bevatte waar zelfs een nederig man met trots naar zou hebben gekeken. Met oprechter gevoelens dan tevoren luisterde Catherine, bewonderde en verwonderde zich, verzamelde alles wat ze kon van deze opslagplaats van kennis door de titels van een halve plank langs te lopen en was klaar om verder te gaan. Maar hoezeer ze dit ook wenste, er sprongen geen reeksen kamers te voorschijn. Hoe groot het gebouw ook was, ze had het grootste deel al bezocht en toen haar verteld werd dat de zes of zeven vertrekken die ze nu had gezien, met de keuken erbij, drie zijden van de binnenplaats omringden, kon ze dit nauwelijks geloven, of de gedachte van zich afzetten dat er nog vele geheime vertrekken moesten zijn. Met enige opluchting hoorde ze echter dat ze bij hun terugkeer naar de in gebruik zijnde vertrekken door een aantal minder belangrijke zouden komen, die uitkeken op de binnenplaats en de verschillende zijden verbonden, met incidentele gangen die toch enigszins complex waren; verder werd ze getroost door de mededeling dat ze op een plaats liep die ooit een kruisgang was geweest, waarbij ze op de sporen van cellen werd gewezen en verschillende deuren zag die niet geopend noch aan haar verklaard werden en door achtereenvolgens een bezoek te brengen aan een biljartkamer en de privé-vertrekken van de generaal, zonder te begrijpen hoe ze verbonden waren en zonder rechtsaf te kunnen gaan toen ze deze verliet en ten slotte door een bezoek aan een kleine, donkere kamer, die het stempel van Henry droeg en bezaaid was met zijn rommeltje aan boeken, geweren en overjassen.

Van de eetzaal, waarvan –hoewel reeds gezien en altijd om vijf uur te zien– de generaal zich niet het genoegen kon laten ontgaan de lengte in passen uit te meten, dit voor een duidelijker informatie van juffrouw Morland, iets wat haar twijfel noch haar interesse kon opwekken, kwamen ze via een doorsteek in de keuken, de oude kloosterkeuken, rijk aan massieve muren en rook uit vroeger tijden en aan kachels en fornuizen uit de huidige tijd. De vernieuwende hand van de generaal had hier geen tijd verloren laten gaan: elke moderne uitvinding die het werk van de koks kon vergemakkelijken, was hier, in hun ruime werkterrein, opgenomen en waar het genie van anderen had gefaald, had het zijne dikwijls de verlangde volmaaktheid gebracht. Zijn schenkingen aan deze ruimte alleen zouden hem te allen tijde een waardige plaats hebben bezorgd onder de weldoeners van het klooster.

Met de muren van de keuken eindigde het oude deel van de abdij; de vierde zijde van de binnenplaats was wegens de slechte staat verwijderd door de vader van de generaal en op die plaats was het huidige deel opgetrokken. Hier kwam een einde aan al het eerbiedwaardige. Het nieuwe bouwwerk was niet alleen nieuw, maar droeg die nieuwheid ook uit; alleen bedoeld voor werkruimten en achter door stalerven ingesloten, was eenheid van architectuur niet nodig geacht. Catherine had razend kunnen worden op degene die alles wat waardevoller moest zijn geweest dan al het overige met de grond gelijk had gemaakt, alleen uit overwegingen van zuinigheid en als de generaal haar dit had toegestaan, had ze graag gewild dat haar de ergernis was bespaard van een wandeling langs taferelen die zo diep gezonken waren, maar als er iets was waar hij prat op ging, was het de inrichting van zijn werkruimten; en aangezien hij ervan overtuigd was dat, voor een geest als die van juffrouw Morland, een blik op de accommodaties en gemakken die het werk van haar minderen verzachtten, altijd bevredigend moest zijn, hoefde hij zich niet te verontschuldigen voor een verdere rondleiding. Ze onderwierpen alles aan een korte inspectie en Catherine was boven verwachting onder de indruk van hun veelzijdigheid en comfort. De doeleinden waarvoor in Fullerton een paar vormloze voorraadkamers en ongemakkelijke bijkeukens als voldoende werden beschouwd, waren hier verwezenlijkt met gepaste indelingen die gerieflijk en ruim waren. Ze was niet minder onder de indruk van het aantal bedienden dat voortdurend te zien was dan van hun werkruimten. Overal waar ze kwamen, stopte wel een meisje op klompen om een buiging te maken of trok een of andere halfgeklede knecht zich schielijk terug. Maar dit was een abdij! Hoe onuitsprekelijk verschilde deze in de huishoudelijke regelingen van de voorbeelden waarover ze had gelezen, van abdijen en kastelen waar, hoewel ze beslist groter waren dan Northanger, al het grove werk moest worden gedaan door op zijn hoogst twee paar vrouwenhanden. Hoe ze dat allemaal aankonden, had mevrouw Allen dikwijls verbaasd en nu Catherine zag wat hier moest gebeuren, begon ze zelf verbaasd te raken.

Ze keerden terug naar de hal, zodat de hoofdtrap kon worden beklommen en kon worden gewezen op de schoonheid van het hout en de versieringen van rijk houtsnijwerk en toen ze boven waren gekomen, begaven ze zich in tegengestelde richting van de galerij waaraan haar kamer lag en betraden al snel een op dezelfde verdieping gelegen galerij, die echter langer en breder was. Hier werden haar achtereenvolgens drie grote slaapkamers getoond, met hun kledingkasten, die allemaal zeer volledig en fraai waren ingericht; aan deze vertrekken was alles gedaan om ze comfortabel en elegant te maken en doordat ze binnen de voorgaande vijf jaar waren ingericht, waren ze volmaakt in alles wat in het algemeen aangenaam was en misten ze alles wat Catherine een plezier kon doen. Toen ze de laatste bekeken, keerde de generaal zich –na luchtig een paar van de vooraanstaande personen te hebben genoemd waardoor ze in de loop der tijd met een bezoek waren vereerd– glimlachend tot Catherine en sprak de hoop uit dat de eerste gebruikers vanaf dat moment 'onze vrienden uit Fullerton' zouden zijn. Ze was zich bewust van het onverwachte compliment en betreurde haar onvermogen om goed te denken over een man die zich zo vriendelijk uitte tegen haar en zo hoffelijk over haar familie.

Aan het einde van de galerij bevonden zich klapdeuren. Juffrouw Tilney, die voorop liep, had deze opengegooid, was er doorheen gelopen en leek op het punt hetzelfde te doen met de eerste deur aan haar linkerhand, in een ander lang deel van de galerij, toen de generaal naar voren liep en haar haastig en, naar Catherine dacht, vrij boos terugriep met de vraag waar ze heen ging. 'Wat was er verder nog te zien? Had juffrouw Morland nog niet alles gezien wat haar aandacht waard was? En dacht ze niet dat haar vriendin na een dergelijke inspanning blij zou zijn met een verfrissing?' Juffrouw Tilney stapte onmiddellijk achteruit en de zware deuren werden gesloten voor de gekwetste Catherine, die, nadat ze achter de deuren een glimp had opgevangen van een smallere gang met talrijke openingen en de tekenen van een wenteltrap eindelijk meende binnen het bereik te zijn van iets wat haar aandacht waard was en, terwijl ze met tegenzin door de galerij terugliep, het gevoel had dat ze liever de kans zou krijgen dat deel van het huis te onderzoeken dan alle opschik van de rest te zien. Ze werd hierin extra gestimuleerd door de duidelijke wens van de generaal zulk een onderzoek te voorkomen. Hier moest vast iets verborgen blijven; haar fantasie, die de laatste tijd een of twee keer te ver was gegaan, kon haar hier niet misleiden en wat dat iets was, leek verduidelijkt te worden door een korte zin van juffrouw Tilney, uitgesproken terwijl ze de generaal op enige afstand de trap af volgden: "Ik wilde u meenemen naar de kamer die van mijn moeder was, de kamer waarin ze gestorven is", waren alle woorden die ze sprak, maar hoe weinige het ook waren, voor Catherine spraken ze boekdelen. Het was geen wonder dat de generaal terugdeinsde voor het zien van de voorwerpen die die kamer moest bevatten, een kamer die hij naar alle waarschijnlijkheid nooit meer had betreden sinds de vreselijke gebeurtenis die een einde had gemaakt aan het lijden van zijn vrouw en hem had overgelaten aan het knagen van zijn geweten.

Eenmaal alleen met Eleanor vertelde ze haar hoe graag ze de kamer wilde zien en de rest van die kant van het huis en Eleanor beloofde dat ze haar hierin tegemoet zou komen zodra zich een geschikt ogenblik zou voordoen. Catherine begreep haar: de generaal moest het huis uit zijn voor die kamer kon worden binnengegaan. "Ik neem aan dat er niets aan veranderd is", zei ze op meelevende toon.

"Nee, niets."

"En hoe lang geleden is uw moeder gestorven?"

"Het is al negen jaar geleden." En negen jaar, zo wist Catherine, was maar een korte periode vergeleken met de tijd die meestal verliep voor de kamer van een onrechtvaardig behandelde vrouw op orde werd gebracht.

"Ik neem aan dat u tot op het laatst bij haar bent geweest?"

"Nee," zei juffrouw Tilney met een zucht, "ik was helaas niet thuis. Haar ziekte was plotseling en kort, en het was al gebeurd voor ik hier was."

Catherine huiverde bij de vreselijke veronderstellingen die deze woorden als vanzelf opriepen. Kon het mogelijk zijn...? Kon Henry's vader...? En toch, hoeveel voorbeelden waren er niet om zelfs de zwaarste verdenkingen te rechtvaardigen? En toen ze 's avonds zag, terwijl ze zich samen met haar vriendin met naaiwerk bezighield, hoe hij een uur lang langzaam en in gedachten door de zitkamer beende, met neergeslagen ogen en gefronst voorhoofd, wist ze zeker dat ze hem niet verkeerd beoordeelde. Dit waren de houding en het gedrag van een Montoni. Wat kon een duidelijker uitdrukking zijn van de sombere werking van een geest die in zijn vreselijke herinnering aan een met schuld overladen verleden niet geheel verstoken was van menselijk gevoel? De ongelukkige man! En haar gevoelens van bezorgdheid leidden haar blik zo herhaaldelijk naar zijn figuur dat het juffrouw Tilney's aandacht trok. "Mijn vader", fluisterde ze, "loopt dikwijls zo door de kamer; het is absoluut niet ongebruikelijk."

Des te erger! dacht Catherine; een dergelijke ongelegen lichaamsbeweging was in overeenstemming met zijn ontijdige ochtendwandelingen en voorspelde niet veel goeds.

Na een avond die zo weinig gevarieerd was en zo lang leek te duren dat ze zich sterk bewust was van het gemis van Henry's aanwezigheid, was ze oprecht blij zich terug te mogen trekken, hoewel zijn dochter naar de bel reikte door een blik van de generaal die niet voor haar ogen bestemd was. Toen de butler de kaars van zijn meester wilde aansteken, werd hem dit echter verboden. De laatste was nog niet van plan zich naar bed te begeven. "Ik heb nog vele vlugschriften af te maken", zei hij tegen Catherine, "voor ik mijn ogen kan sluiten en ik zal misschien nog uren nadat u in slaap bent gevallen in beslag worden genomen door staatszaken. Kan een van ons beiden gepaster bezig zijn? Ik zal mijn ogen zitten bederven in het belang van anderen, terwijl de uwe zich door rust voorbereiden op toekomstig kattenkwaad."

Maar noch voornoemde zaken, noch het geweldige compliment konden Catherine afbrengen van de gedachte dat het iets heel anders moest zijn dat tot een zo ernstig uitstel van de gepaste rust moest leiden. Urenlang moeten opblijven, nadat de hele familie naar bed was gegaan, voor domme geschriften, was niet erg waarschijnlijk. Er moest een diepere reden zijn, iets wat alleen gedaan kon worden terwijl de hele huishouding in slaap was; en de mogelijkheid dat mevrouw Tilney nog in leven was, om onbekende redenen opgesloten en bij nacht een schamele hap brood ontvangend uit de hardvochtige handen van haar echtgenoot, was de conclusie die hier noodzakelijkerwijs uit volgde. Hoe schokkend deze gedachte ook was, het was in ieder geval beter dan een verdacht vroegtijdige dood, aangezien ze, volgens de natuurlijke loop der dingen, binnen afzienbare tijd vrij zou zijn. Het onverwachte van haar beweerde ziekte, de afwezigheid van haar dochter en waarschijnlijk van haar andere kinderen, op het betreffende tijdstip – alles ondersteunde de veronderstelling van haar gevangenschap. De reden –jaloezie misschien, of moedwillige wreedheid– moest nog ontrafeld worden.

Terwijl ze zich uitkleedde en deze zaken door haar

hoofd speelden, bedacht ze plotseling dat ze zich die ochtend wel eens vlak bij de plaats had kunnen bevinden waar die arme vrouw was opgesloten, misschien wel enkele stappen van de cel waarin ze haar dagen sleet, want welk deel van de abdij kon voor dit doel geschikter zijn dan dat waarin de sporen van een kloosterindeling nog aanwezig waren? Ze wist nog precies welke deuren de generaal had overgeslagen in die hoge, gewelfde, met stenen geplaveide gang, die ze al met een bijzonder ontzag had betreden. Waar zouden deze deuren niet naartoe kunnen leiden? Ter ondersteuning van de aannemelijkheid van dit vermoeden kwam vervolgens in haar op dat de verboden galerij, waaraan de vertrekken lagen van de ongelukkige mevrouw Tilney, zo zeker als ze op haar geheugen kon vertrouwen, zich precies boven deze verdachte rij cellen moesten bevinden, en dat de trap naast deze vertrekken, waarvan ze een vluchtige glimp had opgevangen en die op een geheime manier met deze vertrekken in verbinding moest staan, haar echtgenoot bij zijn barbaarse handelingen waarschijnlijk uitstekend van pas was gekomen. Ze was misschien in een goed voorbereide bewusteloze toestand over die trap vervoerd!

Zo nu en dan schrok Catherine zelf van de gewaagdheid van haar veronderstellingen en zo nu en dan hoopte of vreesde ze dat ze te ver was gegaan, maar ze werden door zo veel tekenen ondersteund dat het onmogelijk was ze te verwerpen.

Omdat die kant van de binnenplaats waar zich volgens haar de plaats van schuldige handeling bevond precies tegenover die van haar lag, bedacht ze dat ze, als ze goed zou opletten, wat lichtstralen van de lamp van de generaal door de onderste ramen zou kunnen zien schijnen wanneer hij zich naar de gevangenis van zijn vrouw begaf en voor ze in haar bed stapte, liep ze twee keer zachtjes haar kamer uit naar het corresponderende raam in de galerij om te kijken of dit licht verscheen, maar buiten was alles donker; het moest nog te vroeg zijn. De verschillende geluiden die ze van beneden hoorde komen, overtuigden haar ervan dat de bedienden nog op moesten zijn. Tot middernacht, zo dacht ze, zou het geen zin hebben om te kijken, maar daarna, wanneer de klok twaalf uur had geslagen en alles rustig was, zou ze, als ze niet te zeer zou worden afgeschrikt door de duisternis, nog eens naar buiten sluipen en kijken. De klok sloeg twaalf – en Catherine was al een halfuur in slaap.

Hoofdstuk XXIV

De volgende dag bood geen gelegenheid tot het voorgenomen onderzoek van de geheimzinnige vertrekken. Het was zondag, en alle tijd tussen de ochtend- en middagdienst werd door de generaal opgeëist in de vorm van een wandeling buiten of het eten van koud vlees in huis; en hoe nieuwsgierig Catherine ook was, haar moed was niet gelijk aan het verlangen ze na het diner te verkennen, ofwel bij het vervagende daglicht tussen zes en zeven uur, of bij de gedeeltelijke maar sterkere verlichting van een verraderlijke lamp. De dag werd daardoor niet getekend door iets wat haar fantasie prikkelde, behalve het zien van een zeer verfijnde gedenkplaat ter nagedachtenis van mevrouw Tilney, die zich onmiddellijk tegenover de kerkbank van de familie bevond. Haar blik werd hier onmiddellijk naartoe getrokken en bleef er lange tijd op rusten; en de bestudering van het nobel verwoorde grafschrift, waarin haar door de ontroostbare echtgenoot, die op de een of andere wijze haar dood op zijn geweten had, elke deugd werd toegeschreven, ontroerde haar tot tranen toe.

Dat de generaal zo'n monument had laten oprichten en de aanblik ervan kon verdragen, was misschien vreemd, maar dat hij daarbij zo rustig en beheerst kon blijven zitten, zich een zo voorname houding kon aanmeten, zo onbevreesd kon rondkijken, ja, dat hij de kerk ook maar kon binnengaan, was voor Catherine verbazingwekkend. Niet dat er niet allerlei andere voorbeelden te geven waren van lieden die net zo weinig gekweld werden door schuld. Ze kon er zich tientallen herinneren die hadden volhard in elke mogelijke ondeugd, van misdaad tot misdaad waren gegaan, vermoord hadden wie ze ook maar wilden, zonder enig gevoel van menselijkheid of wroeging, tot een gewelddadige dood of het klooster een eind had gemaakt aan hun duistere loopbaan. De oprichting van het monument zelf had niet de geringste invloed op de twijfels die ze had over de feitelijke dood van mevrouw Tilney. Al zou ze kunnen afdalen in de grafkelder van de familie, waar haar as zou moeten sluimeren, al zou ze de kist onder ogen krijgen, waarin deze zou moeten rusten – wat zou dit bewijzen? Catherine had te veel gelezen om zich niet heel goed bewust te zijn van het gemak waarmee een figuur van was kon worden geïntroduceerd en een schijnbegrafenis kon worden uitgevoerd.

De volgende ochtend beloofde iets beters. De ochtendwandeling van de generaal, op welk een slecht tijdstip deze ook in elk ander opzicht plaatsvond, was nu gunstig en toen ze wist dat hij buitenshuis was, stelde ze juffrouw Tilney onmiddellijk voor haar belofte na te komen. Eleanor wilde haar graag van dienst zijn en nadat Catherine haar toen ze op weg waren aan een andere belofte had herinnerd, werd hun eerste bezoek gewijd aan het portret in haar slaapkamer. Het stelde een zeer lieftallige vrouw voor, met een milde en nadenkende uitdrukking op haar gezicht, waarmee, tot dusverre, de verwachtingen van deze nieuwe toeschouwer gerechtvaardigd bleken, maar ze werden niet in elk opzicht beantwoord, want Catherine was uitgegaan van gelaatstrekken, houding en teint die het evenbeeld zouden zijn van die van Henry of eventueel van Eleanor, want de portretten waar zij gewoonlijk aan dacht, vertoonden altijd een sterke gelijkenis tussen moeder en kind. Een eenmaal vastgelegd gezicht was vastgelegd voor generaties. Maar hier was ze gedwongen om te kijken en te overwegen en te speuren naar een gelijkenis. Ondanks deze teleurstelling bekeek ze het echter met veel ontroering en had het met tegenzin verlaten als er geen nog grotere attractie was geweest.

Haar opwinding toen ze de grote galerij betraden, was te sterk om ook maar een poging tot beschrijven te wagen; ze kon alleen maar naar haar gezellin kijken. Eleanors gezicht stond bedroefd, maar kalm en uit haar zelfbeheersing bleek dat ze gewend was aan alle duistere voorwerpen die ze naderden. Opnieuw passeerde ze de klapdeuren, opnieuw lag haar hand op het belangrijke slot, en Catherine, die nauwelijks kon ademhalen, draaide zich om met de bedoeling de eerste met angstige voorzorg te sluiten, toen de gestalte, de gevreesde gestalte van de generaal zelf aan de andere kant van de galerij voor haar opdoemde! Op hetzelfde moment weergalmde de naam 'Eleanor', op de luidste toon uitgesproken, door het hele gebouw, waarmee hij zijn dochter het eerste teken van zijn aanwezigheid gaf en Catherine schrik op schrik. Toen ze hem zag, had ze als eerste instinctief een beweging gemaakt om zich te verstoppen, maar ze kon nauwelijks hopen aan zijn blik ontsnapt te zijn en nadat haar vriendin, die met een verontschuldigende blik langs haar heen was gesneld, zich bij hem had gevoegd en met hem was verdwenen, rende ze naar de veiligheid van haar eigen kamer en geloofde, terwijl ze zich daar opsloot, nooit meer de moed te zullen hebben om naar beneden te gaan. Ze bleef daar minstens een uur, ten prooi aan de grootste opwinding, vervuld van medelijden met haar arme vriendin en in de verwachting zelf door de woedende generaal in zijn vertrekken te worden ontboden. Een dergelijke oproep kwam echter niet en ten slotte had ze, toen ze een rijtuig bij de abdij zag arriveren, moed genoeg om naar beneden te gaan en hem onder de bescherming van bezoekers onder ogen te komen. In de ontbijtzaal bevond zich een vrolijk gezelschap en ze werd door de generaal voorgesteld als de vriendin van zijn dochter, dit op een complimenteuze manier die zijn wrokkige gramschap zo goed verhulde, dat ze haar leven in elk geval op dat moment zeker was. En nadat Eleanor, met een beheerste uitdrukking die recht deed aan haar bezorgdheid om zijn reputatie, van de eerste gelegenheid gebruik had gemaakt om tegen haar te zeggen: “Mijn vader wilde alleen dat ik een brief zou beantwoorden”, begon ze te hopen dat de generaal haar niet gezien had of om redenen van beleefdheid wenste dat ze dat zou denken. Op basis van dit vertrouwen waagde ze het nog in zijn aanwezigheid te blijven nadat het gezelschap hen verlaten had en er gebeurde niets wat dit gevoel verstoorde.

In de loop van haar ochtendlijke overpeinzingen kwam ze tot het besluit haar volgende aanval op de verboden deur alleen uit te voeren. Het zou in elk opzicht beter zijn als Eleanor niets van de zaak zou weten. Het was niet de taak van een vriendin om haar het gevaar te laten lopen van een tweede ontdekking of naar een vertrek te lokken dat haar hart moest verscheuren. De grootste woede van de generaal kon zich nooit zo tegen haar richten als tegen een dochter en bovendien dacht ze dat het onderzoek zelf bevredigender zou kunnen zijn als ze het zonder enig gezelschap zou uitvoeren. Ze zou de verdenkingen, die in alle waarschijnlijkheid tot op dat moment niet bij Eleanor waren opgekomen, onmogelijk aan haar kunnen uitleggen en ook kon ze daardoor in háár aanwezigheid niet op zoek gaan naar de bewijzen van de wreedheid van de generaal; deze waren weliswaar tot dusverre aan ontdekking ontsnapt, maar ze zou ze vast en zeker ergens vinden in de vorm van een incompleet dagboek dat bijgehouden was tot aan de laatste snik. Ze kende nu precies de weg naar de vertrekken en omdat ze het achter de rug wilde hebben voor Henry terug zou keren, die de volgende ochtend werd verwacht, was er geen tijd te verliezen. De dag was zonnig en ze voelde zich moedig; om vier uur zou de zon nog twee uur boven de horizon blijven en het enige wat ze hoefde te doen was zich een halfuur vroeger dan normaal terugtrekken om zich om te kleden.

Zo gezegd, zo gedaan en voor de klokken hun slagen hadden beëindigd, bevond Catherine zich alleen op de galerij. Het was niet het moment om na te denken en ze haastte zich voort, glipte zo geruisloos mogelijk door de klapdeuren en snelde zonder ook maar te stoppen om te kijken of op adem te komen naar de betreffende deur. Het slot gaf mee onder haar hand, gelukkig zonder een weerspannig geluid dat een ander zou kunnen alarmeren. Op haar tenen sloop ze naar binnen; de kamer lag voor haar, maar het duurde enkele minuten voor ze een volgende stap kon zetten. Gespannen aanschouwde ze wat haar aan de grond vastgenageld hield. Ze zag een groot en ruim vertrek, een met effen katoen behangen en bekleed hemelbed, het beddegoed zo geschikt alsof er geen dienstmeisje aan te pas was gekomen, een fraaie Bath-haard, mahoniehouten kasten en mooi geschilderde stoelen, waarop door twee schuiframen de warme, vrolijke stralen vielen van de in het westen staande zon! Catherine had verwacht dat ze overmand zou worden door gevoelens en dat gebeurde ook. De eerste gevoelens waren die van verbazing en twijfel en een snel daaropvolgende aanval van gezond verstand voegde hier bittere gevoelens van schaamte aan toe. Wat de kamer betreft, was geen vergissing mogelijk, maar hoe had ze zich niet vergist in al het andere; in de dingen die juffrouw Tilney had gezegd, in haar eigen inschattingen! Dit vertrek, waaraan zij een zo hoge ouderdom had toegeschreven, een zo afschuwelijke bestemming, bleek één kant te zijn van wat de generaals vader had gebouwd. In de kamer bevonden zich nog twee deuren, die waarschijnlijk toegang gaven tot de kledingkasten, maar ze had geen enkele neiging ze te openen. Zou de sluier die mevrouw Tilney als laatste had gedragen, of het boek waarin ze het laatst had gelezen, nog achtergebleven zijn om te vertellen wat door niets anders ook maar kon worden gefluisterd? Nee, welke de misdaden van de generaal ook mochten zijn geweest, hij was in elk geval te slim om ze te laten ontdekken. Ze had schoon genoeg van haar verkenningen en wenste niets anders dan veilig terug zijn in haar eigen kamer, waar slechts haar eigen hart op de hoogte zou zijn van deze dwaasheid en ze stond op het punt zich zo zacht terug te trekken als ze was binnengekomen, toen het geluid van voetstappen –ze kon nauwelijks vertellen waar– haar trillend deed stilstaan. Daar te worden aangetroffen, zou onplezierig zijn, zelfs als het een bediende was, maar nog veel erger als het de generaal was (en hij leek altijd op te duiken waar hij het minst gewenst was)! Ze luisterde; het geluid was opgehouden en vastbesloten geen ogenblik te verliezen, liep ze de deur door en sloot deze. Op dat moment werd beneden haastig een deur geopend; iemand leek met snelle passen de trap op te komen, die zij nog moest passeren voor ze de galerij zou bereiken. Ze kon zich niet bewegen. Met een nogal onbestemd gevoel van angst richtte ze haar blik op de trap, die enkele seconden later Henry in beeld bracht. "Meneer Tilney!" riep ze uit, op een toon van meer dan gewone verbazing. Ook hij leek verbaasd. "Lieve hemel!" vervolgde ze, zijn begroeting negerend. "Hoe bent u hier gekomen? Hoe bent u die trap op gekomen?"

"Hoe ik die trap ben opgekomen?" herhaalde hij, stomverbaasd. "Het is de snelste manier om van de stallen naar mijn eigen kamer te gaan en waarom zou ik deze trap niet nemen?"

Catherine vermande zich, bloosde diep en kon niets meer uitbrengen. Hij scheen in haar gelaatsuitdrukking te zoeken naar de verklaring die niet over haar lippen kwam. Ze bewoog zich in de richting van de galerij. "En mag ik u op mijn beurt", zei hij, "niet vragen hoe ú hier gekomen bent? Deze gang is op zijn minst een net zo buitengewone route van de ontbijtkamer naar uw vertrekken als die trap van de stallen naar de mijne."

"Ik heb", zei Catherine met neergeslagen ogen, "uw moeders kamer bekeken."

"Mijn moeders kamer? Is er iets bijzonders aan te zien?"

"Nee, helemaal niet. Ik dacht dat u van plan was pas morgen terug te komen."

"Toen ik wegging, verwachtte ik niet in staat te zijn eerder terug te komen, maar drie uur geleden ontdekte ik tot mijn genoegen dat er niets meer was wat mij nog ophield. U ziet er bleek uit. Ik ben bang dat ik u heb laten schrikken door zo snel de trap op te rennen. Misschien wist u het niet, was u zich er niet van bewust dat hij vanaf de gemeenschappelijke werkruimten loopt."

"Nee, dat wist ik niet. U had een prachtige dag voor uw rit."

"Inderdaad en laat Eleanor u in uw eentje de weg zoeken naar alle kamers in het huis?"

"O, nee! Ze heeft mij het grootste deel op zaterdag laten zien, en we wilden naar deze kamers gaan, maar" (op gedempte toon) "uw vader was bij ons."

"En dat verhinderde het", zei Henry, terwijl hij haar ernstig aankeek. "Hebt u alle kamers aan die gang bekeken?"

"Nee, ik wilde alleen... Is het niet erg laat? Ik moet me gaan omkleden."

"Het is pas kwart over vier (hij liet zijn horloge zien) en u bent hier niet in Bath. Geen theater, geen zalen om u op voor te bereiden. In Northanger moet een halfuur voldoende zijn."

Ze kon dit niet tegenspreken en liet zich daarom ophouden, hoewel ze hem uit angst voor verdere vragen, voor het eerst sinds ze elkaar kenden, wilde ontvluchten. Ze liepen langzaam over de galerij. "Hebt u nog een brief uit Bath gekregen sinds ik u voor het laatst heb gezien?"

"Nee en ik ben heel verbaasd. Isabella heeft me zo getrouw beloofd om me onmiddellijk te schrijven."

"Zo getrouw beloofd! Een getrouwe belofte! Dat verwart me. Ik heb gehoord van een getrouwe voorstelling, maar een getrouwe belofte... de getrouwheid van de belofte! Het is echter een vermogen dat nauwelijks de moeite waard is om te kennen, want het kan u misleiden en pijn doen. De kamer van mijn moeder is zeer gerieflijk, nietwaar? Ruim en vriendelijk en de kledingkasten zo goed geplaatst. Het is volgens mij het comfortabelste vertrek in huis en het verbaast me eigenlijk dat Eleanor het niet voor zichzelf neemt. Ik neem aan dat ze u erheen heeft gestuurd om het te bekijken."

"Nee."

"U hebt het helemaal uit uzelf gedaan?" Catherine zei niets. Na een korte stilte waarin hij haar aandachtig opnam, voegde hij eraan toe: "Omdat de kamer op zich niets bevat wat nieuwsgierigheid kan opwekken, moet dit voortgekomen zijn uit een gevoel van respect voor de persoon van mijn moeder, zoals die beschreven is door Eleanor op een manier die haar herinnering recht doet. Ik geloof dat de wereld nooit een betere vrouw heeft gezien. Maar het gebeurt niet dikwijls dat deugd een belangstelling als deze opwekt. De bescheiden, huiselijke verdiensten van iemand die onbekend is, leiden niet vaak tot het soort vurige, vererende genegenheid waaruit een bezoek als het uwe zou volgen. Ik veronderstel dat Eleanor veel over haar heeft gesproken."

"Ja, heel veel. Nee, dat wil zeggen, niet zoveel, maar wat ze zei was zo interessant. Haar plotselinge dood (dit werd langzaam en aarzelend uitgesproken)... en u... niemand van u thuis, en uw vader, dacht ik... die misschien niet zo veel van haar hield..."

"En uit deze omstandigheden", antwoordde hij (haar strak aankijkend), "hebt u misschien de mogelijkheid afgeleid van enige verwaarlozing, enige..." (ze schudde onwillekeurig haar hoofd)... "of misschien... iets nog minder vergeeflijks." Ze keek hem rechter in de ogen dan ze ooit had gedaan. "Mijn moeders ziekte", vervolgde hij, "de beroerte die tot haar dood heeft geleid, wàs plotseling. De ziekte zelf, waar ze vaak veel last van had, galkoorts, was echter lichamelijk. Op de derde dag, kortom, zodra ze hiertoe kon worden overgehaald, is er een arts bij haar geweest, een zeer respectabel man in wie ze altijd het volste vertrouwen had. Toen hij van mening bleek te zijn dat ze in gevaar was, zijn er de volgende dag twee anderen bij geroepen, die gedurende vierentwintig uur nauwelijks van haar bed zijn geweken. Op de vijfde dag is ze gestorven. Gedurende het verloop van haar ziekte hebben Frederick en ik (we waren allebei thuis) haar regelmatig gezien en we kunnen op basis van onze eigen waarneming getuigen dat ze alle aandacht heeft gekregen die maar kon voortkomen uit de genegenheid van de mensen om haar heen of passend was bij haar positie. De arme Eleanor was afwezig en zo ver weg dat ze slechts kon terugkeren om haar moeder in een doodskist te zien."

"Maar uw vader," vroeg Catherine, "was hij bedroefd?"

"Hij is lange tijd zeer bedroefd geweest. U hebt ten onrechte verondersteld dat hij niet aan haar gehecht was. Ik ben ervan overtuigd dat hij zo veel van haar hield als hij kon. Weet u, we hebben niet allemaal dezelfde tedere aard en ik zal niet zeggen dat ze in haar leven niet heel wat heeft moeten verdragen, maar hoewel zijn opvliegendheid kwetsend voor haar was, was zijn oordeel dat nooit. Hij waardeerde haar oprecht en hoewel niet permanent, was hij werkelijk bedroefd over haar dood."

"Daar ben ik heel blij om", zei Catherine. "Anders zou het wel heel schokkend zijn geweest."

"Als ik u goed begrijp, hebt u zich een oordeel gevormd dat zo afschuwelijk is dat ik er nauwelijks woorden voor heb... Lieve juffrouw Morland, denkt u eens na over de verschrikkelijke aard van de verdenkingen die u hebt gekoesterd. Op basis waarvan hebt u uw oordeel gevormd? Denk aan het land en aan de tijd waarin we leven. Denk eraan dat we Engelsen zijn, dat we christenen zijn. Ga te rade bij uw eigen inzicht, uw eigen gevoel voor wat wel en niet waarschijnlijk is, uw eigen waarneming van de gebeurtenissen om u heen... Bereidt onze opvoeding ons voor op dergelijke gruweldaden? Laten onze wetten dit oogluikend toe? Kunnen ze begaan worden zonder dat dit bekend wordt, in een land als dit, waar de maatschappelijke en schriftelijke contacten op zo'n hoog niveau staan, waar iedereen omringd is door een buurtschap van vrijwillige spionnen en waar wegen en kranten alles onthullen? Mijn liefste juffrouw Morland, wat voor ideeën hebt u zichzelf toegestaan?"

Ze hadden het einde van de galerij bereikt en met tranen van schaamte in haar ogen rende ze naar haar eigen kamer.

HOOFDSTUK XXV

De dromen van een romance waren voorbij. Catherine was volledig wakker geschud. De toespraak van Henry, hoe kort deze ook was geweest, had haar grondiger de ogen geopend voor de buitensporigheid van haar laatste fantasieën dan de verschillende teleurstellingen hadden gedaan. Ze voelde zich zeer pijnlijk op haar plaats gezet. Ze huilde zeer bittere tranen. Niet alleen was ze in haar eigen achting gedaald, maar juist in die van Henry. Hij was volledig op de hoogte van haar dwaasheid, die nu zelfs misdadig leek en moest haar voor altijd verachten. Zou hij haar ooit kunnen vergeven voor de vrijheid die haar verbeelding zich had veroorloofd ten aanzien van het karakter van zijn vader? Kon de absurditeit van haar nieuwsgierigheid en haar angsten ooit vergeten worden? Ze had een grotere hekel aan zichzelf dan ze kon zeggen. Een of twee keer voor deze fatale ochtend had hij, zo dacht ze, iets voor haar getoond dat op genegenheid leek. Maar nu... kortom, ze maakte zichzelf gedurende ongeveer een halfuur zo ongelukkig mogelijk, ging, met een gebroken hart, naar beneden toen de klok vijf uur sloeg en kon nauwelijks een verstaanbaar antwoord geven op Eleanors vraag of ze zich wel goed voelde. De geduchte Henry kwam al snel na haar de kamer binnen en het enige verschil in zijn gedrag naar haar was dat hij meer aandacht aan haar schonk dan gewoonlijk. Catherines behoefte aan troost was nooit groter geweest en hij keek alsof hij zich daarvan bewust was.

De avond kroop voorbij zonder dat deze kalmerende beleefdheid verminderde en geleidelijk aan voelde ze zich wat rustiger worden. Ze begon te begrijpen dat ze het verleden niet kon vergeten of verdedigen, maar ze begon ook te begrijpen dat het gebeurde niet verder bekend zou worden en haar niet alle achting van Henry zou kosten. Haar gedachten werden nog steeds grotendeels in beslag genomen door wat ze met zulk een ongegronde angst had gevoeld en gedaan en al snel kon niet duidelijker zijn dat het een vrijwillig door haarzelf geschapen waanidee was geweest waarin elke triviale gebeurtenis gewicht had gekregen door een fantasie die op griezelen uit was geweest en doordat alles ondergeschikt was gemaakt aan één doel door een geest die er, al voordat ze de abdij was binnengekomen, naar had gesmacht om bang gemaakt te worden. Ze herinnerde zich met welke gevoelens ze zich had voorbereid op de kennismaking met Northanger. Ze zag in dat de bevlieging al was ontstaan, het kwaad al geschied lang voordat ze Bath verlaten had en het scheen haar toe dat alles kon worden teruggevoerd op de invloed van het soort lectuur waaraan ze zich daar had overgeven.

Hoe alleraardigst de werken van mevrouw Radcliffe ook waren en hoe aardig zelfs de werken van al haar na-apers, het was misschien niet daarin dat het wezen van de mens –in de graafschappen van Midden-Engeland althans– moest worden gezocht. Ze gaven misschien een getrouwe schets van de Alpen en Pyreneeën, met hun pijnbossen en verdorvenheden, en

Italië, Zwitserland en het zuiden van Frankrijk zouden wel eens net zo veel gruwelen kunnen produceren als daarin werd voorgesteld. Catherine durfde dat alleen te betwijfelen als het om haar eigen land ging, waarbij ze, mits onder druk gezet, zelfs nog een uitzondering wilde maken voor de noordelijke en westelijke uiteinden daarvan. Maar in de bestaande wetten en gebruiken bood het middendeel van Engeland beslist enige bestaanszekerheid, zelfs voor een echtgenote die niet geliefd was. Moord was niet toegestaan, bedienden waren geen slaven en vergif noch slaapdrankjes konden als rabarber geleverd worden door elke apotheker. In de Alpen en Pyreneeën waren misschien geen karakters die goed en kwaad in zich verenigden. Daar had iedereen die niet zo zuiver was als een engel misschien de aard van een duivel, maar in Engeland was dat niet zo; de Engelsen, zo geloofde ze, beschikten in hun hart en hun gewoonten over een algemene, hoewel ongelijke mengeling van goed en kwaad. Op grond van deze overtuiging zou ze niet verbaasd zijn hierna zelfs een lichte onvolmaaktheid te vinden in Henry en Eleanor Tilney en op grond van deze overtuiging hoefde ze niet bang te zijn een aantal lichte smetten te erkennen op het karakter van hun vader, die, hoewel gezuiverd van de zeer smadelijke verdenkingen die zij voor altijd met een blos zou moeten toegeven te hebben gehad, naar zij na ernstige overweging geloofde, niet geheel beminnelijk was.

Nadat ze over deze verschillende punten had nagedacht en de beslissing had genomen in de toekomst altijd met gezond verstand te oordelen en te handelen, bleef haar niets anders meer over dan zichzelf vergeven en gelukkiger zijn dan ooit en in de loop van de volgende dag was de genadige hand van de tijd haar in onwaarneembare stapjes gunstig gezind. Ze werd het meest geholpen door de verbazingwekkende grootmoedigheid en vergevingsgezindheid van Henry, die niet de geringste toespeling maakte op wat er was gebeurd; en sneller dan ze in het begin van haar wanhoop ooit voor mogelijk had gehouden, begon ze zich weer op haar gemak te voelen en stond ze, zoals voorheen, steeds open voor verbetering door alles wat hij zei. Er waren nog enkele onderwerpen die haar, zoals ze geloofde, zouden doen beven –het noemen van een kist of een kabinet, bijvoorbeeld– en japonnerie kon ze niet meer zien, in welke vorm dan ook, maar zelfs zíj zag in dat een incidentele herinnering aan voorbije dwaasheden, hoe pijnlijk ook, misschien niet nutteloos zou zijn.

De opgeschrikte romantische gevoelens maakten al spoedig plaats voor de zorgen van het alledaagse leven. Haar verlangen iets van Isabella te horen groeide met de dag. Ze kon niet wachten om te weten hoe het in Bath ging en hoe druk het was in de zalen, en ze was vooral benieuwd of Isabella wat fijne, bijpassende breikatoen had gevonden, waarop ze haar zinnen had gezet en of haar verhouding met James nog steeds goed was. Voor informatie van welke aard dan ook was ze volledig afhankelijk van Isabella. James had gezegd haar niet te willen schrijven voor hij teruggekeerd was in Oxford en mevrouw Allen had haar geen enkele hoop op een brief gegeven voor ze terug zou zijn in

Fullerton. Maar Isabella had het keer op keer beloofd en als ze iets beloofde was ze zo gewetensvol in het nakomen van haar belofte! Dit maakte het zo bijzonder vreemd!

Gedurende negen achtereenvolgende ochtenden verwonderde Catherine zich over de herhaling van een teleurstelling die elke ochtend groter werd, maar op de tiende was het eerste wat ze zag bij het betreden van de ontbijtzaal een brief die haar door Henry's bereidwillige hand werd aangereikt. Ze bedankte hem zo hartelijk alsof hij hem zelf had geschreven. "Hij is alleen maar van James", zei ze, terwijl ze naar de afzender keek. Ze opende hem; hij kwam uit Oxford en had de volgende strekking:

Lieve Catherine,

"Hoewel ik, God is mijn getuige, weinig geneigd ben tot schrijven, denk ik dat het mijn plicht is je te vertellen dat alles voorbij is tussen juffrouw Thorpe en mij. Ik heb haar en Bath gisteren verlaten om geen van beide ooit nog terug te zien. Ik zal niet ingaan op de bijzonderheden, die het alleen maar pijnlijker voor je zouden maken. Je zult spoedig voldoende uit een andere bron horen om te weten waar de schuld ligt en naar ik hoop je broer vrijspreken van alles behalve de dwaasheid te gemakkelijk te hebben aangenomen dat zijn genegenheid werd beantwoord. God zij dank zijn mij op tijd de ogen geopend! Het is echter een zware klap nadat mijn vader zo vriendelijk zijn toestemming had gegeven! Maar genoeg hierover. Ze heeft mij voor

altijd ongelukkig gemaakt! Laat snel iets van je horen, lieve Catherine, je bent mijn enige vriend; op jóuw liefde kan ik bouwen. Ik hoop dat je bezoek aan Northanger voorbij zal zijn voor kapitein Tilney zijn verloving bekendmaakt, want anders zul je je in een ongemakkelijke positie bevinden. Die arme Thorpe is in de stad; ik zie op tegen de ontmoeting met hem. Het zal zijn oprechte hart zo'n pijn doen. Ik heb zowel hem als mijn vader geschreven. Ik ben het meest gekwetst door haar dubbelhartigheid; tot het laatste moment verklaarde ze, wanneer ik met haar probeerde te praten, dat ze nog net zo gehecht was aan mij als ooit en lachte ze om mijn angsten. Ik schaam me wanneer ik bedenk hoe lang ik dit heb verdragen, maar als ooit een man reden had te geloven dat hij bemind werd, was ik die man. Ik begrijp zelfs nu nog niet waar ze op uit was, want ze hoefde Tilney en mij niet tegen elkaar uit te spelen om zich van zijn liefde te verzekeren. We zijn uiteindelijk met wederzijdse instemming uit elkaar gegaan; had ik haar maar nooit ontmoet! Ik verwacht niet ooit nog zo'n vrouw te leren kennen! Liefste Catherine, wees voorzichtig met het schenken van je hart,
Geloof me, etc.'

Catherine had nog geen drie regels gelezen voor de plotselinge verandering van uitdrukking en korte uitroepen van smartelijke verbazing verklaarden dat ze onaangenaam nieuws ontving en Henry, die haar tijdens het lezen van de brief ernstig gadesloeg, zag duidelijk dat deze niet beter eindigde dan hij begonnen was. De binnenkomst van zijn vader verhinderde hem echter zijn verrassing ook maar te laten zien. Ze zetten zich onmiddellijk aan het ontbijt, maar Catherine was nauwelijks in staat iets te eten. Terwijl ze daar zat, vulden haar ogen zich met tranen die zelfs over haar wangen liepen. De brief was het ene moment in haar hand, dan in haar schoot en dan in haar zak en ze zag eruit alsof ze niet wist wat ze deed. De generaal werd gelukkig te zeer door zijn chocolademelk en zijn krant in beslag genomen om aandacht aan haar te schenken, maar haar verdriet was voor beide anderen overduidelijk. Zodra ze de tafel durfde te verlaten, haastte ze zich naar haar eigen kamer, maar daar waren de dienstmeisjes bezig en er zat niets anders op dan weer naar beneden te gaan. Om wat afzondering te vinden, liep ze naar de zitkamer, maar ook Henry en Eleanor hadden zich daar teruggetrokken en waren op dat moment diep in gesprek over haar. Ze probeerde zich te verontschuldigen en weg te gaan, maar werd met enige aandrang gedwongen terug te keren en de anderen lieten haar alleen nadat Eleanor met genegenheid de wens had geuit haar tot nut of troost te kunnen zijn.

Na zich een halfuur te hebben overgegeven aan verdriet en gepeins voelde Catherine zich opgewassen tegen een ontmoeting met haar vrienden, maar of ze hen op de hoogte zou brengen van haar verdriet was een andere overweging. Misschien zou ze, als er echt naar gevraagd werd, alleen een indruk geven, alleen een lichte aanwijzing geven, maar niet meer. Om het gedrag van een vriendin openbaar te maken, zo'n vriendin als Isabella voor haar was geweest, terwijl hun eigen broer er zo nauw bij betrokken was! Ze geloofde dat ze het onderwerp maar moest laten rusten. Henry en Eleanor waren alleen in de ontbijtzaal en keken haar toen ze binnenkwam allebei bezorgd aan. Catherine nam haar plaats in aan de tafel en na een korte stilte zei Eleanor: "Geen slecht nieuws uit Fullerton, hoop ik? Meneer en mevrouw Morland... uw broers en zusters... ik hoop dat geen van hen ziek is?"

"Nee, dank u," (ze zuchtte terwijl ze dit zei) "ze maken het allemaal uitstekend. De brief is van mijn broer in Oxford."

Een paar minuten lang werd verder niets gezegd; toen voegde ze er door haar tranen heen aan toe: "Ik geloof niet dat ik ooit nog naar een brief zal verlangen!"

"Het spijt me," zei Henry, terwijl hij het boek sloot dat hij zojuist had geopend, "als ik vermoed had dat de brief iets ongewensts zou bevatten, zou ik hem met geheel andere gevoelens aan u overhandigd hebben."

"Hij bevat iets dat erger is dan iemand ook maar kan veronderstellen! De arme James is zo ongelukkig! U zult spoedig weten waarom."

"Het moet onder alle omstandigheden een troost voor hem zijn", antwoordde Henry warm, "om een zo vriendelijke, zo toegenegen zuster te hebben."

"Ik wil u om een gunst vragen," zei Catherine kort daarna zenuwachtig, "namelijk dat u mij zult waarschuwen als uw broer hierheen zou komen, zodat ik weg kan gaan."

"Onze broer? Frederick?"

"Ja, ik zou het heel jammer vinden als ik u zo snel zou moeten verlaten, maar er is iets gebeurd dat het voor mij zeer onaangenaam maakt om met kapitein Tilney in hetzelfde huis te zijn."

Eleanor stopte met haar naaiwerk, terwijl er een toenemende verbazing in haar ogen te zien was, maar Henry begon te waarheid te vermoeden en uitte iets waarin de naam van juffrouw Thorpe was opgenomen.

"Wat bent u toch snel", riep Catherine uit. "U hebt het geraden, werkelijk! En toch, toen we er in Bath over spraken, dacht u niet dat het op deze manier zou eindigen. Isabella –geen wonder dat ik niets van haar heb gehoord– Isabella heeft mijn broer verlaten om met de uwe te gaan trouwen! Had u kunnen geloven dat er zo'n wisselvalligheid en wispelturigheid en alles wat maar slecht is in de wereld bestaan?"

"Ik hoop dat u wat mijn broer betreft verkeerd geïnformeerd bent. Ik hoop dat hij geen wezenlijke rol heeft gespeeld in de teleurstelling van meneer Morland. Een huwelijk tussen hem en juffrouw Thorpe is niet waarschijnlijk. Ik denk dat er een vergissing in het spel is. Het spijt me heel erg voor meneer Morland... het spijt me dat iemand van wie u houdt ongelukkig is, maar dat Frederick met haar zou trouwen, zou me meer verbazen dan elk ander deel van het verhaal."

"Maar het is echt waar; u kunt de brief van James zelf lezen. Wacht... er is één deel..." en ze herinnerde zich blozend de laatste regel.

"Zoudt u zo goed willen zijn ons de passages voor te lezen die betrekking hebben op mijn broer?"

"Nee, leest u hem zelf maar", riep Catherine uit, wier gedachten in tweede instantie wat helderder waren. "Ik weet niet waar ik aan dacht," (opnieuw blozend omdat ze eerder had gebloosd) "James wil mij alleen maar goede raad geven."

Hij nam verheugd de brief aan en gaf hem, na hem aandachtig gelezen te hebben, terug met de woorden: "Welnu, als dit waar is, kan ik alleen maar zeggen dat het me spijt. Frederick zal niet de eerste man zijn die een vrouw kiest met minder verstand dan zijn familie had verwacht. Ik benijd zijn positie niet, van minnaar òf zoon."

Op uitnodiging van Catherine las nu ook juffrouw Tilney de brief en begon, na haar bezorgdheid en verbazing te hebben verwoord, te informeren naar de connecties en de financiële omstandigheden van juffrouw Thorpe.

"Haar moeder is een heel aardige vrouw", was Catherines antwoord.

"Wat deed haar vader?"

"Hij was advocaat, geloof ik. Ze wonen in Putney."

"Is het een welgestelde familie?"

"Nee, niet erg. Ik geloof niet dat Isabella ook maar enig vermogen heeft, maar dat zal in uw familie niets uitmaken. Uw vader is zo liberaal! Hij vertelde me laatst dat hij geld alleen waardeert als middel om het geluk van zijn kinderen te bevorderen." De broer en zuster keken elkaar aan. "Maar", zei Eleanor, na een korte stilte, "zou het bevorderlijk zijn voor zijn geluk als hij in staat wordt gesteld met zo'n meisje te trouwen? Ze moet nogal gewetenloos zijn, anders had ze uw broer niet op die manier gebruikt. En wat een rare bevlieging van Fredericks kant! Een meisje dat voor zijn ogen een verloving schendt die ze vrijwillig met een andere man aan is aangegaan! Is dat niet onvoorstelbaar, Henry? Van Frederick, die altijd zo trots was, die geen vrouw goed genoeg vond om te beminnen!"

"Dat belooft al weinig goeds, het is de sterkste aanwijzing hiertegen. Wanneer ik denk aan zijn verklaringen uit het verleden, geef ik hem op. Bovendien denk ik dat juffrouw Thorpe wel zo voorzichtig is dat ze de ene heer niet wegdoet voor ze zeker is van de andere. Het is inderdaad gebeurd met Frederick! Hij is ten dode opgeschreven... zijn verstandelijke vermogens althans. Bereid je maar voor op je schoonzuster, Eleanor, zo'n schoonzuster van wie je verrukt moet zijn: open, oprecht, ongekunsteld, onschuldig, met sterke maar eenvoudige gevoelens van genegenheid, zonder pretenties en zonder huichelarij."

"Met zo'n schoonzuster, Henry, zou ik heel gelukkig zijn", zei Eleanor met een glimlach.

"Maar hoewel ze zich slecht heeft gedragen tegenover onze familie", merkte Catherine op, "gedraagt ze zich misschien beter tegenover de uwe. Nu ze echt de man heeft die ze wil, blijft ze misschien trouw."

"Ja, daar ben ik juist bang voor", antwoordde Henry. "Ik ben bang dat ze heel trouw blijft, tenzij er een baronet op haar weg komt, dat is Fredericks enige kans. Ik ga de krant van Bath kopen en de namen van de nieuwkomers bekijken."

"U denkt dus dat het allemaal eerzucht is... En, eerlijk waar, er zijn wat dingen die daarop wijzen. Ik kan niet vergeten dat ze, toen ze hoorde wat mijn vader voor hen kon doen, zeer teleurgesteld leek dat het niet meer was. Ik heb me nooit van mijn leven zo vergist in iemands karakter."

"Uit de rijke schakering die u hebt gekend en bestudeerd."

"Mijn teleurstelling in haar en haar als vriendin te verliezen is heel erg, maar wat die arme James betreft... ik denk dat hij er moeilijk overheen zal komen."

"Uw broer verdient op dit moment zeker veel medelijden, maar we moeten in onze zorg om zijn leed het uwe niet onderschatten. Ik veronderstel dat u het gevoel hebt dat u, met het verlies van Isabella de helft van uzelf verliest: u voelt een leegte in uw hart die door niets anders kan worden opgevuld. Gezelschap wordt hinderlijk en wat de vermakelijkheden aangaat die u gewoon was met haar in Bath te genieten... het idee ervan zonder haar is afschuwelijk. U zou nu bijvoorbeeld voor geen goud naar een bal gaan. U hebt het gevoel geen enkele vriendin meer te hebben met wie u zonder terughoudendheid kunt praten, op wier achting u kunt rekenen, op wier goede raad u kunt vertrouwen. Hebt u al deze gevoelens?"

"Nee," zei Catherine, na even te hebben nagedacht, "dat voel ik niet... Hoor ik dat te voelen? Hoewel het me pijn en verdriet doet dat ik niet meer van haar kan houden, dat ik nooit meer iets van haar zal horen en haar misschien nooit meer zal zien, voel ik me eerlijk gezegd niet zo erg bedroefd als misschien mag worden verwacht."

"U voelt u niet anders dan anders en dat strekt de menselijke natuur bijzonder tot eer. Zulke gevoelens behoren onderzocht te worden opdat ze begrepen worden."

Op de een of andere manier voelde Catherine zich zo opgelucht door dit gesprek dat het haar niet speet zich te hebben laten overhalen, hoe onverantwoordelijk dit ook was, tot het noemen van de omstandigheden die ertoe hadden geleid.

Hoofdstuk XXVI

Vanaf dat moment werd het onderwerp regelmatig diepgaand besproken door de drie jonge mensen en Catherine ontdekte met enige verbazing dat haar twee jonge vrienden het er volkomen over eens waren dat Isabella's gebrek aan aanzien en fortuin een huwelijk met hun broer waarschijnlijk in de weg zou staan. Hun overtuiging dat de generaal zich alleen op grond hiervan en onafhankelijk van de bezwaren die hij zou kunnen hebben tegen haar karakter, zou verzetten tegen de verbintenis richtte haar gevoelens bovendien met enige ontsteltenis op haarzelf. Ze bracht net zo weinig aanzien en bruidsschat mee als Isabella en als de erfgenaam van het bezit van de familie Tilney al niet voldoende grandeur en rijkdom van zichzelf had, wat moest een jongere broer dan wel niet verlangen? De zeer pijnlijke overwegingen waar deze gedachte toe leidde, konden alleen verjaagd worden door te vertrouwen op die speciale voorkeur die ze, naar ze zowel uit zijn woorden als zijn daden mocht opmaken, gelukkig van het begin af aan in de generaal had opgewekt en door de herinnering aan enkele zeer grootmoedige en onbaatzuchtige uitspraken over het onderwerp geld, die ze hem meer dan eens had horen uiten, waardoor zij geneigd was te denken dat zijn kinderen hem in dit soort zaken verkeerd begrepen.

Ze waren er echter zo vast van overtuigd dat hun broer nooit de moed zou hebben om persoonlijk de toestemming van zijn vader te komen vragen en verzekerden haar zo vaak dat het nooit van zijn leven minder waarschijnlijk was geweest dat hij naar Northanger zou komen dan nu, dat ze zichzelf toestond wat geruster te zijn over de noodzaak zelf plotseling te moeten vertrekken. Maar omdat nauwelijks verwacht kon worden dat kapitein Tilney, wanneer hij met zijn verzoek zou komen, zijn vader een juiste indruk zou geven van Isabella's gedrag, kwam ze op het idee dat het uitstekend zou zijn als Henry de hele zaak aan hem voor zou leggen zoals deze werkelijk was, om de generaal aldus in staat te stellen zich een overwogen en onpartijdige mening te vormen en zijn bezwaren op een eerlijker basis voor te bereiden dan op een ongelijkheid van maatschappelijke positie. Ze stelde dit dan ook aan hem voor, maar hij ging niet zo gretig op de voorgenomen maatregel in als zij had verwacht. "Nee," zei hij, "mijn vaders besluitvaardigheid hoeft niet versterkt te worden en op Fredericks bekentenis van zijn dwaasheid hoeft niet vooruitgelopen te worden. Hij moet zijn eigen verhaal vertellen."

"Maar hij zal slechts de helft vertellen."

"Een kwart zou al voldoende zijn."

Er ging een dag of twee voorbij en er was geen bericht van kapitein Tilney. Zijn broer en zuster wisten niet wat ze ervan moesten denken. Soms zagen ze zijn zwijgen als het natuurlijke gevolg van de vermoede verloving, een andere keer als iets dat er in het geheel niet verenigbaar mee was. De generaal was intussen, hoewel hij elke ochtend beledigd was door Fredericks nalatigheid in het schrijven van brieven, vrij van enige echte zorg om hem en had geen dringender zaken dan de tijd van juffrouw Morland op Northanger zo plezierig mogelijk maken. Hij drukte vaak zijn bezorgdheid hierover uit, vreesde dat de onveranderlijkheid van gezelschap en bezigheden van elke dag ertoe zouden leiden dat ze een hekel aan het huis zou krijgen, wenste dat de Lady's Fraser in het land waren, praatte zo nu en dan over het uitnodigen van een groot gezelschap voor het diner en begon zelfs een of twee keer te tellen hoeveel jonge mensen in de buurt waren voor het organiseren van een bal. Maar het was ook zo'n stille tijd van het jaar, geen gevogelte en geen wild en de Lady's Fraser waren niet in het land. En het eindigde ten slotte allemaal met zijn mededeling aan Henry op een ochtend dat ze hem, wanneer hij weer in Woodston zou zijn, op een dag zouden verrassen en hun schapenvlees met hem zouden eten. Henry was zeer vereerd en heel gelukkig en Catherine was verrukt van het plan. "En wanneer denkt u, meneer, dat ik naar dit genoegen mag uitkijken? Ik moet maandag in Woodston zijn voor een bijeenkomst van de parochie en zal waarschijnlijk twee of drie dagen moeten blijven."

"Juist, dan zullen we het er een van die dagen op wagen. Een afspraak is niet nodig. Je hoeft er niet allerlei moeite voor te doen. Wat je ook toevallig in huis zult hebben, zal genoeg zijn. Ik denk dat ik voor de jongedames kan spreken wanneer ik rekening wil houden met de tafel van een vrijgezel. Laat me eens kijken; maandag zal een drukke dag voor je zijn, dus zullen we niet op maandag komen; en dinsdag zal een drukke dag voor mij zijn. 's Morgens verwacht ik mijn opziener uit Brockham met zijn verslag en daarna kan ik er werkelijk niet onderuit om naar de club te gaan. Ik zou mijn kennissen echt niet meer onder ogen kunnen komen als ik nu weg zou blijven, want het is bekend dat ik in het land ben en het zou me zeer kwalijk worden genomen en het is een regel van mij, juffrouw Morland, mijn buren nooit voor het hoofd te stoten als een kleine opoffering in tijd en aandacht dit kan voorkomen. Het is een stel prima kerels. Ze krijgen twee keer per jaar een halve bok van Northanger en ik dineer met hen wanneer ik maar kan. Op dinsdag kan er dus geen sprake van zijn. Maar ik denk, Henry, dat je ons op woensdag kunt verwachten, we zullen vroeg bij je zijn, zodat we tijd hebben om rond te kijken. Ik denk dat we twee uur en drie kwartier nodig hebben om in Woodston te komen en we zullen om tien uur in het rijtuig zitten, dus kun je op woensdag om kwart voor één naar ons uitkijken."

Een bal kon Catherine niet welkomer zijn geweest dan dit uitstapje, zo sterk was haar verlangen Woodston te leren kennen en haar hart bonsde nog van vreugde toen Henry, ongeveer een uur later, in laarzen en overjas de kamer binnenstapte waar zij en Eleanor zaten en zei: "Ik ben gekomen, jongedames, om in zeer stichtelijke trant op te merken dat we voor onze genoegens in deze wereld altijd moeten betalen en dat we in het najagen ervan dikwijls sterk in het nadeel zijn omdat we contant, feitelijk geluk opgeven voor een wissel op de toekomst die misschien niet geïnd kan worden. Neem nu mijzelf op dit moment. Omdat ik het genoegen hoop te smaken u woensdag in Woodston te zien, wat door slecht weer of twintig andere oorzaken kan worden verhinderd, moet ik nu onmiddellijk weggaan, twee dagen eerder dan van plan was."

"Weggaan!" zei Catherine, die een lang gezicht trok. "Waarom?"

"Waarom! Hoe kunt u dat vragen? Omdat er geen tijd te verliezen valt om mijn oude huishoudster de schrik op het lijf te jagen; omdat ik voorbereidingen moet treffen voor een diner voor jullie."

"Ach, dat kunt u niet menen!"

"Jazeker, helaas wel... want ik zou veel liever hier blijven."

"Maar hoe kunt u dat doen na wat de generaal heeft gezegd? Na zijn speciale wens dat u niet te veel moeite zou doen omdat alles goed genoeg zou zijn."

Henry glimlachte slechts. "Ik ben ervan overtuigd dat het voor uw zuster en mij niet nodig is. Dat moet u weten en de generaal maakte zo duidelijk dat u niets extra's hoefde te doen: bovendien, al had hij nog niet de helft gezegd van wat hij zei, hij heeft thuis altijd zo'n uitstekend diner dat het aanzitten aan een wat bescheidener tafel voor een dag toch niets kan uitmaken."

"Ik wilde dat ik net zo kon redeneren als u, zowel in mijn als in zijn belang. Goedendag. Omdat het morgen zondag is, Eleanor, zal ik niet terugkeren."

Hij ging en omdat het voor Catherine altijd veel eenvoudiger was om aan haar eigen oordeel te twijfelen dan aan dat van hem kon ze al snel niet anders dan hem gelijk geven, hoe vervelend ze het ook vond dat hij weg was. Maar ze moest vaak denken aan het onverklaarbare gedrag van de generaal. Dat hij veeleisend was als het om zijn eten ging, had ze al door eigen waarneming ontdekt, maar waarom hij zo duidelijk het ene zou zeggen en al die tijd iets anders bedoelen, was onverklaarbaar! Hoe moesten mensen op die manier begrepen worden? Wie anders dan Henry kon geweten hebben wat zijn vader wilde?

Van zaterdag tot woensdag zouden ze nu echter zonder Henry zijn. Dat was de droeve conclusie van elke overpeinzing; en de brief van kapitein Tilney zou vast tijdens zijn afwezigheid komen, en ze was ervan overtuigd van dat het woensdag zou regenen. Het verleden, het heden en de toekomst zagen er alle even somber uit. Haar broer was zo ongelukkig en haar verlies van Isabella's vriendschap zo groot en Eleanor werd altijd beïnvloed door Henry's afwezigheid! Wat kon haar nog boeien of amuseren? Ze had genoeg van de bossen en de struiken –altijd zo glad en zo droog– en de abdij zelf was inmiddels niet meer voor haar dan elk ander huis. De enige emotie die het gebouw nu nog kon oproepen, was de pijnlijke herinnering aan de dwaasheid die het had helpen voeden en vervolmaken. Wat een ommekeer van ideeën voor haar die er zo naar verlangd had in een abdij te zijn! Nu kon ze zich niets aardigers voorstellen dan het bescheiden comfort van een plezierig ingerichte pastorie, zoiets als Fullerton, maar beter nog: Fullerton had zijn tekortkomingen, maar Woodston waarschijnlijk niet. Was het maar woensdag!

Het werd woensdag, precies toen dat redelijkerwijs mocht worden verwacht. Het was woensdag en het was een mooie woensdag, en Catherine was in de wolken.

Om tien uur voerde het rijtuig met vierspan het drietal uit de abdij weg en na een plezierige rit van bijna twintig mijl reden ze Woodston binnen, een groot en goed bevolkt dorp dat aantrekkelijk gelegen was. Catherine schaamde zich om te zeggen hoe mooi ze het vond, want de generaal leek een verontschuldiging nodig te vinden voor de vlakheid van het land en de grootte van het dorp, maar in haar hart gaf ze er de voorkeur aan boven elke andere plaats die ze ooit had bezocht en ze keek met grote bewondering naar elk keurig huis dat iets groter was dan een arbeiderswoning en naar alle kruidenierswinkeltjes die ze passeerden. Aan de andere kant van het dorp en op aanvaardbare afstand van de rest, stond de pastorie, een nieuw gebouwd, vrij groot stenen huis, met zijn halfronde oprijlaan en groene poorten en toen ze naar de deur reden, stond Henry, met de vrienden van zijn eenzaamheid –een grote Newfoundlander pup en twee of drie terriërs– klaar om hen te ontvangen en het hun naar de zin te maken.

Catherine was te vol van indrukken toen ze het huis binnenging om veel op te merken of te zeggen en tot ze door de generaal gevraagd werd naar haar mening erover, had ze nauwelijks een idee van de kamer waarin ze was. Toen ze deze vervolgens bekeek, zag ze dat het de comfortabelste kamer ter wereld was, maar ze was te beheerst om dit te zeggen en de koelte van haar lovende woorden stelde hem teleur.

"We beweren niet dat het een geweldig huis is", zei hij. "We vergelijken het niet met Fullerton en Northanger... We beschouwen het als niet meer dan een pastorie, klein en besloten, dat geven we toe, maar fatsoenlijk misschien, en bewoonbaar, en het doet al met al niet onder voor de meeste; met andere woorden, volgens mij zijn er weinig landelijke pastorieën in Engeland ook maar half zo goed. Het kan echter enige verbetering gebruiken. Dat zou ik niet willen ontkennen; en alles wat redelijk is... een dakkapel misschien... hoewel, tussen ons gezegd, als ik ergens een hekel aan heb, is het een aangebouwde dakkapel."

Catherine hoorde te weinig van deze toespraak om hem te begrijpen of er last van te hebben, en nadat andere onderwerpen weloverwogen naar voren waren gebracht en ondersteund door Henry, op het moment dat een blad vol verfrissingen door zijn bediende werd binnengebracht, kreeg de generaal al snel zijn hoffelijkheid en Catherine haar normale gemoedsrust terug.

De betreffende kamer was gerieflijk, van ruime afmetingen en mooi ingericht als eetkamer en nadat ze hem hadden verlaten om een wandeling over het grondgebied te maken, werd haar eerst een kleiner vertrek getoond, dat het domein van de heer des huizes was en voor deze gelegenheid extra netjes was opgeruimd en daarna het vertrek dat de zitkamer zou worden, waarvan Catherine, hoewel het nog niet was ingericht, verrukt genoeg was om zelfs de generaal tevreden te stellen. Het was een kamer met een mooie vorm en ramen tot op de vloer die een plezierig uitzicht gaven, hoewel dat alleen op groene weilanden was en ze drukte haar bewondering van het moment uit met alle oprechte eenvoud die ze voelde: "O, waarom richt u deze kamer niet in, meneer Tilney? Wat jammer dat hij nog niet is ingericht! Het is de mooiste kamer die ik ooit heb gezien... het is de mooiste kamer van de wereld!"

"Ik verwacht", zei de generaal met een tevreden glimlach, "dat hij spoedig zal zijn ingericht; het wachten is alleen op de smaak van een dame!"

"Nou, als het mijn huis was, zou ik nooit ergens anders zitten. O, wat staat daar een lief, klein huisje tussen de bomen... appelbomen ook nog! Wat een schattig huisje!"

"U vindt het mooi... u waardeert het als object... dat is genoeg. Henry, denk eraan dat er met Robinson over gesproken wordt. Het huisje blijft."

Dit compliment maakte Catherine verlegen en legde haar onmiddellijk het zwijgen op en hoewel haar nadrukkelijk werd gevraagd naar haar keuze ten aanzien van de overheersende kleur voor behang en gordijnen, was er niets meer uit haar te trekken wat ook maar iets weghad van een mening over het onderwerp. De invloed van nieuwe dingen om te zien en frisse lucht hielp echter om deze gênante associaties te verdrijven en nadat ze de siertuin hadden bereikt, bestaande uit een wandelpad rond twee zijden van een weiland, waaraan Henry met zijn talenten ongeveer een halfjaar daarvoor was begonnen, had ze zich voldoende hersteld om het mooier te vinden dan elke lusthof waarin ze ooit was geweest, hoewel geen struik daar hoger was dan de groene bank in de hoek.

Na een wandeling door andere weilanden en door een deel van het dorp, met een bezoek aan de stallen om enkele verbeteringen te bekijken en heerlijk te spelen met een nest puppy's die net in staat waren rond te rollen, was het al vier uur, terwijl Catherine dacht dat het nog niet eens drie uur kon zijn. Ze zouden om vier uur dineren en om zes uur aan hun terugreis beginnen. Nog nooit was een dag zo snel voorbijgegaan!

Het kon haar niet ontgaan dat het overvloedige diner niet de geringste verbazing bij de generaal leek op te wekken en dat hij zelfs een blik op de zijtafel wierp, op zoek naar koud vlees, dat er niet was. De waarnemingen van zijn zoon en dochter waren van andere aard. Ze hadden hem zelden zo stevig zien eten aan een andere tafel dan de zijne en nooit eerder meegemaakt dat hij zich zo weinig ergerde aan gesmolten boter die olieachtig was.

Nadat de generaal zijn koffie had gedronken, stond om zes uur het rijtuig weer klaar en tijdens het hele bezoek was zijn gedrag zo strelend geweest, ze was zo zeker van het onderwerp van zijn verwachtingen, dat Catherine, als ze net zo veel vertrouwen had gehad in de wensen van zijn zoon, Woodston zou hebben verlaten met weinig zorg over het Hoe en Wanneer van haar terugkeer.

Hoofdstuk XXVII

De volgende ochtend bracht de volgende, zeer onverwachte brief van Isabella:

Bath, ... april

Liefste Catherine,

Ik heb je twee vriendelijke brieven met het grootste plezier ontvangen en moet je wel duizend verontschuldigingen aanbieden omdat ik ze niet eerder heb beantwoord. Ik schaam me diep voor mijn luiheid, maar in deze vreselijke plaats vindt een mens nergens tijd voor. Ik heb bijna elke dag sinds je uit Bath vertrokken bent een pen ter hand genomen om aan een brief te beginnen, maar er was altijd wel iets triviaals dat dit verhinderde. Schrijf me alsjeblieft spoedig en richt je brieven aan mijn eigen huisadres. God zij dank verlaten we dit ellendige oord morgen. Sinds je weg bent gegaan, heb ik er geen plezier meer in gehad... het stof is verschrikkelijk en iedereen om wie ik geef is weg. Ik denk dat ik de rest niet zo erg zou vinden als ik jou kon zien, want je bent me dierbaarder dan wie ook kan bedenken. Ik maak me erg ongerust over je lieve broer, want ik heb niets meer van hem gehoord sinds zijn terugkeer naar Oxford; ik vrees dat er sprake is van een misverstand. Jouw vriendelijke bemiddeling zal alles in orde maken: hij is de enige man van wie ik ooit heb gehouden of zou kunnen houden en ik vertrouw erop dat je hem daarvan zult overtuigen. De voorjaarsmode is iets lager en de hoeden zijn vreselijker dan je je kunt voorstellen. Ik hoop dat je een plezierige tijd hebt, maar ik ben bang dat je nooit aan mij denkt. Over de familie waarbij je logeert, zal ik niet alles zeggen wat ik zou kunnen zeggen, want ik wil niet onvriendelijk zijn of jou opzetten tegen degenen die jouw achting hebben, maar het is erg moeilijk om te weten wie je kunt vertrouwen en jongemannen lijken nog geen twee dagen achtereen te weten wat ze willen. Het verheugt me je te kunnen vertellen dat de jongeman die ik, van allemaal, het meest verafschuw Bath verlaten heeft. Je zult uit deze beschrijving kunnen opmaken dat ik kapitein Tilney bedoel, die, zoals je zult herinneren, voor je wegging op ongelooflijke wijze geneigd was mij te volgen en te plagen. Later maakte hij het nog bonter en werd zo ongeveer mijn schaduw. Veel meisjes zouden bezweken zijn voor zijn ongekende attenties, maar ik ben goed genoeg bekend met de wispelturige sekse. Hij is twee dagen geleden teruggekeerd naar zijn regiment en ik verwacht nooit meer door hem te worden lastig gevallen. Hij is de grootste ijdeltuit die ik ooit heb ontmoet en ongelooflijk onaangenaam. De laatste twee dagen verkeerde hij voortdurend in het gezelschap van Charlotte Davis: ik beklaagde hem om zijn smaak, maar heb geen aandacht aan hem besteed. De laatste keer dat we elkaar ontmoetten was in Bath Street en ik ben onmiddellijk een winkel binnengegaan, zodat hij niet tegen me kon spreken; ik heb niet eens naar hem gekeken. Hij ging daarna naar de Koerzaal, maar ik was hem voor niets ter wereld gevolgd. Wat een tegenstelling tussen hem en jouw broer! Alsjeblieft, stuur me wat nieuws over de laatste; ik maak me grote zorgen om hem. Hij scheen zich zo slecht te voelen toen hij wegging, met een verkoudheid, of iets wat hem bedrukte. Ik zou hem zelf schrijven, maar ben zijn adres kwijt en ik ben bang, zoals ik boven al aangaf, dat hij iets in mijn gedrag verkeerd heeft opgevat. Leg alsjeblieft alles tot zijn tevredenheid uit en mocht hij nog enige twijfel koesteren, dan kunnen een paar regels van hem aan mij, of een bezoek in Putney wanneer hij weer in de stad is, alles rechtzetten. Ik ben al tijden niet naar de zalen of naar het theater geweest, met uitzondering van gisteravond met de Hodges naar een komedie voor de halve prijs. Ze plaagden me net zo lang tot ik meeging en ik wilde niet dat ze zouden zeggen dat ik mezelf opsloot omdat Tilney weg was. We zaten toevallig bij de Mitchells, die deden alsof ze zeer verrast waren mij uit te zien gaan. Ik wist dat het wrok was: eerst konden ze nauwelijks beleefd tegen mij doen, maar nu waren ze een en al vriendelijkheid; maar ik ben niet zo dom dat ik hen niet doorzie. Je weet dat ik behoorlijk koppig kan zijn. Anne Mitchell had geprobeerd een tulband te dragen zoals de mijne, zoals ik een week daarvoor bij het concert had gedragen, maar het leek nergens op... ik denk dat het mijn rare gezicht toevallig flatteerde, in elk geval is dat wat Tilney me toen vertelde en hij zei dat iedereen naar mij keek, maar hij is de laatste van wie ik ook maar een woord zou geloven. Ik draag niets anders meer dan purper: die kleur staat me afschuwelijk, maar het maakt niet uit... het is de lievelingskleur van je broer. Laat geen tijd verloren gaan, mijn allerliefste Catherine, en schrijf naar hem en naar mij.

Altijd de jouwe, etc.

De oppervlakkige en gekunstelde stijl kon zelfs op Catherine geen indruk maken. De inconsistenties, tegenspraken en huichelarij vielen haar onmiddellijk op. Ze voelde zich beschaamd over Isabella en over de genegenheid die ze voor haar had gevoeld. Haar betuigingen van gehechtheid waren nu net zo walgelijk als haar verontschuldigingen leeg waren en haar eisen waren schaamteloos. 'Een goed woordje voor haar doen bij James? Nee, James mocht Isabella's naam nooit meer uit haar mond horen!'

Toen Henry terug was uit Woodston, stelde ze hem en Eleanor op de hoogte van hun broers veiligheid, feliciteerde hen hier oprecht mee en las de belangrijkste passages uit de brief hevig verontwaardigd voor. Toen ze klaar was, riep ze uit: "Dat was dan Isabella en alle vertrouwelijkheid tussen ons! Ze moet denken dat ik gek ben, anders had ze niet zo kunnen schrijven, maar ik heb hierdoor haar karakter misschien beter leren kennen dan zij het mijne kent. Ik begrijp hoe ze is. Ze is een ijdele flirt en haar trucs hebben niet gewerkt. Ik geloof niet dat ze ooit enige achting heeft gehad voor James of voor mij en ik wilde dat ik haar nooit had leren kennen."

"Het zal snel zijn alsof dat nooit gebeurd is", zei Henry.

"Er is één ding dat ik niet begrijp. Het is duidelijk dat ze bedoelingen had met kapitein Tilney en dat ze niet in haar plannen is geslaagd, maar wat ik niet begrijp is waar kapitein Tilney al die tijd mee bezig is geweest. Waarom zou hij haar zo veel aandacht schenken dat ze ruzie kreeg met mijn broer en er dan zelf vandoorgaan?"

"Ik heb weinig op met Fredericks motieven zoals ik ze meen te begrijpen. Net als juffrouw Thorpe heeft hij zijn ijdelheden en het grootste verschil is dat hij beter weet wat hij wil en er daardoor nog niet door gekwetst is geraakt. Als het *gevolg* van zijn gedrag hem in uw ogen niet rechtvaardigt, kunnen we beter niet naar de oorzaak zoeken."

"U veronderstelt dus niet dat hij ooit echt om haar heeft gegeven?"

"Ik ben ervan overtuigd dat dat nooit het geval is geweest."

"En dat hij alleen maar deed alsof uit ondeugendheid?"

Henry gaf zijn instemming met een buiging aan.

"Nou, dan moet ik zeggen dat ik hem helemaal niet mag. Hoewel het voor ons zo goed geëindigd is, mag ik hem helemaal niet. Toevallig is er weinig schade aangericht, want ik denk niet dat Isabella een hart te verliezen heeft. Maar stel dat hij haar heel erg verliefd op hem had gemaakt."

"Dan moeten we eerst veronderstellen dat Isabella een hart had dat ze kon verliezen en daarmee dat ze een geheel andere persoon was geweest en in dat geval zou ze op een geheel andere manier zijn behandeld."

"Het is heel juist dat u achter uw broer staat."

"En als u achter de úwe zou staan, zou u minder

ontsteld zijn over de teleurstelling van juffrouw Thorpe. Maar uw geest is vervormd door een aangeboren principe van gewoon fatsoen en daardoor niet ontvankelijk voor de koele argumenten van familievoorkeur of het verlangen naar wraak."

Zo werd Catherine met complimentjes van haar bittere gevoelens verlost. Frederick kon niet onvergeeflijk schuldig zijn terwijl Henry zich zo plezierig gedroeg. Ze besloot Isabella's brief niet te beantwoorden en probeerde er niet meer aan te denken.

HOOFDSTUK XXVIII

Kort hierna moest de generaal een week naar Londen en toen hij Northanger verliet speet het hem zeer dat enige verplichting hem ook maar een uur zou beroven van het gezelschap van juffrouw Morland en droeg hij zijn kinderen bezorgd op haar comfort en vermaak tijdens zijn afwezigheid als hun belangrijkste taak te beschouwen. Door zijn vertrek ervoer Catherine voor het eerst dat een verlies soms ook winst kan zijn. De vreugde waarmee ze hun tijd nu doorbrachten –elke bezigheid vrijwillig, elke lach toegestaan, elke maaltijd het toneel van ontspanning en goed humeur, wandelen wanneer en waar ze maar wilden, volledige controle over hun uren, genoegens en vermoeienissen– maakte dat ze zich er diep van bewust was dat de generaal met zijn aanwezigheid grote belemmeringen oplegde en dat ze de huidige verlossing daarvan met grote dankbaarheid voelde. Door deze ongedwongenheid en dit grote plezier begon ze met de dag meer van het huis en zijn bewoners te houden en zonder de vrees dat ze het eerste spoedig zou moeten verlaten en de ongerustheid dat de anderen niet evenveel van haar hielden, zou ze elk ogenblik van elke dag volmaakt gelukkig zijn geweest, maar het was nu de vierde week van haar bezoek; voor de generaal thuiskwam, zou de vierde week voorbij zijn en het kon wellicht opdringerig lijken als ze nog langer bleef. Wanneer deze zich voordeed, was het een pijnlijke gedachte en omdat ze zich graag van een dergelijke last wilde bevrijden, besloot ze al snel hier onmiddellijk met Eleanor over te spreken, voor te stellen dat ze weg zou gaan en haar gedrag te laten afhangen van de manier waarop haar voorstel zou worden ontvangen.

In het besef dat ze het, als ze zichzelf veel tijd zou geven, moeilijk zou vinden een zo onplezierig onderwerp naar voren te brengen, benutte ze de eerste gelegenheid waarbij ze plotseling alleen was met Eleanor en begon, terwijl Eleanor zich middenin een verhaal over iets heel anders bevond, over haar verplichting binnenkort weg te gaan. Eleanor keek en was, naar ze zei, zeer verwonderd. Ze had 'gehoopt gedurende veel langere tijd van haar gezelschap te genieten, had abusievelijk (misschien door haar wens) in de veronderstelling verkeerd dat een veel langer bezoek was beloofd en kon zich niet anders voorstellen dan dat meneer en mevrouw Morland, als ze zouden weten welk een genoegen het was haar hier te hebben, te grootmoedig zouden zijn om haar terugkeer te bespoedigen.' Catherine legde uit dat 'wat dat betreft papa en mama in het geheel geen haast hadden; ze zouden altijd tevreden zijn zolang zij gelukkig was.'

'Maar, als ze dat mocht vragen, waarom had zij dan zelf zo'n haast om hen te verlaten?'

'O, omdat ze er al zo lang was geweest.'

"Tja, als u zo'n woord gebruikt, kan ik verder niet bij u aandringen. Als u het lang vindt..."

"O, nee, absoluut niet. Voor mijn eigen genoegen zou ik nog eens zo lang bij u kunnen blijven." En er werd onmiddellijk besloten dat er, tot het zover was, niet eens aan haar vertrek gedacht zou worden. Nu deze oorzaak van haar onrust zo plezierig was weggenomen, nam ook de sterkte van de andere af. De hartelijkheid, de ernst waarmee Eleanor haar verzocht had te blijven en Henry's dankbare blik toen hij hoorde dat haar vertrek was uitgesteld, waren zulke zoete bewijzen van haar betekenis voor hen, dat er net zo veel zorg overbleef als de menselijke geest nodig heeft om zich goed te voelen. Ze geloofde –bijna altijd– dat Henry van haar hield en vrijwel altijd dat zijn vader en zuster van haar hielden en zelfs wensten dat ze bij hen zou horen, en in dit geloof waren haar twijfels en zorgen slechts speelse ergernissen.

Henry was niet in staat het bevel van zijn vader op te volgen en gedurende diens afwezigheid in Northanger te blijven om ten dienste van de dames te staan; de verplichtingen van zijn functie als geestelijke in Woodston dwongen hem hen op zaterdag voor twee dagen te verlaten. Het verlies werd nu anders gevoeld dan toen de generaal thuis was; het verminderde hun vrolijkheid, maar maakte geen eind aan hun gemoedsrust en, eensgezind in hun bezigheden en in een toenemende vertrouwelijkheid, wisten de twee meisjes hun eigen tijd zo goed te besteden dat het elf uur was, een vrij laat tijdstip in de abdij, voor ze op de dag van Henry's vertrek de eetzaal verlieten. Ze waren net boven aan de trap gekomen toen ze, in zoverre de dikte van de muren hen in staat stelde dit te beoordelen, meenden te horen hoe een rijtuig voorreed en dit idee werd het volgende ogenblik bevestigd door het luide geklingel van de bel. Nadat de eerste verbaasde opschudding voorbij was gegaan met: "Lieve hemel! Wat kan er aan de hand zijn?" kwam Eleanor al snel tot de conclusie dat het haar oudste broer moest zijn, die dikwijls zo onverwacht, hoewel niet op zo'n ongepast tijdstip, arriveerde en ze haastte ze zich naar beneden om hem welkom te heten.

Catherine liep door naar haar kamer, en bereidde zich zo goed ze kon voor op een verdere kennismaking met kapitein Tilney, waarbij ze zichzelf, wegens de onprettige indruk die zijn gedrag haar had gegeven en in de overtuiging dat hij een veel te hoge dunk van zichzelf had om haar te accepteren, troostte met de gedachte dat ze elkaar in elk geval niet zouden ontmoeten onder wezenlijk pijnlijke omstandigheden. Ze vertrouwde erop dat hij nooit over juffrouw Thorpe zou spreken en omdat hij inmiddels beschaamd moest zijn over de rol die hij had gespeeld, kon dat gevaar ook niet bestaan, en ze dacht dat ze hem, zolang elke verwijzing naar Bath zou worden vermeden, heel beleefd zou kunnen behandelen. Met deze overpeinzingen ging de tijd voorbij en het sprak zeker in zijn voordeel dat Eleanor zo blij was hem te zien en zo veel te vertellen had, want sinds zijn aankomst was er al een half uur verstreken en Eleanor was nog niet naar boven gekomen.

Op dat moment meende Catherine haar stappen op de galerij te horen en ze luisterde of ze dichterbij kwamen, maar alles was stil. Ze had zichzelf echter nog maar net overtuigd van haar vergissing toen ze schrok van het geluid van iets wat vlak bij haar deur bewoog; iemand leek de deur aan te raken en het volgende ogenblik bewees een lichte beweging van de kruk dat er een hand op moest liggen. Ze beefde een beetje bij het idee dat iemand zo omzichtig naderbij probeerde te komen, maar ze besloot zich niet opnieuw te laten overweldigen door onbelangrijke alarmerende verschijnselen of zich te laten misleiden door een al te sterke fantasie en stapte rustig naar voren om de deur te openen. Daar stond Eleanor, alleen Eleanor. Het was voor Catherine echter maar een korte geruststelling, want Eleanors wangen waren bleek en ze zag er zeer ontsteld uit. Hoewel ze duidelijk van plan was binnen te komen, leek het haar een grote inspanning te kosten en toen ze eenmaal binnen was een nog grotere om te spreken. In de veronderstelling dat er sprake was van enige ongemakkelijkheid vanwege kapitein Tilney kon Catherine haar bezorgdheid slechts uitdrukken door zwijgend af te wachten; ze dwong haar te gaan zitten, wreef haar slapen in met lavendelwater en bleef vol hartelijke bezorgdheid bij haar staan. "Lieve Catherine, je moet niet... je moet echt niet..." waren de eerste samenhangende woorden van Eleanor. "Ik ben nu weer in orde. Deze vriendelijkheid leidt me af... ik kan het niet verdragen... de boodschap die ik je moet brengen...!"

"Een boodschap? Voor mij?"

"Hoe moet ik het je vertellen! O, hoe moet ik het je vertellen!"

Er kwam een nieuw idee in Catherines hoofd op en terwijl ze net zo bleek werd als haar vriendin riep ze uit: "Het is een boodschapper van Woodston!"

"Nee, je vergist je", reageerde Eleanor, terwijl ze

haar vol mededogen aankeek. "Het is niemand uit Woodston; het is mijn vader zelf." Haar stem haperde en ze sloeg haar ogen neer bij het noemen van zijn naam. Zijn onvoorziene terugkeer was op zichzelf al genoeg om Catherine de moed in de schoenen te doen zinken en even dacht ze dat er nauwelijks iets ergers verteld kon worden. Ze zei niets en Eleanor, die zichzelf probeerde te vermannen en met vaste stem probeerde te spreken, vervolgde al snel, waarbij ze haar ogen nog steeds neergeslagen hield: "Je bent te goed, daar ben ik zeker van, om mij te veroordelen voor de rol die ik moet vervullen. Geloof me, ik ben een uiterst onwillige boodschapper. Hoe moet ik je vertellen, na wat zo kort geleden is gebeurd, zo kort geleden tussen ons is afgesproken –met hoeveel vreugde, hoeveel dankbaarheid van mijn kant– over je verblijf hier, dat naar ik hoopte nog weken, nog vele weken langer zou duren, dat je vriendelijkheid niet op prijs wordt gesteld en dat de vreugde die je gezelschap ons tot nu toe heeft gebracht, beloond wordt met... maar ik mag niet te veel zeggen. Lieve Catherine, we moeten afscheid nemen. Mijn vader heeft zich een afspraak herinnerd die onze hele familie op maandag wegvoert. We gaan voor veertien dagen naar Lord Longtown's, bij Hereford. Verklaring en verontschuldiging zijn evenzeer onmogelijk. Ik ben tot beide niet in staat."

"Lieve Eleanor," riep Catherine uit, "je hoeft het je niet zo aan te trekken. Een tweede afspraak moet wijken voor een eerste. Het spijt me heel erg dat we afscheid moeten nemen... zo snel en zo plotseling ook, maar ik voel me niet beledigd, echt niet. Je weet dat ik mijn bezoek aan jullie op elk moment kan vervolgen; of ik hoop dat je mij komt opzoeken. Kun je, wanneer je terugkeert van die lord, naar Fullerton komen?"

"Het is niet aan mij om te beslissen, Catherine."

"Kom dan wanneer je kunt..."

Eleanor antwoordde niet; en aangezien Catherines gedachten terugkeerden naar iets dat van onmiddellijker belang was, voegde ze er hardop denkend aan toe: "Maandag... maandag al... en jullie gaan allemáál. Nou, ik ben er zeker van... ik zal in elk geval in staat zijn gedag te zeggen. Ik kan nog blijven tot vlak voor jullie weggaan, weet je. Trek het je niet zo aan, Eleanor, ik kan heel goed op maandag vertrekken. Dat mijn vader en moeder niet zijn gewaarschuwd, is niet zo belangrijk. Ik neem aan dat de generaal een bediende met mij mee stuurt, tot halverwege... en dan ben ik al snel in Salisbury, en dan nog maar negen mijl van huis."

"Ach, Catherine, als het zo geregeld was, zou het iets minder onaanvaardbaar zijn, hoewel dergelijke normale attenties nog maar de helft zouden zijn wat je verdient! Maar... hoe moet ik het je vertellen? Er is al vastgesteld dat je ons morgenochtend verlaat, en zelfs het uur is niet aan jou om te kiezen; het rijtuig is al besteld en zal om zeven uur voor staan en er wordt je geen bediende aangeboden."

Catherine ging zitten, ademloos en sprakeloos. "Ik kon het nauwelijks geloven toen ik het hoorde... en geen ontstemming, geen verontwaardiging die je op dit moment kunt voelen, hoe diep en terecht ook, kan groter zijn dan ik zelf... maar ik moet niet praten over wat ik voelde. O, was er maar iets wat ik ter verzachting naar voren kon brengen! God nog aan toe! Wat zullen je vader en moeder zeggen! Na je uit de bescherming van echte vrienden te hebben meegenomen naar dit... op een bijna twee keer zo grote afstand van thuis, je zo zonder ook maar een spoor van beleefdheid of fatsoen uit het huis te hebben verdreven! Lieve, lieve Catherine, als de brenger van zulk een boodschap lijk ik zelf schuldig aan het beledigende ervan en toch vertrouw ik erop dat je mij zult vrijspreken, want je moet lang genoeg hier in huis zijn geweest om te zien dat ik slechts in naam meesteres ben, dat ik geen enkele echte macht heb."

"Heb ik de generaal beledigd?" vroeg Catherine met haperende stem.

"Helaas, vanuit mijn gevoelens als dochter, weet ik alleen maar... kan ik alleen maar zeggen dat je hem geen enkele reden hebt gegeven voor deze behandeling. Het is duidelijk dat hij bijzonder uit zijn doen is; ik heb hem zelden zo gezien. Hij heeft al geen opgewekte aard en nu is er iets gebeurd waarover hij zich in ongekende mate opwindt, een of andere teleurstelling of ergernis die juist op dit moment belangrijk lijkt, maar waarvan ik me moeilijk kan voorstellen dat jij daar enig aandeel in hebt, want hoe zou dat mogelijk zijn?"

Het was slechts met moeite dat Catherine een woord kon uitbrengen en het was alleen voor Eleanor dat ze een poging deed. "Het spijt me verschrikkelijk als ik hem beledigd heb. Het is het laatste dat ik bewust zou hebben gedaan. Maar wees niet ongelukkig, Eleanor. Je weet dat een afspraak nagekomen moet worden. Ik vind het alleen jammer dat het niet eerder bekend was, zodat ik naar huis had kunnen schrijven. Maar dat is niet zo belangrijk."

"Ik hoop, ik hoop met heel mijn hart dat het geen gevolgen zal hebben voor je veiligheid, maar het is uitermate belangrijk in elke andere zin, zoals comfort, vorm, fatsoen, voor je familie, voor de wereld. Als je vrienden, de Allens, nog in Bath waren, zou je je relatief gemakkelijk bij hen kunnen voegen; je zou er in een paar uur zijn, maar een reis van zeventig mijl, met de postkoets, op jouw leeftijd, alleen, zonder begeleiding!"

"O, de reis is niet erg. Maak je daar geen zorgen over. En als we toch afscheid moeten nemen, maakt een paar uur vroeger of later niet uit. Ik kan om zeven uur klaar staan. Laat me op tijd roepen." Eleanor zag dat ze alleen wilde zijn en in de overtuiging dat het voor hen allebei beter was niet verder te praten, verliet ze haar met de woorden: "Ik zie je morgenochtend."

Catherines overvolle gemoed had verlichting nodig. In Eleanors aanwezigheid had ze haar tranen evenzeer door vriendschap als trots kunnen inhouden, maar ze was nog niet weg of ze stroomden over haar wangen. Uit het huis gezet, en op zo'n manier! Zonder enige reden, enige verontschuldiging als rechtvaardiging of excuus voor de abrupte, de grove, ja, de onbeschofte manier waarop het ging. Henry ver weg... niet eens in staat hem gedag te zeggen. Elke hoop, elke verwachting van hem uitgesteld, op zijn minst, en wie kon zeggen voor hoe lang. Wie kon zeggen wanneer ze elkaar weer zouden zien? En dat alles door een man als generaal Tilney, zo beleefd, zo goedgemanierd en tot voor kort zo bijzonder dol op haar! Het was net zo onbegrijpelijk als krenkend en pijnlijk. Waar het uit voort was gekomen en waar het zou eindigen waren even verbijsterende als alarmerende overwegingen. De manier waarop het gebeurde was zo afschuwelijk onbeleefd; haar wegsturen zonder ook maar enigszins rekening te houden met haar eigen wensen of haar zelfs maar de schijn van een keuze te geven ten aanzien van de tijd of wijze van reizen; van twee dagen was de eerste gekozen en daarvan bijna het vroegste uur, alsof hij haar weg wilde hebben voor hij in de ochtend op zou staan, zodat hij haar zelfs niet meer hoefde te zien. Wat kon dit alles anders zijn dan een moedwillige krenking? Ze moest hem op de een of andere ongelukkige manier hebben beledigd. Eleanor had haar een zo pijnlijk besef willen besparen, maar Catherine kon niet geloven dat welke krenking of welk ongeluk dan ook zoveel kwaadwilligheid kon opwekken tegen iemand die er niets mee te maken had, op of zijn minst verondersteld werd er niets mee te maken te hebben.

Traag ging de nacht voorbij. Slaap, of rust die de naam van slaap verdiende, was onmogelijk. Die kamer, waarin haar verwarde fantasie haar bij haar aankomst had gekweld, was opnieuw het toneel van opgewonden gedachten en onrustige sluimeringen. Maar hoe verschillend was de oorzaak van haar onrust vergeleken met toen... hoe bedroevend veel groter in wezen en essentie! Haar bezorgdheid was gebaseerd op feiten, haar vrees op waarschijnlijkheid en nu haar geest zo in beslag werd genomen door kwaad van menselijke en natuurlijke aard, werden de eenzaamheid van haar situatie, de duisternis van haar kamer, de ouderdom van het gebouw zonder ook maar de geringste emotie gevoeld en ervaren en hoewel er een sterke wind stond, die dikwijls vreemde en plotselinge geluiden in het huis teweegbracht, hoorde ze het allemaal zonder nieuwsgierigheid of angst, terwijl ze daar wakker lag, uur na uur.

Kort na zes uur kwam Eleanor haar kamer binnen met het verlangen belangstelling te tonen of haar waar mogelijk te helpen, maar er was niet veel meer te doen. Catherine had haar tijd goed benut; ze was bijna gekleed en bijna klaar met inpakken. Toen zijn dochter verscheen, kwam de mogelijkheid van een verzoenend gebaar van de generaal in haar op. Wat was natuurlijker dan dat die boosheid voorbij zou gaan en gevolgd zou worden door berouw? En ze wilde alleen weten in hoeverre, na wat er gebeurd was, een verontschuldiging op passende wijze door haar kon worden aanvaard. Maar die kennis zou hier nutteloos zijn geweest; er werd niet om gevraagd; vergevingsgezindheid noch waardigheid werd op de proef gesteld... Eleanor bracht geen boodschap mee. Tijdens hun samenzijn gebeurde maar weinig; beiden vonden hun grootste veiligheid in zwijgen en er werden maar weinig en onbelangrijke woorden gewisseld terwijl ze boven waren – Catherine zenuwachtig bezig met het maken van haar toilet en Eleanor met meer goede wil dan ervaring bezig met het vullen van de kist. Toen alles klaar was, verlieten ze de kamer –waarbij Catherine slechts een halve minuut achterbleef bij haar vriendin om een afscheidsblik te werpen op elk bekend en geliefd voorwerp– om naar beneden te gaan waar het ontbijt klaarstond. Ze probeerde te eten, zowel om zichzelf de pijn van een aansporing te besparen als om haar vriendin gerust te stellen, maar ze had geen eetlust en kon niet veel op. De tegenstelling tussen dit en haar voorlaatste ontbijt in dat vertrek verergerde haar verdriet en versterkte haar afkeer van alles wat ze voor zich op tafel zag. Het was nog geen vierentwintig uur geleden sinds ze elkaar daar voor dezelfde maaltijd hadden ontmoet, maar onder wat voor verschillende omstandigheden! Met welke gevoelens van opgewekte rust, van gelukkige, maar valse veiligheid had ze toen om zich heen gekeken, genietend van alles wat ze zag en voor de toekomst weinig meer vrezend dan Henry's vertrek naar Woodston voor een dag! Zo'n gelukkig, gelukkig ontbijt, want Henry was er geweest, Henry had bij haar gezeten en haar geholpen! Ze kon zich lange tijd aan deze overpeinzingen overgeven zonder gestoord te worden door enige opmerking van haar gezellin, die net zo diep in gedachten was als zijzelf; en de verschijning van de koets was het eerste dat hen deed opschrikken en terugbracht naar de werkelijkheid van dat moment. Catherine kreeg een kleur toen ze hem zag en de onwaardigheid waarmee ze werd behandeld –waarvan ze zich op dat moment sterk bewust werd– maakte dat ze gedurende korte tijd niets dan verontwaardiging voelde. Eleanor leek nu aangespoord te worden tot vastberslotenheid en spraak.

"Je *moet* me schrijven, Catherine", riep ze uit. "Je *moet* zo snel mogelijk iets van je laten horen. Ik zal geen rustig uur meer hebben voor ik weet dat je veilig thuis bent. Ik moet je smeken om één brief, met alle risico, alle gevaar van dien. Doe me het genoegen mij te laten weten dat je veilig in Fullerton bent aangekomen en dat alles goed is met je familie en dan zal ik niets meer verwachten tot ik, zoals ik behoor te doen, kan vragen om je correspondentie. Stuur mijn brief naar Lord Longtown's en, dat moet ik je vragen, gericht aan Alice."

"Nee, Eleanor, als je geen toestemming hebt om een brief van mij te ontvangen, kan ik denk ik beter niet schrijven. Er is geen twijfel aan dat ik veilig thuiskom."

Eleanor antwoordde slechts: "Ik begrijp je gevoelens. Ik zal je verder niet lastig vallen. Ik vertrouw op je eigen vriendelijke hart wanneer we van elkaar verwijderd zijn." Maar dit was, met de bedroefde blik die de woorden begeleidde, genoeg om Catherines trots in een ogenblik te laten verdwijnen en ze zei onmiddellijk: "O, Eleanor, natuurlijk zal ik je schrijven."

Er was nog één ander punt dat juffrouw Tilney wilde regelen, hoewel ze het een beetje gênant vond om hierover te spreken. Het was in haar opgekomen dat Catherine, na een zo lange afwezigheid van huis, misschien niet voldoende geld had voor de kosten van haar reis en toen ze dit opperde, vergezeld van het allerhartelijkste aanbod de reis voor te schieten, bleek dat inderdaad het geval te zijn. Catherine had er tot op dat moment niet aan gedacht, maar was ervan overtuigd, na een blik in haar portemonnee te hebben geworpen, dat ze, als haar vriendin niet zo vriendelijk was geweest, waarschijnlijk het huis uit was gezet zonder ook maar de middelen te hebben om thuis te komen en doordat beiden volledig in beslag werden genomen door de verlegenheid waarin ze daardoor zou zijn gebracht, werd gedurende de tijd die ze nog samen waren nauwelijks nog een woord door een van hen gesproken. Die tijd was echter kort. Al spoedig werd gemeld dat de koets klaar was. Catherine stond onmiddellijk op en een lange en liefdevolle omhelzing nam bij het afscheid de plaats in van woorden. Terwijl ze de hal inliepen, stond ze een ogenblik stil, niet in staat het huis te verlaten zonder degene te noemen wiens naam nog door geen van beiden was uitgesproken en met trillende lippen wist ze net verstaanbaar te maken dat ze 'de hartelijkste groeten deed aan een afwezige vriend'. Maar met deze benadering van zijn naam eindigde elke mogelijkheid om haar gevoelens te beheersen en terwijl ze haar gezicht zo goed ze kon verborg achter haar zakdoek, snelde ze de hal door, sprong in de koets en was in een oogwenk onderweg.

Hoofdstuk XXIX

Catherine voelde zich te ellendig om bang te zijn. De reis op zich had geen verschrikkingen voor haar en ze begon eraan zonder de duur te vrezen of de eenzaamheid te voelen. In een hevige huilbui achterover leunend in een hoek van het rijtuig had ze de muren van de abdij al enkele mijlen achter zich gelaten voor ze haar hoofd ophief; en het hoogste punt van het park was al bijna niet meer te zien voor ze in staat was haar blik daarop te richten. Helaas was de weg waarover ze nu reisde dezelfde als die waarover ze tien dagen eerder zo gelukkig van en naar Woodston was gereden en gedurende veertien mijl werden al haar bittere gevoelens nog versterkt door het terugzien van al die dingen die ze de eerste keer met zulke andere indrukken had waargenomen. Met elke mijl die haar dichter bij Woodston bracht, nam haar pijn toe en toen de afstand minder dan vijf mijl was en ze de afslag passeerde die ernaartoe leidde, dacht ze aan Henry –zo dichtbij en zich nergens van bewust– en werd ze overmand door haar gevoelens van verdriet en onrust.

De dag die ze daar had doorgebracht was een van de gelukkigste van haar leven geweest. Het was daar geweest, op die dag, dat de generaal zulke uitdrukkingen had gebezigd met betrekking tot Henry en haar, op zo'n manier had gesproken en gekeken dat ze ervan overtuigd was geweest dat hij een huwelijk tussen hen wenste. Ja, nog maar tien dagen geleden had hij haar verrukt met zijn duidelijke achting, had hij haar zelfs verward met zijn te nadrukkelijke verwijzing! En nu – wat had ze gedaan, wat had ze nagelaten om een dergelijke verandering te verdienen?

Het enige schuldige waarvan ze zich bewust was, was iets waarvan hij onmogelijk op de hoogte kon zijn. Alleen Henry en haar eigen hart wisten van de schokkende verdenkingen die ze zo zinloos had gekoesterd en ze geloofde dat haar geheim bij beide in gelijke mate veilig was. Henry kon haar in elk geval niet bewust verraden hebben. Maar als zijn vader per ongeluk op de hoogte was geraakt van datgene wat zij had gewaagd te denken en te onderzoeken, van haar ongegronde fantasieën en kwetsende speurtochten, kon ze absoluut niet verbaasd zijn over zijn verontwaardiging. Als hij wist dat ze hem als een moordenaar had beschouwd, kon het haar zelfs niet verbazen dat hij haar uit zijn huis had gezet. Maar ze vertrouwde erop dat die verklaring, zo vreselijk pijnlijk voor haarzelf, niet de zijne was.

Hoe zorgwekkend al haar gissingen op dit punt ook waren, het was niet het punt waarbij ze het langst stilstond. Er was een gedachte die haar meer bezighield, een overheersender, onbedwingbaarder zorg. Hoe Henry zou denken en kijken, hoe hij zich zou voelen wanneer hij de volgende dag terug zou keren naar Northanger en zou horen dat ze vertrokken was, was een vraag die krachtiger en interessanter was dan alle andere, die nooit verdween en afwisselend verontrustend en kalmerend was, die haar op sommige momenten deed vrezen voor zijn rustige instemming en op andere momenten beantwoord werd door het volste vertrouwen in zijn spijt en verontwaardiging. Tegen de generaal zou hij natuurlijk niets durven zeggen, maar tegen Eleanor, wat zou hij niet tegen Eleanor over haar kunnen zeggen?

Terwijl al deze twijfels en vragen onophoudelijk door haar hoofd gingen en haar geest nooit langer dan een ogenblik met rust lieten, gingen de uren voorbij en verliep haar reis veel sneller dan ze wenste. De dringende en zorgelijke gedachten, die haar verhinderden iets van haar omgeving te zien toen ze Woodston eenmaal voorbij was, verhinderden ook dat ze merkte hoe ze opschoten en hoewel niets op haar weg ook maar even haar aandacht kon trekken, vond ze geen enkel stadium saai. Hiervoor werd ze ook bewaard door een andere oorzaak, namelijk dat ze niet naar het einde van haar reis verlangde, want op deze wijze terugkeren in Fullerton was bijna voldoende om het plezier te vergallen van het terugzien van al diegenen van wie ze het meest hield, zelfs na een afwezigheid als de hare – een afwezigheid van elf weken. Wat kon ze zeggen zonder zichzelf in verlegenheid te brengen en haar familie pijn te doen, zonder haar eigen verdriet te versterken door de bekentenis ervan, zonder een zinloze verontwaardiging te doen toenemen en misschien door een niet onderscheidende kwaadwilligheid de onschuldigen op één lijn met de schuldigen te plaatsen? Ze zou de verdiensten van Henry en Eleanor nooit recht kunnen doen; haar gevoelens hierin waren te sterk voor woorden, en als dit, op grond van het gedrag van hun vader, zou leiden tot een hekel aan hen, als over hen ongunstig zou worden gedacht, zou dat haar hart breken.

Met deze gevoelens was haar vrees groter dan haar verlangen naar het zien van die bekende toren die haar zou aankondigen dat ze minder dan twintig mijl van huis was. Toen ze Northanger verliet, wist ze dat Salisbury haar eerste bestemming was, maar na de eerste pleisterplaats had ze de postmeesters moeten vragen naar de plaatsen die haar daarheen zouden leiden; zo onbekend was ze met haar route. Er gebeurde echter niets wat haar in verlegenheid bracht of bang maakte. Haar jeugd, haar beleefde manieren en royale betaling voorzagen haar van alle aandacht die een reiziger als zij maar kon wensen en alleen stoppend om van paarden te wisselen, reisde ze ongeveer elf uur zonder ongeluk of schrik en reed tussen zes en zeven uur in de avond Fullerton binnen.

Een heldin die aan het einde van haar loopbaan terugkeert naar haar geboortedorp met alle triomf van een herwonnen reputatie en alle waardigheid van een gravin, met een lang gevolg van adellijke verwanten in hun verschillende faëtons en drie kamermeisjes in een koets met vierspan is een gebeurtenis waarover de pen van de bedenker misschien met groot genoegen zou uitweiden; het geeft geloofwaardigheid aan elk slot en de schrijfster deelt in de glorie die zij zo ruim bedeelt... Maar mijn verhaal is van geheel andere aard; ik laat mijn heldin in eenzaamheid en schande naar huis terugkeren en er is geen zoete verrukking die mij tot bijzonderheden kan verleiden. Een heldin in een banale postkoets is zo'n aanslag op het gevoel dat geen poging tot grandeur of medelijden daartegen opgewassen is. Daarom zal haar postiljon haar snel door het dorp rijden, onder het oog van zondagse wandelaars en zal haar uitstappen in grote haast geschieden.

Maar hoe van streek Catherine ook mocht zijn, terwijl ze aldus naar de pastorie werd vervoerd, en hoe vernederend ook het verhalen hiervan voor haar biograaf, ze bereidde degenen naar wie ze op weg was geen alledaags plezier, ten eerste in de verschijning van haar koets en ten tweede in de vorm van haarzelf. Omdat de koets van een reiziger een zeldzaam gezicht is in Fullerton, stond de hele familie onmiddellijk voor het raam en deze te laten stoppen voor het hek was een plezier dat alle ogen deed stralen en elke fantasie in werking zette – een plezier dat door niemand werd verwacht, behalve door de twee jongste kinderen, een jongen en een meisje van zes en vier jaar, die in elk rijtuig een broer of zuster verwachtten. Hoe gelukkig was de blik die als eerste Catherine herkende! Hoe gelukkig de stem die deze ontdekking bekendmaakte! Maar of dit geluk het wettig eigendom was van George of Harriet is nooit precies bewezen.

Haar vader, moeder, Sarah, George en Harriet allemaal verzameld bij de deur, om haar met gretige genegenheid te verwelkomen, was een aanblik die in Catherines hart de beste gevoelens deed ontwaken en in de omhelzing van ieder van hen, nadat ze uit het rijtuig was gestapt, vond ze een grotere troost dan ze voor mogelijk had gehouden. Zo omringd, met zo veel liefde ontvangen – ze was zelfs gelukkig! In de vreugde van de liefdevolle hereniging met haar familie werd alles voor korte tijd onderdrukt en in het plezier haar weer te zien, dat hen in het begin weinig ruimte bood voor rustige nieuwsgierigheid, zaten ze allemaal rond de theetafel, die mevrouw Morland snel had klaargemaakt ten behoeve van de arme reizigster, wier bleke en vermoeide uiterlijk haar al snel was opgevallen, voor haar ook maar enige zo directe vraag werd gesteld dat een duidelijk antwoord was vereist.

Toen begon ze, met tegenzin en grote aarzeling, aan wat misschien, aan het eind van een halfuur, door de welwillendheid van haar toehoorders, een verklaring mocht worden genoemd, maar ze konden binnen die tijd nauwelijks de oorzaak ontdekken van haar plotselinge terugkeer of de bijzonderheden erover verzamelen. Ze behoorden absoluut niet tot het lichtgeraakte soort; ze waren absoluut niet snel in het zien van of aanstoot nemen aan beledigingen, maar hier vonden ze, toen het geheel was onthuld, een belediging die niet door de vingers kon worden gezien, noch, gedurende het eerste halfuur, gemakkelijk kon worden vergeven. Zonder bij de gedachte aan hun dochters lange en eenzame reis enige romantische paniek te ondergaan, konden meneer en mevrouw Morland niet anders dan tot de conclusie komen dat dit haar toch wel veel onaangenaamheden had kunnen bezorgen, dat zij hier nooit vrijwillig mee hadden ingestemd en dat generaal Tilney, door haar hiertoe te dwingen, eerzaam noch met gevoel had gehandeld, als heer noch als ouder. Waarom hij het had gedaan, wat hem tot een dergelijke schending van de gastvrijheid had gebracht en zijn achting voor hun dochter zo plotseling had omgezet in kwaadwilligheid was een vraag die zij net zo min konden beantwoorden als Catherine zelf, maar ze lieten zich er niet zo lang door deprimeren en na de gepaste tijd te hebben besteed aan vruchteloze speculaties was de conclusie dat het 'een vreemde zaak was en hij een zeer vreemde man moest zijn' voldoende uitdrukking van hun verontwaardiging en verbazing, hoewel Sarah zich nog even tegoed deed aan de genoegens van het onbegrijpelijke en met jeugdig vuur bleef roepen en gissen. "Lieve kind, je maakt het jezelf onnodig moeilijk", zei haar moeder ten slotte. "Geloof me, het is absoluut niet de moeite waard om begrepen te worden."

"Ik kan begrijpen dat hij wilde dat Catherine zou vertrekken toen hij zich die afspraak herinnerde," zei Sarah, "maar waarom niet op een beleefde manier?"

"Het spijt me voor de jonge mensen", antwoordde mevrouw Morland. "Ze moeten hier wel een verdrietige tijd door hebben, maar verder maakt het niet meer uit; Catherine is veilig thuis en onze welstand hangt niet af van generaal Tilney." Catherine zuchtte. "Wel," vervolgde haar filosofische moeder, "ik ben blij dat ik op dat moment niets van je reis wist, maar nu het allemaal voorbij is, is er misschien geen grote schade aangericht. Het is altijd goed voor jonge mensen om zich te moeten inspannen en je weet, lieve Catherine, dat je altijd een verschrikkelijk warhoofd was, maar nu moet je gedwongen zijn geweest om je hoofd te gebruiken, met al dat wisselen van koetsen enzovoort, en ik hoop dat zal blijken dat je niets in een van de bergvakken hebt laten liggen."

Dat hoopte Catherine ook en ze probeerde enige belangstelling op te brengen voor haar eigen vooruitgang, maar ze was heel moe en omdat ze al spoedig niets liever wilde dan stil en alleen zijn, stemde ze prompt in met haar moeders volgende advies om naar bed te gaan. Haar ouders, die in haar nervositeit en matte uiterlijk niets anders zagen dan de natuurlijke gevolgen van gekrenkte gevoelens en van de ongewone inspanning en vermoeienis van een dergelijke reis, lieten haar gaan in de vaste overtuiging dat dit met een goede nachtrust verholpen zou zijn; en hoewel haar herstel, toen ze elkaar de volgende ochtend zagen, niet geheel beantwoordde aan hun verwachting, hadden ze nog steeds geen enkel vermoeden van een dieper kwaad. Ze dachten geen moment aan haar hart, wat, voor de ouders van een jongedame van zeventien, die net terug is gekeerd van haar eerste uitstapje van huis, vreemd genoeg was!

Zodra het ontbijt voorbij was, zette ze zich neer om haar belofte na te komen aan juffrouw Tilney, wier vertrouwen in het effect van tijd en afstand op de houding van haar vriendin al gerechtvaardigd bleek, want nu al verweet Catherine zich dat ze op zo'n koele manier afscheid van Eleanor had genomen, dat ze haar verdiensten en vriendelijkheid nooit genoeg had gewaardeerd en dat ze te weinig rekening had gehouden met wat zíj de vorige dag had moeten verduren. De kracht van deze gevoelens maakte het haar pen echter niet gemakkelijker; het schrijven was haar nooit zwaarder gevallen dan toen aan Eleanor Tilney. Om een brief op te stellen die zowel recht deed aan haar gevoelens als haar toestand, die dankbaarheid uitdrukte zonder onderdanige spijt, die gereserveerd was zonder koel te zijn en eerlijk zonder verontwaardigd te zijn; een brief die voor Eleanor niet pijnlijk zou zijn en, bovenal, die haarzelf geen kleur zou bezorgen als Henry hem toevallig zou lezen, was een onderneming die al haar literaire vermogens leek te verlammen; en na lang denken en veel hoofdbrekens was kort zijn het enige waar ze met enig gevoel van veiligheid toe kon besluiten. Het geld dat Eleanor haar had voorgeschoten werd daarom ingesloten met weinig meer dan een vriendelijk bedankje en duizend goede wensen van een zeer toegenegen hart.

"Het is een vreemde kennismaking geweest", merkte mevrouw Morland op toen de brief klaar was. "Snel gemaakt en snel beëindigd. Het spijt me dat het zo is gegaan, want mevrouw Allen vond het een heel aardig stel jonge mensen en ook met die Isabella van jou had je weinig geluk. Ach, die arme James! Wel, we moeten leven en leren en ik hoop dat de volgende nieuwe vrienden die je maakt meer de moeite van het behouden waard zijn."

Catherine kleurde toen ze vurig antwoordde: "Geen enkele vriendin kan meer de moeite waard zijn om te houden dan Eleanor."

"Als dat zo is, lieve kind, denk ik dat jullie elkaar op een gegeven moment terug zullen zien; maak je niet ongerust. Tien tegen een dat jullie elkaar de komende jaren weer tegen zullen komen en wat een genoegen zal dat dan zijn!"

Mevrouw Morland was niet erg gelukkig in haar poging tot troost. De hoop elkaar in de komende jaren weer te ontmoeten, kon Catherine alleen maar bij de vraag brengen wat er in die tijd niet zou kunnen gebeuren om een dergelijke ontmoeting te vrezen. Ze zou Henry Tilney nooit kunnen vergeten of met minder tederheid aan hem denken dan ze op dat ogenblik deed, maar hij zou haar kunnen vergeten, en dan een ontmoeting...! Haar ogen vulden zich met tranen bij de gedachte aan een op die manier hernieuwde kennismaking en haar moeder, die merkte dat haar troostende woorden niet het bedoelde effect hadden, stelde voor, in een nieuwe poging haar wat opgewekter te maken, een bezoek te brengen aan mevrouw Allen.

De twee huizen waren slechts een kwart mijl van elkaar verwijderd en terwijl ze liepen, maakte mevrouw Morland snel en bondig duidelijk hoe ze dacht over de teleurstelling van James. "Het spijt ons voor hem," zei ze, "maar verder is er niets verloren nu het huwelijk niet doorgaat, want het is toch niet echt wenselijk om hem verloofd te zien met een meisje dat wij absoluut niet kenden en dat zo volledig zonder vermogen was; en nu, na de manier waarop ze zich heeft gedragen, kunnen we helemaal niet meer goed over haar denken. Op dit moment is het hard voor die arme James, maar dat zal niet altijd zo blijven en ik denk dat hij door de dwaasheid van zijn eerste keuze voor de rest van zijn leven een verstandiger man zal zijn."

Dit was precies het soort samenvatting van de kwestie dat Catherine kon aanhoren; een andere zin had een gevaar kunnen vormen voor haar voorkomendheid en haar tot een minder rationeel antwoord kunnen brengen, want al snel werden al haar gedachten in beslag genomen door de herinnering aan haar eigen verandering van gevoelens en ideeën sinds ze voor het laatst deze bekende weg was gegaan. Het was nog geen drie maanden geleden dat ze daar, wild van vreugdevolle verwachting, zo'n tien keer per dag heen en weer was gerend, met een licht, vrolijk en onafhankelijk hart, uitkijkend naar nog niet gesmaakte en zuivere genoegens en net zo vrij van de vrees voor als de kennis van het kwaad. Drie maanden geleden was ze dat alles geweest, en nu – hoe veranderd keerde ze terug!

Ze werd door de Allens ontvangen met alle hartelijkheid die haar onvoorziene verschijning op grond van een vaste genegenheid van nature kon voortbrengen en groot was hun verrassing en oprecht hun ongenoegen toen ze hoorden hoe ze was behandeld, hoewel mevrouw Morlands verslag ervan geen opgeblazen voorstelling was, geen bestudeerd beroep op hun gevoelens. "Catherine heeft ons gisteravond nogal verrast", zei ze. "Ze heeft de hele reis alleen per postkoets afgelegd en wist niets van haar vertrek voor zaterdagavond, want generaal Tilney had er plotseling, door een of andere gril, genoeg van haar daar te hebben en zette haar bijna het huis uit. Het was beslist zeer onvriendelijk en hij moet wel een erg vreemde man zijn, maar we zijn zo blij haar weer bij ons te hebben! En het is ook een grote geruststelling om te ontdekken dat ze geen hulpeloos wezen is, maar zich uitstekend kan redden."

Meneer Allen gaf zijn mening hierover met de redelijke verontwaardiging van een verstandige vriend en mevrouw Allen vond de wijze waarop hij zich uitdrukte goed genoeg om er onmiddellijk zelf gebruik van te maken. Zijn verbazing, zijn gissingen en zijn verklaringen werden achtereenvolgens ook de hare, met de toevoeging van deze enkele opmerking, die gebruikt werd om elke toevallige stilte te vullen: "Ik vind de generaal echt onverdraaglijk." En 'Ik vind de generaal echt onverdraaglijk' werd nog twee keer geuit nadat meneer Allen de kamer had verlaten, zonder enige vermindering van boosheid of enige wezenlijk verdergaande gedachte. De derde herhaling werd gekenmerkt door een grotere mate van afdwaling en nadat ze de vierde had voltooid, voegde ze er onmiddellijk aan toe: "En dan te bedenken, lieve kind, dat die vreselijke scheur in mijn jurk van Mechelse kant zo goed gerepareerd is voor ik Bath verliet dat je hem bijna niet meer terugvindt. Ik moet het je een keer laten zien. Al met al is Bath een plezierige plaats, Catherine. Ik kan je wel zeggen dat ik er bar weinig voor voelde om weg te gaan. Mevrouw Thorpes aanwezigheid was zo'n troost voor ons, nietwaar? Je weet hoe verloren we ons in het begin voelden."

"Ja, maar dàt duurde niet lang", zei Catherine en haar ogen lichtten op bij de herinnering aan wat haar bestaan daar als eerste had opgefleurd.

"Inderdaad, we kwamen al snel mevrouw Thorpe tegen en toen ontbrak het ons verder aan niets meer. Lieve kind, vind je niet dat deze zijden handschoenen lang mooi blijven? Ik heb ze voor het eerst aangedaan toen wij ons eerste bezoek aan de Benedenzalen brachten en ik heb ze sinds die tijd vrij veel gedragen. Herinner je je die avond?"

"O, die herinner ik me uitstekend!"

"Het was zeer aangenaam, nietwaar? Meneer Tilney dronk thee met ons en ik heb hem altijd als een grote aanwinst beschouwd; hij is zo aardig. Ik heb het idee dat je met hem danste, maar ik ben er niet zeker van. Ik herinner me dat ik mijn favoriete jurk droeg."

Catherine kon niet antwoorden en na even wat andere onderwerpen te hebben geprobeerd, keerde mevrouw Allen terug naar: "Ik vind de generaal echt onverdraaglijk! Hij leek zo'n aangename en waardige man! Ik denk niet, mevrouw Morland, dat u ooit van uw leven een man met betere manieren hebt gezien. De dag waarop hij vertrok, werd zijn logement alweer verhuurd, Catherine, maar het was Milsom Street, wat wil je!"

Toen ze weer naar huis liepen, probeerde mevrouw Morland haar dochter op het hart te drukken dat ze geluk had met vrienden als meneer en mevrouw Allen, die altijd het beste met haar voor hadden en dat ze zich weinig moest aantrekken van de verwaarlozing of onvriendelijkheid van zulke minder goede kennissen als de Tilney's, als ze de hoge dunk en affectie van haar vroegste vrienden kon bewaren. Dit was allemaal heel verstandig, maar de menselijke geest kent situaties waarin het gezond verstand over slechts weinig macht beschikt en Catherines gevoelens waren in tegenspraak met vrijwel elk standpunt van haar moeder. Op dat moment was al haar geluk afhankelijk van het gedrag van die minder goede kennissen en terwijl mevrouw Morland met succes bezig was haar eigen mening te bevestigen met behulp van de juistheid van haar eigen inzichten, werd Catherine zwijgend in beslag genomen door de gedachte dat Henry nú terug moest zijn in Northanger, nú moest hebben gehoord van haar vertrek en dat ze nú, misschien, met zijn allen op weg gingen naar Hereford.

Hoofdstuk XXX

Catherine was van nature niet iemand die een zittend leven leidde of erg ijverig was, maar welke haar tekortkomingen in dat opzicht tot dusverre ook waren geweest, haar moeder kon niet anders dan vaststellen dat het nog erger was geworden. Ze kon niet stilzitten noch langer dan tien minuten met iets bezig zijn; ze liep keer op keer door de tuin en de boomgaard, alsof niets behalve beweging van vrijwillige aard was en ze leek zelfs liever door het huis te lopen dan wat langer in de zitkamer te blijven. Een nog grotere verandering was dat ze haar opgewektheid had verloren. In haar ronddwalen en haar nietsdoen zou ze slechts een karikatuur van zichzelf kunnen zijn, maar in haar zwijgen en verdriet was ze het tegendeel van alles wat ze vroeger was geweest.

Twee dagen lang liet mevrouw Morland dit gebeuren zonder er ook maar iets over op te merken, maar toen de rust van een derde nacht haar vrolijkheid niet had teruggebracht, haar nuttige activiteiten niet had verbeterd en haar geen grotere neiging tot het uitvoeren van naaiwerk had gegeven, kon ze zich niet weerhouden van een zachte berisping in de vorm van: "Mijn lieve Catherine, ik ben bang dat je een echte dame bent geworden. Ik weet niet wanneer de halsdoeken van die arme Richard klaar zouden zijn als hij daar niemand anders dan jou voor had. Je bent nog te veel met Bath bezig, maar alles heeft zijn tijd; er is een tijd voor dansen en spelen en een tijd voor werk. Je hebt een lange periode van vermaak achter de rug en nu moet je weer proberen jezelf nuttig te maken."

Catherine pakte haar werk direct op, terwijl ze terneergeslagen zei dat 'ze niet zo veel met Bath bezig was'.

"Dan maak je je te druk om generaal Tilney en dat is een beetje dwaas van je, want tien tegen een zie je hem nooit meer terug. Je moet je nooit druk maken om kleinigheden." Na een korte stilte zei ze: "Ik hoop niet, Catherine, dat het je thuis niet meer bevalt omdat het hier niet zo groots is als in Northanger. Dat zou wel een erg ongelukkig gevolg van je bezoek zijn. Je hoort altijd tevreden te zijn, waar je ook bent, maar vooral thuis, want daar moet je het grootste deel van je tijd doorbrengen. Ik vond het niet zo leuk om je, tijdens het ontbijt, zo veel te horen praten over het Franse brood in Northanger."

"Ik geef absoluut niet om dat brood. Het maakt me niet uit wat ik eet."

"Er is een heel knappe verhandeling in een van de boeken boven over zo'n soort onderwerp, over jonge meisjes die het thuis niet meer kunnen vinden doordat ze belangrijke kennissen hebben gekregen. In *The Mirror*", denk ik. Ik zal het binnenkort eens voor je opzoeken, want ik ben er zeker van dat het goed voor je zal zijn.

Catherine zei niets meer en richtte zich, in een poging zich goed te gedragen, op haar werk, maar na een paar minuten zakte ze, zonder het zelf te merken, weer weg in lusteloosheid en matheid, waarbij ze zich door de ergernis van de futloosheid veel vaker in haar stoel bewoog dan ze haar naald bewoog. Mevrouw Morland merkte deze terugval op en aangezien ze in haar dochters afwezige en ontevreden uitdrukking het volledige bewijs zag van de gemelijkheid waaraan ze nu het gebrek aan vrolijkheid weet, verliet ze haastig de kamer om het betreffende boek te pakken, verlangend om die vreselijke kwaal zo snel mogelijk aan te pakken. Het duurde even voor ze gevonden had waar ze naar op zoek was en doordat ze nog opgehouden werd door andere gezinszaken was er een kwartier voorbijgegaan voor ze naar beneden kwam met het boek waar ze haar hoop op gevestigd had. Doordat haar werkzaamheden boven alle geluiden behalve die van haarzelf hadden buitengesloten, wist ze niet dat er enkele minuten eerder een bezoeker was gearriveerd, voor ze, toen ze de kamer binnenging, als eerste een jongeman zag die ze nooit eerder had ontmoet. Vol respect stond hij onmiddellijk op en begon zich, na door haar onzekere dochter voorgesteld te zijn als 'meneer Henry Tilney' met de handicap van echte fijngevoeligheid te verontschuldigen voor zijn aanwezigheid aldaar, waarbij hij erkende dat hij, na wat er gebeurd was, weinig recht had om een welkom in Fullerton te verwachten en als reden van zijn inbreuk gaf dat hij niet had kunnen wachten tot hij er zeker van was dat juffrouw Morland veilig was thuisgekomen. Hij richtte zich niet tot een partijdige rechter of een wrokkig hart. In plaats van hem of zijn zuster te betrekken in het wangedrag van zijn vader, had mevrouw Morland altijd vriendelijk ten opzichte van beiden gestaan en ingenomen met zijn verschijning ontving ze hem onmiddellijk met de eenvoudige betuigingen van oprechte welwillendheid. Ze bedankte hem voor zulk een zorg om haar dochter, verzekerde hem dat de vrienden van haar kinderen altijd welkom waren en vroeg hem verder geen woord meer over het verleden te zeggen.

Hij was niet ongenegen op dit verzoek in te gaan, want hoewel hij zeer opgelucht was over deze onverwachte zachtaardigheid, kon hij op dat moment ook niets over het onderwerp zeggen. Nadat hij zwijgend naar zijn stoel was teruggekeerd, hield hij zich een paar minuten uiterst beleefd bezig met het beantwoorden van alle gebruikelijke opmerkingen van mevrouw Morland over het weer en de wegen. Intussen zei Catherine –de bezorgde, opgewonden, gelukkige, koortsachtige Catherine– geen woord, maar haar gloeiende wangen en stralende ogen maakten dat haar moeder erop vertrouwde dat dit attente bezoek haar onrust in elk geval enige tijd zou verminderen, en ze legde het eerste deel van *The Mirror* daarom met alle plezier opzij voor een toekomstig tijdstip.

Omdat ze verlangde naar de assistentie van meneer Morland, zowel voor het geven van aanmoediging als het vinden van gespreksonderwerpen voor haar gast, met wie ze oprecht medelijden had wegens de verlegenheid waarin zijn vader hem had gebracht, had mevrouw Morland al snel een van de kinderen weggestuurd om hem te roepen, maar meneer Morland was niet thuis – en nu ze aldus zonder enige steun was, had ze na een kwartier niets meer te zeggen. Na een paar minuten van ononderbroken stilte wendde Henry zich voor het eerst sinds de binnenkomst van haar moeder tot Catherine en vroeg haar, met plotselinge haast, of meneer en mevrouw Allen nu in Fullerton waren en nadat hij uit alle verwarde woorden waarmee ze zijn vraag beantwoordde de betekenis had gehaald die één korte lettergreep zou hebben gegeven, verwoordde hij onmiddellijk zijn intentie om zijn opwachting bij hen te maken en vroeg haar, terwijl hij een kleur kreeg, of ze zo goed zou willen zijn hem de weg te wijzen. “U kunt het huis vanuit dit raam zien, meneer”, was de bijdrage van de kant van Sarah, die door de heer slechts beantwoord werd met een erkentelijke buiging en door de moeder met een tot stilte manend knikje, want mevrouw Morland, die het als tweede overweging in zijn wens hun achtenswaardige buren te bezoeken mogelijk achtte dat hij een verklaring wilde geven voor zijn vaders gedrag –wat aangenamer voor hem moest zijn als hij dit tegen Catherine alleen kon doen– wilde haar in geen geval beletten hem te vergezellen. Ze begonnen aan hun wandeling en mevrouw Morland had het, wat zijn doel betreft, niet helemaal mis gehad. Hij moest enige uitleg geven van wat zijn vader had bezield; maar zijn eerste doel was uitleggen wat hem bezielde en voor ze het huis van meneer Allen bereikten, had hij dit zo goed gedaan dat Catherine niet dacht dat het ooit te vaak herhaald zou kunnen worden. Ze werd verzekerd van zijn liefde en als tegenprestatie werd gedongen naar dat hart dat hem, zoals ze eigenlijk allebei wisten, al helemaal toebehoorde; want hoewel Henry nu oprecht aan haar gehecht was, ofschoon hij verrukt was van haar voortreffelijke karaktereigenschappen en werkelijk van haar gezelschap genoot, moet ik bekennen dat zijn liefde uit niets meer voortkwam dan dankbaarheid, of, met andere woorden, dat de overtuiging van haar voorkeur voor hem de enige reden was geweest van zijn serieuze belangstelling voor haar. Het is een nieuwe situatie in de romantische literatuur, dat geef ik toe, en vreselijk vernederend voor de waardigheid van een heldin, maar als het net zo nieuw is in het gewone leven, zal mij in elk geval geheel de eer toekomen van een ongebreidelde fantasie.

Na een zeer kort bezoek aan mevrouw Allen, waarbij Henry er maar op los praatte, zonder zin en samenhang en Catherine geheel opging in de beschouwing van haar eigen onuitsprekelijke geluk en nauwelijks haar mond opende, waren ze weer vrij voor de vervoeringen van een tweede tête-à-tête en voor de gelegenheid hiervoor voorbij was, werd zij in staat gesteld na te gaan in hoeverre zijn huidige verzoek de goedkeuring had van zijn vader. Bij zijn terugkeer naar Woodston, twee dagen tevoren, had hij bij de abdij zijn ongeduldige vader ontmoet, die hem haastig en in boze bewoordingen had geïnformeerd over het vertrek van juffrouw Morland en hem opdracht had gegeven niet meer aan haar te denken.

Dat was de toestemming op basis waarvan hij haar nu zijn hand aanbood. De ontstelde Catherine kon, bij alle angstige verwachting terwijl ze naar zijn verslag luisterde, niet anders dan zich verheugen over de tactvolle manier waarop Henry haar de noodzaak had bespaard van een gewetensvolle afwijzing, door haar trouw te winnen voor hij het onderwerp had genoemd;

en terwijl hij voortging om de bijzonderheden te geven en de motieven voor zijn vaders gedrag te verklaren, kreeg een harder gevoel van zelfs triomfantelijke voldoening al snel de overhand. De generaal had niets waarvan hij haar kon beschuldigen, niets wat hij haar ten laste kon leggen behalve dat ze het onvrijwillige en onbewuste voorwerp was van een misvatting die zijn trots niet kon vergeven en waarvoor een beter soort trots zich geschaamd zou hebben. Haar enige schuld was dat ze minder rijk was dan hij had verondersteld. Op grond van een op een vergissing berustend idee van haar bezittingen en aanspraken, had hij in Bath haar kennismaking gezocht, haar aanwezigheid in Northanger verlangd en haar voorbestemd als schoondochter. Toen hij zijn vergissing had ontdekt, had het hem het beste geleken om haar het huis uit te zetten, hoewel dit voor zijn gevoel onvoldoende blijk gaf van zijn wrok tegen haar en zijn minachting voor haar familie.

John Thorpe was de eerste geweest die hem had misleid. Toen de generaal op een avond in het theater had gezien hoe zijn zoon duidelijk aandacht besteedde aan juffrouw Morland had hij toevallig bij Thorpe geïnformeerd of hij meer van haar wist dan haar naam. Thorpe, die zeer ingenomen was met zo'n belangrijke kennis als generaal Tilney, was zo verheugd en trots dat hij uiterst mededeelzaam was geweest en omdat hij in die tijd niet alleen elke dag de verloving van Morland met Isabella verwachtte, maar bovendien zelf zijn zinnen had gezet op een huwelijk met Catherine, had zijn ijdelheid hem ertoe gebracht de familie nog rijker voor te stellen dan zijn ijdelheid en hebzucht hem hadden doen geloven. Met wie hij ook was of met wie hij ook verwant zou kunnen raken, zijn eigen importantie vereiste altijd dat die van de ander groot zou zijn en naarmate zijn vertrouwelijkheid met een kennis toenam, groeide diens vermogen. Daardoor waren de verwachtingen ten aanzien van zijn vriend Morland, die vanaf het begin al te hoog waren geweest, vanaf het moment waarop hij bij Isabella was geïntroduceerd geleidelijk aan toegenomen; en door er nog maar eens hetzelfde bij op te tellen, wegens de grootsheid van het moment, door het inkomen van meneer Morland, zoals hij dat verkoos te zien, nog eens te verdubbelen, zijn privé-vermogen te verdrievoudigen, hem een rijke tante toe te wijzen en het aantal kinderen met de helft te verminderen, kon hij de hele familie voor de generaal in een zeer aanzienlijk licht stellen. Voor Catherine, het speciale voorwerp van de generaals nieuwsgierigheid en van zijn eigen speculaties, had hij nog iets meer in petto, en de tien- of vijftienduizend pond die haar vader haar zou geven, zou een aardige aanvulling zijn op het bezit van meneer Allen. Haar vertrouwelijkheid daar had bij hem tot de conclusie geleid dat ze een flinke erfenis tegemoet kon zien; en het over haar te hebben als de gedoodverfde erfgename van Fullerton was hiervan een logisch gevolg. Op grond van deze inlichtingen had de generaal gehandeld, want het was nooit in hem opgekomen om aan de geloofwaardigheid ervan te twijfelen. Thorpes belang bij de familie, door de naderende verwantschap van zijn zuster met een van de leden en diens eigen vooruitzichten op een van de andere (omstandigheden waarover hij met bijna gelijke openheid opschepte), leken voldoende waarborg voor de waarheid; en hieraan werden nog de onbetwistbare feiten toegevoegd dat de Allens rijk en kinderloos waren, dat ze juffrouw Morland onder hun hoede hadden genomen en dat ze haar –zodra zijn kennismaking hem in staat had gesteld dit te beoordelen– met ouderlijke zorg behandelden. Zijn besluit was snel genomen. Hij had bij zijn zoon al een voorkeur opgemerkt voor juffrouw Morland en dankbaar voor de mededelingen van meneer Thorpe had hij vrijwel onmiddellijk besloten zijn opgehemelde interesse te verzwakken en zijn diepste wens de grond in te boren. Toen dit alles gebeurde, had Catherine zelf niet minder onwetend kunnen zijn dan zijn eigen kinderen. Henry en Eleanor, die in haar positie niets konden ontdekken wat de speciale achting van hun vader zou kunnen opwekken, hadden zijn plotselinge, voortdurende en uitgebreide attenties met verbazing gadegeslagen, en hoewel Henry er recentelijk van overtuigd was geraakt –door een aantal toespelingen die vergezeld waren gegaan van een bijna rechtstreeks bevel aan zijn zoon om alles te doen wat in zijn macht lag om haar aan zich te binden– dat zijn vader hier een voordelige verbintenis in zag, hadden ze pas sinds de verklaring onlangs in Northanger enig idee gekregen van de valse verwachtingen die hem hiertoe hadden aangezet. Dat ze vals waren, had de generaal vernomen van dezelfde persoon die ze had gesuggereerd, van Thorpe zelf, die hij bij toeval in de stad had ontmoet, en die, onder invloed van gevoelens die precies het tegenovergestelde waren –geërgerd door Catherines afwijzing en meer nog door het mislukken van een zeer recente poging tot verzoening tussen Morland en Isabella, ervan overtuigd dat ze voor altijd gescheiden waren en een vriendschap verwerpend die hem niet langer van nut kon zijn, had hij niet kunnen wachten om alles tegen te spreken wat hij eerder ten gunste van de Morlands had gezegd-, had bekend dat hij zich volledig had vergist in zijn beoordeling van hun omstandigheden en persoon, dat hij zich door de grootspraak van zijn vriend had laten verleiden tot het geloof dat diens vader een vermogend en kredietwaardig man was, terwijl uit de handelingen van de twee of drie laatste weken was gebleken dat deze geen van beide was; want na gretig te zijn ingegaan op het eerste aanbod voor een huwelijk tussen de families, met de royaalste voorstellen, had hij, door de gewiekstheid van de verteller tot een uitspraak gelokt, moeten erkennen niet in staat te zijn de jonge mensen ook maar een fatsoenlijke ondersteuning te kunnen geven. Het was in feite een behoeftige familie; en talrijk ook, bijna zonder weerga; in hun eigen omgeving absoluut niet gerespecteerd, zoals hij recentelijk in de speciale gelegenheid was geweest te ontdekken; gericht op een levensstijl die hun vermogen niet kon garanderen; op zoek naar meer aanzien door middel van rijke connecties, kortom, een brutaal, opschepperig en onbetrouwbaar soort volk.

De hevig geschrokken generaal had toen met een vragende blik de naam Allen genoemd en ook op dat punt had Thorpe ontdekt zich te hebben vergist. Hij meende dat de Allens te lang in hun buurt hadden gewoond en hij kende de jongeman aan wie Fullerton zou toevallen. Meer had de generaal niet nodig gehad. Razend op vrijwel de hele wereld behalve zichzelf vertrok hij de volgende dag naar de abdij, waar we zijn optreden al hebben gezien.

Ik laat het aan het beoordelingsvermogen van de lezers over om te bepalen hoeveel hiervan op dat moment door Henry aan Catherine kon worden verteld, hoeveel ervan hij van zijn vader kon hebben gehoord, op welke punten zijn eigen veronderstellingen een hulpmiddel kunnen zijn geweest en welk deel nog rest om in een brief van James te worden verteld. Ik heb voor hun gemak bijeengebracht wat ze voor het mijne moeten verdelen. Catherine had in elk geval genoeg gehoord om te vinden dat ze, in het verdenken van de generaal van het vermoorden dan wel opsluiten van zijn vrouw, nauwelijks tegen zijn karakter had gezondigd of zijn wreedheid had overdreven.

Henry was, nu hij zulke dingen over zijn vader moest vertellen, bijna net zo beklagenswaardig als toen hij ze voor het eerst voor zichzelf had moeten erkennen. Hij kreeg een kleur van de bekrompen gedachtengang die hij gedwongen was te onthullen. Het gesprek tussen hen in Northanger was uitermate onvriendelijk geweest. Henry was openlijk en ronduit verontwaardigd geweest toen hij gehoord had hoe Catherine was behandeld, begrepen had hoe de zienswijze van zijn vader was en het bevel had gekregen zich daarnaar te schikken. De generaal, gewend om bij gewone gelegenheden de wet te stellen in zijn familie en niet voorbereid op enige onwil die verder ging dan gevoel, op enige wens tot verzet die zich in woorden durfde te uiten, kon de tegenstand van zijn zoon slecht dulden, die zo standvastig was als de bekrachtiging van de rede en de stem van het geweten deze maar kon maken. Maar in dit geval had zijn boosheid, hoewel deze schokkend moet zijn geweest, geen invloed op Henry, die in zijn voornemen gesteund werd doordat hij overtuigd was van de rechtvaardigheid ervan. Hij voelde zich zowel in eer als in genegenheid verplicht aan juffrouw Morland, en in het geloof dat het hart –waartoe hij was aangezet het te winnen– het zijne was, kon geen oneervol intrekken van stilzwijgende goedkeuring, geen bevel dat uit ongerechtvaardigde woede al het vorige herroept, zijn trouw aan het wankelen brengen of invloed hebben op de hieruit voortvloeiende besluiten.

Hij weigerde vastbesloten zijn vader naar Herefordshire te vergezellen –een afspraak die vrijwel op dat moment was gemaakt als verontschuldiging voor het wegsturen van Catherine– en verklaarde net zo vastbesloten dat hij van plan was haar om haar hand te vragen. De generaal was razend van woede en ze waren in vreselijke onenigheid uit elkaar gegaan. Henry, die zo opgewonden was dat hij vele eenzame uren nodig had gehad om tot bedaren te komen, was vrijwel onmiddellijk naar Woodston teruggekeerd en op de middag van de volgende dag aan zijn reis naar Fullerton begonnen.

Hoofdstuk XXXI

De verbazing van meneer en mevrouw Morland, toen meneer Tilney hen toestemming vroeg om met hun dochter te trouwen, was, enkele minuten lang, aanzienlijk; het vermoeden van een wederzijdse genegenheid was nooit in hun hoofd opgekomen, maar omdat tenslotte niets natuurlijker kon zijn dan dat Catherine bemind werd, beschouwden ze het al snel met de gelukkige opwinding van dankbare trots en was er, wat hèn betrof, geen enkel bezwaar. Zijn aangename manieren en gezond verstand waren voor zich sprekende aanbevelingen en aangezien ze nooit iets kwaads over hem hadden gehoord, lag het niet in hun aard om te veronderstellen dat enig kwaad kon worden verteld. Met goedgezindheid in plaats van ondervinding hadden ze voor zijn persoon geen referenties nodig. "Catherine zou beslist een vreselijk achteloze jonge vrouw des huizes worden", was haar moeders voorspellende opmerking; maar ze werd al snel getroost door de gedachte dat er niets boven ervaring gaat.

Er was kortom slechts één obstakel dat genoemd moest worden, maar tot dat was weggenomen was het onmogelijk voor hen om de verloving goed te keuren. Ze hadden een zachtmoedige aard, maar stevige principes en zolang zijn vader de verbintenis zo uitdrukkelijk verbood, konden ze zichzelf niet toestaan deze aan te moedigen. Ze waren niet geraffineerd genoeg om als prominente voorwaarde te stellen dat de generaal zelf om de verbintenis zou verzoeken, laat staan deze van harte zou goedkeuren, maar hij moest in elk geval op een fatsoenlijke manier laten merken dat hij zijn toestemming gaf en wanneer die er eenmaal was –en hun eigen hart maakte dat ze erop vertrouwden dat deze niet lang kon worden geweigerd– zou hun bereidwillige goedkeuring onmiddellijk volgen. Het enige wat ze wensten was zijn toestemming. Ze waren niet meer geneigd dan gerechtigd hem om zijn geld te vragen. Zijn zoon was, door huwelijksvoorwaarden, uiteindelijk zeker van een vrij aanzienlijk fortuin; zijn huidige inkomen was al een inkomen dat hem onafhankelijkheid en een gerieflijk leven gaf en in financieel opzicht was dit een verbintenis die verder ging dan waar hun dochter aanspraak op kon maken.

De jonge mensen konden niet verbaasd zijn over een beslissing als deze. Ze leden eronder en betreurden het, maar konden het hun niet kwalijk nemen; ze namen afscheid in de hoop dat een dergelijke ommekeer in de generaal, die beiden als bijna onmogelijk beschouwden, snel plaats zou vinden om weer verenigd te kunnen worden in de volheid van een bevoorrechte genegenheid. Henry keerde terug naar wat nu zijn enige thuis was, om over zijn jonge aanplant te kunnen waken en verder te gaan met zijn verbeteringen en alles in het belang van haar, naar wier aandeel daarin hij verlangend uitkeek; en Catherine bleef in Fullerton om te huilen. Laten we maar niet nagaan of de kwellingen van de afwezigheid verzacht werden door een geheime correspondentie. Meneer en mevrouw Morland deden dit nooit – ze waren te goedaardig geweest om een belofte te eisen en steeds wanneer Catherine een brief ontving, zoals dat in die tijd vrij vaak gebeurde, knepen ze een oogje dicht.

De ongerustheid over de afloop, die Henry en Catherine en ieder die van een van beiden hield in dit stadium van hun verbintenis ten deel moet vallen, kan, naar ik vrees, nauwelijks worden uitgebreid tot het gemoed van mijn lezers, die in de veelzeggende dichtheid van de voor hen liggende bladzijden kunnen zien dat we ons met zijn allen naar het volmaakte geluk spoeden. De enige twijfel kan liggen in de vraag op welke manier een spoedig huwelijk tussen hen tot stand kwam; welke omstandigheid zou een opvliegend karakter als dat van de generaal kunnen beïnvloeden? De belangrijkste omstandigheid was het huwelijk van zijn dochter met een man van aanzien en vermogen, dat plaatsvond in de loop van de zomer – een stijging in eigen aanzien die hem een aanval van goedgehumeurdheid bezorgde waarvan hij niet herstelde voor Eleanor hem zover had gekregen dat hij Henry vergaf en hem toestemming gaf om 'een idioot te zijn als hij dat wilde'!

Het huwelijk van Eleanor Tilney, haar vertrek uit het ongelukkige huis dat Northanger door Henry's verbanning was geworden naar het huis van haar keuze en de man van haar keuze is een gebeurtenis die naar ik verwacht algemene voldoening geeft onder al haar kennissen. Mijn eigen vreugde hierover is zeer oprecht. Ik ken niemand die door bescheiden verdiensten meer recht heeft of door een lijdzaam bestaan beter is voorbereid op het ontvangen en genieten van geluk. Haar voorkeur voor deze heer was niet van recente aard en alleen een bescheiden maatschappelijke positie had hem er lang van weerhouden haar een aanzoek te doen. Doordat hij onverwacht in het bezit was gekomen van een titel en een vermogen waren alle moeilijkheden weggenomen en nooit had de generaal zo veel van zijn dochter gehouden –niet in al haar uren van kameraadschap, nuttigheid en geduldige verdraagzaamheid– als toen hij haar voor het eerst kon begroeten met 'lady'. Haar echtgenoot was haar echt waardig; afgezien van zijn titel, zijn rijkdom en zijn toewijding was hij ook nog de allercharmantste jongeman van de wereld. Een verdere definitie van zijn kwaliteiten moet overbodig zijn, want we kunnen ons allemaal onmiddellijk een voorstelling maken van de allercharmantste jongeman van de wereld. Met betrekking tot de heer in kwestie heb ik daarom niets anders meer toe te voegen (ik ben me ervan bewust dat de regels van de compositie de introductie verbieden van een personage dat niet verbonden is met mijn vertelling) dan dat dit de heer was wiens slordige bediende na een lang bezoek aan Northanger die verzameling waslijsten had achtergelaten die tot een van de angstigste avonturen van mijn heldin hadden geleid.

De invloed van de burggraaf en burggravin in het belang van hun broer werd geholpen door het juiste inzicht in de omstandigheden van meneer Morland dat zij konden geven, zodra de generaal zichzelf toestond te worden geïnformeerd. Het leerde hem dat hij nauwelijks meer misleid was door Thorpes eerste pocherij over de rijkdom van de familie dan door zijn latere kwaadwillige aanval daarop, dat de familie in geen enkele zin van het woord behoeftig of arm was en dat Catherine drieduizend pond mee zou krijgen. Dit was een zo radicale rechtzetting van zijn laatste ideeën dat het inslikken van zijn trots hierdoor enigszins werd verzacht; en absoluut niet zonder betekenis was de persoonlijke informatie, die hij met enige moeite wist te verkrijgen, dat Fullerton geheel ter beschikking stond van zijn huidige eigenaar en dus openstond voor elke hebzuchtige speculatie.

Op grond hiervan stond de generaal, al snel na Eleanors huwelijk, zijn zoon toe terug te keren naar Northanger en maakte hem daarop tot de brenger van zijn toestemming, die zeer hoffelijk aan meneer Morland werd verwoord op een bladzijde vol lege beloften. De hiermee goedgekeurde gebeurtenis vond al snel plaats: Henry en Catherine trouwden, de klokken luidden en iedereen glimlachte en omdat het huwelijk binnen twaalf maanden na hun eerste ontmoeting werd voltrokken, lijkt het er niet op dat het vreselijke uitstel veroorzaakt door de wreedheid van de generaal wezenlijk schadelijk voor hen is geweest. Wie op de respectievelijke leeftijd van zesentwintig en achttien aan het volmaakte geluk kan beginnen, doet het behoorlijk goed; en met de verklaring dat ik ervan overtuigd ben dat de onrechtvaardige tussenkomst van de generaal, in plaats van echte schade toe te brengen aan hun geluk hiertoe misschien eerder heeft bijgedragen door hun kennis van elkaar te vergroten en hun verbintenis sterker te maken, laat ik het aan de willekeurige lezer over om vast te stellen of de strekking van dit werk uiteindelijk is de ouderlijke tirannie aan te raden of de kinderlijke ongehoorzaamheid te belonen.

Eveneens verschenen als literaire pocket:

Charles Baudelaire
Dronken van weemoed
ISBN 90 5402 083 0

Gustave Flaubert
Een eenvoudige ziel
ISBN 90 5402 063 6

Luigi Pirandello
De vernietiging van de mens
ISBN 90 5402 084 9

Luigi Pirandello
Iemand, niemand en honderdduizend
ISBN 90 5402 051 2

Franz Kafka
De gier
ISBN 90 5402 062 8

Robert Musil
Drie vrouwen
ISBN 90 5402 096 2

Oscar Wilde
De modelmiljonair
ISBN 90 5402 078 4